짚풀의 향기

에듀컨텐츠·휴피아
CH Educontents Huepia

_책을 내면서

세계지도를 놓고 한국을 보면 우리의 지리적 조건이 문화적 경제적 정치적으로 중요한 위치라고 아니 할 수 없을 것이다. 대륙으로 들어가는 관문이고 태평양으로 가는 관문이다. 그래서 주위의 민족국가로부터 많은 교섭과 투쟁이 있어왔다. 짚풀이 없었다면 이 투쟁에서 끝장이 났을지도 모른다. 5,000년의 우리 민족성을 간직한 짚풀 생활은 어디를 피난 가든 피난 속에서도 운반과 용기(用器), 보관 등을 위한 손쉽게 재료 채취가 가능했다. 피난의 짚풀 활동이라도 꼬기, 땋기, 평직, 감기, 그물짜기, 사릿대 역기, 삶기, 색 넣기(무늬 · 염색), 고장(藁裝) 등의 익숙한 제작 활동 등이 존재했고 이를 바탕으로 피난 생활의 유지가 가능하였던 것이라 여겨진다. 이러하듯 선민들의 의식주 생활 자체에 짚풀이 늘 함께하였다.

이제는 우리가 주인의 시대로 만들어 가야 한다. 이제, 우리는 후손에게 만년이 찬란한 한국을 만들어 주어야 한다. 그러기 위해서는 우리나라의 정체성이 담겨있고 우리 전통 · 민속역사가 묻어있는 한국을 채워 가야 한다. 이를 토대로 세계문화를 접목하고 한국이 우주·에너지 · 정치 · 경제 · 문화 · 인류의 중심 국가이고 무너지지 않는 미래를 남겨주어야 한다. 짚풀이 경제나 외교 부분에 비해 덜 알려진 부분이다. 그러나 전통문화 부분의 초석이 되길 바라는 마음이 간절하다. 『짚풀의 향기』를 통하여 관심이 없었고 낡고 진부한 것으로만 알았던 전통 민속이 오히려 변하지 않는 문화의 가치요 우리의 뿌리이자 힘이라는 것을 발견하자는 것이다.

『짚풀의 향기』는 짚풀을 처음으로 접하는 독자들이 짚풀의 개념을 이해하는데 많은 어려움이 있을 것으로 생각되어 내용·기술뿐만 아니라 '그림'으로도 쉽게 이해할 수 있도록 집필하였다. 이 책에서 짚풀의 종류는 짚풀공예가 가능한 것에 한정한다. 이 책 속에 사진들은 외국의 이미지뿐만 아니라 한국의 이미지 대부분 필자의 손과 눈으로 발로 돌면서 직접 촬영하였고 시기적으로는 2009년 12월 12일 이전의 촬영물이며 그 이후의 촬영물은 촬영 일을 제시하는 것으로 처리하였으며 또한 출처가 제시되지 않은 촬영물은 저자가 직접 촬영한 것임을 밝혀 두는 바이다. 일부는 '한국짚풀공예협회'의 회원과 협회의 정보와 이미지를 사용하였다. 이것은 독자들의 이해를 쉽게 해주기 위해서임을 밝힌다. 사이트 검색 내용 중 출처 일이 제시되지 않은 것은 2009년 11월 30일 이전까지의 검색 내용임도 밝혀둔다.

본문의 내용은 총 7개의 단원으로 구성되어 있으며, 간단하게 그 내용을 살펴보면 다음과 같다.

Ⅰ단원은 짚풀의 향기에 대한 방향으로 문헌 및 자료조사로 구성되었고, Ⅱ단원은 짚풀의 개념으로 짚과 풀의 정의와 짚풀의 범주에 대하여 서술하였다.

Ⅲ단원은 짚의 종류, 풀의 종류, 나무 짚풀공예 재료의 종류를 제시하였다.

Ⅳ단원은 짚풀 작업의 분류에 대하여 계절에 따른 짚풀 작업, 지역별 분류, 용도에 따른 짚풀 작업으로 분류하였다. 세부적으로 지역별 분류는 지역별 용어 차이와 특정 지역 짚풀 작업으로 나누어 설명하였다. 용도에 따른 짚풀 작업은 생활, 놀이, 가축, 신앙으로 나열하였다.

Ⅴ단원은 짚풀공예 및 도구에 대하여 설명하였다. 구체적으로 공예, 짚풀공예, '짚풀공예의 도구'로 나누었다. 공예는 공예의 개념, 민속공예, 공예의 전개와 분류, 공예의 완성과 유통에 대하여 살펴보았고 짚풀공예는 짚풀공예 정의, 짚풀공예의 역사, 짚풀공예의 사용처로 세분화하였다.

짚풀공예의 도구는 짚풀 재료를 채취하는데 필요한 도구, 짚풀공예를 준비할 때 필요한 도구, 짚풀공예 과정에 필요한 도구로 분류하였다.

Ⅵ단원은 짚풀 민구의 종류를 정리하였는데, 민구의 한 종목만 정리하는 것만 하여도 책1권 이상의 내용 분량으로도 설명할 수 있기에 본고에서는 짚풀공예인과 일반인이 쉽게 접근할 수 있는 내용들로만 간추려서 정리함을 주지하고자 한다. 또, 민구에 대한 문헌 중 '한국고전종합 db'의 사적고찰(史籍考察)은 조선왕조실록의 위주이고 그 내용도 중요하다고 여겨지는 한두 건 정도만을 살펴보고자 함을 일러둔다.

Ⅶ단원은 짚풀의 활성화 방향으로 구성되어 있다. 활성화 모형, 짚풀공예 가치창출, 법제화, 수익 창출 모델개발로 나누었고 이를 다시 세분화하였다. 짚풀공예가치창출은 역사·민속적 측면, 문화적 측면, 경제적 측면, 짚풀공예 보전·전수, 짚풀공예 가치제고로 나누어 살펴보았다. 법제화는 공예 제도·정책, 무형문화, 장인제도를 정리하였고 수익 창출 모델개발은 전국단위 기구 설립, 자격 과정 개설·양성 교육, 내·외국 행사프로그램 개발, Site 및 SNS 활동으로 나누어 살펴보았다.

참고문헌은 사서류, 문집류, 단행본, 연구논문, 신문·잡지류·법, 사이트, 총서류, 인터뷰 순으로 정리하였다.

이 책에서는 박사학위 논문과 책 이름은 『 』와 같이 겹낫표를 붙여서 표시하였고 학회나 학술

논문과 석사학위 논문은「 」로 홑낫표를, 인용은 " "와 같이 큰따옴표를 사용하였고 강조는 작은 따옴표 ' '를 사용하였다. 연도와 한글의 이해도를 높이기 위해서 한글 뒤 한자는 소괄호( )를 사용하였고, 표는 [ ]와 같이 대괄호 꺾쇠묶음을 표시하였고 자세히 설명이 필요한 경우는 :와 같이 쌍점을 표시하였다. 사진 그림은 〈 〉와 같이 홑화살괄호를 사용하였다.

짚풀 공예인에 대한 시선은 공예인 개별적으로의 마음은 고매하나 산과 들판에 수많은 '짚풀'이라는 재료 덕(?)에 경제 수준이나 도도한 예술인의 경지에 있지 않다는 시선으로 바라보고 있다. 과거 양반계급의 기호나 강요에 의해 제작하는 짚풀 공예품이고 그 위치는 수탈의 대상이다 보니 약자의 위치에 있었고 사회구조로서 인정받는 신분에서 벗어나 있었다. 이것이 오늘날에 와서도 그 영향이 미쳤는지 짚풀 공예의 종사자는 궁중에 관련된 공예나 양반들에 관련된 공예종사자에 비하여 경제적인 관심도 턱없이 부족하고 사회적인 관심에서도 멀어져 있다고 여겨진다. 그래서 짚풀공예에 관하여 관심이 있는 저자로서는 '가장 낮은 데서 높은 곳으로'라는 의미를 담았다. 짚풀공예는 궁중문화에 해당하는 공예가 아니다. 민중 생활의 일부분이다. 저자의 조부와 선친은 제각의 현판, 비석의 비문, 문집, 족보 등의 일을 하는 각수였다. 양반문화다. 그러나 저자는 처음 아무것도 모르면서 20대에 법조인에 눈독을 둔 맹랑한 용기, 먹고 자고 사회구성원으로 버티기도 막막한 30대 현실, 첨단의 과학에 빠지고 싶었던 40대, 낮은 곳에서 시작하자. 궁중문화도 양반문화도 아닌 가장 낮은 지위의 문화, 알아주지 않은 문화를 손댄 것이 벌써 지금까지 이르렀다. 생활이 되었다. 짚풀공예는 제도적으로 비주류 공예이지만 실제 생활 속에서는 주류공예 궁중문화의 귀족공예에 대한 보조 역할 수준을 넘어서 있다고 해도 과언이 아니다. 모든 공예의 기초이고 과거에는 우리 조상들의 일상생활 일부였던 것이 짚풀작업이었고 현대에 와서는 일상화가 아니라 일부 소수만 짚풀공예 활동으로 이어가고 있다. 한마디로, 대접받지 못(?)하는 '짚풀공예'일 수 있지만 짚풀공예를 새롭게 활용하여 관심받는 창작의 세계로 눈을 돌려야 하겠다.

스물 청년 시절 이후 늘 아쉬운 마음을 갖게 하는 든든한 아들(호: 경암 耕巖) 지호(智浩), 그리고 이제 세상의 빛을 보게 된 사랑하는 손녀(자: 녹우 綠宇) 윤아, 나의 옆에서 속이 깊고 밝은 지혜를 가진 사랑하는 딸(자: 만예 萬藝, 호: 녹거 綠櫸) 영(永)이 있음을 감사드리며.

저자 **快山 권 민 수**

저자 약력

- 외교통상부 전문가 자문위원 역임
- 부산광역시 축제조직위원회 축제 평가 위원 역임
- 부산광역시문화재단 이사 역임
- 국제신문 칼럼위원(법고창신) 역임
- 문화체육관광 R&D 과제기획 전담위원 역임
- 부산경상대학교 교수 역임
- 통일교육위원 역임

목 차

에듀컨텐츠·휴피아
CH Educontents Huepia

짚풀의 향기

권민수 · 著

에듀컨텐츠·휴피아
Educontents·Huepia

에듀컨텐츠·휴피아
Educontents·Huepia

I. 짚풀의 향기에 대한 전개

1. 짚풀

2. 짚풀의 향기에 대한 방향

3. 문헌 및 자료조사

1. 짚 풀

우리나라는 헌법을 통해, "국가는 전통문화의 계승 발전과 민족문화의 창달에 노력하여야 한다."[1]고 명시하고 있다. 요즈음 외국인이 우리의 전통문화에 부러움을 표시하지만 우리는 정작 우리의 것을 지키고 육성해 가기보다는 여러 가지 이유들로 우리의 전통문화에 대하여 점점 사람들에게 잊혀 지게 되었고, 침체되어 가고 있다. 선조들의 일상이던 짚풀작업이 이제 소수만 하는 공예로, 짚풀공예가 되었다.

짚풀공예의 재료인 짚풀은 인간에게 다양한 의미를 담고 있다. 짚풀에서 찾을 수 있는 의미는 어릴 때 고향의 푸근함도 있기도 하고 과거와 현재를 연결하는 매개이고 우리 민족이 생활 자료로서 늘 함께 하였기에 한국민(韓國民)의 정서도 담겨있는 향수가 되기도 하다. 짚풀은 우리나라 궁궐에서도 "진통 끝에 태어난 원자의 이부자리는 방바닥에 짚을 깔고 그 위에 거적을 깔고 그 위에 돗자리를 깔고 양털방석, 기름종이, 백마 가죽의 순으로 깔았다."[2]고 한 '짚'과 '거적'과 '돗자리'는 짚풀이고 이는 산촌이나 농촌이나 궁궐에도 일상적으로 쓰임이 있었다는 증명이다. 또, 짚에 대하여 김문경은 "짚이 부정을 불식시키는 청정한 성물(聖物)"이라고도 하였다.[3] 이렇듯 짚풀에는 다양한 쓰임과 의미가 담겨있다.

짚풀은 우리 민족의 서민층 생활에 밀접하고 광범위하게 사용되어 왔음에도 불구하고 그 취급은 보잘 것 없었다. 짚풀로 만든 것이 지금으로부터 최소한 3,500년 이전이지만, 그 시절에는 짚풀과 인간의 관계는 뗄 수 없는 관계였고 일상생활이자 짚풀 문화의 관계였던 것이다. 짚풀 문화로서 이야기할 수 있는 것은 특수한 개인이나 몇몇이 이용한 것이 아니라 우리 민족의 대부분 일상생활과 밀접하게 관계를 맺고 있다는 것에서 찾을 수 있다.

짚풀이 우리 민족 일상생활에 끼친 영향은 의·식·주 전반에 관련이 있다. 먼저, 의(衣)에는 입는 옷에 해당되는 부분이다. 의(衣)의 주재료는 삼이나 목화, 모시, 짚 등이 있다. 삼을 통하여 삼배 옷을 만들어 입거나 미투리를 삼아 신기도 하였고, 목화는 이불을 만들어 따뜻한 겨울을 나고, 모시는 옷, 짚은 도롱이(우장) 등에 활용되었다.

식(食)의 먹는 것은 짚에서 나오는 쌀, 보리, 밀, 수수 등을 통하여 다양한 음식을 만들어 먹었다는 점과 이들의 부산물에서 짚풀을 활용하여 일상에 필요한 용구로 만들어 사용하였던 것이다.

주(住)의 주거에는 짚을 이용하여 이영을 엮어 지붕을 이거나 갈대, 띠와 자리를 만드는 왕골과 부들도 주거에 사용되었다.

뿐만 아니라 의약제와 농가에 사용되는 민구는 짚풀에서 나온 것이 수도 없이 다양하다. 또한, 우리 민족의 생활사에서 짚풀과의 관계는 저장, 신앙생활, 축제, 놀이, 가축의 먹이, 운반, 등 모든 생활에 활용되었다는 것이다.

---

1) 헌법 제1장 제9조 1항.
2) 출처, 티비엔 2023년 1월 28일.
3) 김문경(1974?) 『민속의 연구』 2, 정음사, p173.

그럼에도 불구하고 짚풀 문화에서 짚풀 공예가 등한시된 이유는 수공업자 종사자는 팔천[4]에 속하는 천한 신분이었고 대우받지 못하는 노예 신분이었다. 조선 후기에 들어서 장인 가포제[5]의 실시로 노예제도의 탈피라는 상태로 점장, 죽장과 초립장 및 인석장이 생겨 예술성이 가미된 공예품다운 물건들을 만들 수 있었다. 점장(簟匠)은 관청의 소속으로 갈대를 주로 이용하여 삿자리 만드는 일을 맡은 사람이고 죽장(竹匠) 대나무를 이용하여 대그릇을 만드는 장인(匠人)이다. 초립장(草笠匠)은 조선시대에 공조와 상의원에 속하여 황색의 가는 풀이나 대오리를 엮어 만든 갓인 초립 만드는 일을 맡아 종사하던 사람이다. 인석장(茵席匠)은 인석장이라고 하며 골논[6]의 왕골이나 연못가의 부들 따위로 무늬를 놓아 수제 돗자리를 만드는 일을 하는 사람이다. 그러나 이도 양반계급의 기호나 강요에 의해 제작하는 짚풀 공예품이고 그 위치는 수탈의 대상이다 보니 약자의 위치에 있었고 사회구조로서 인정받는 신분에서 벗어나 있었다. 이것이 오늘날에 와서도 그 영향이 미쳤는지 짚풀 공예의 종사자는 궁중에 관련된 공예나 양반들에 관련된 공예종사자에 비하여 턱없이 부족하고 관심에서도 멀어지고 있다고 여겨진다. 짚풀은 우리 민족이 생활 자료로서 늘 함께한 하였고 이에 대하여 살펴보기 위한 순서는 짚풀의 향기에 대한 전개, 짚풀의 개념, 짚풀재료, 짚풀 작업의 분류, 짚풀공예 및 도구, 짚풀의 민구, 활성화 방안의 순으로 살펴보고자 한다.

2. 짚풀의 향기에 대한 방향

오늘날 현대문명의 발달은 급속히 진전되어 가지만 전통문화나 민속문화[7] 및 과거 민중생활사는 아쉽게도 급속도로 사라져 간다. 개발을 앞세워 우리 문화의 소중한 자원을 밀어내고 딱딱하고 정형화된 각과 모형이 국토를 채워 나가고 있다. 또한 노인인구 중 우리민중의 생활사에 직접 체험한 세대는 이삼

4) 팔천(八賤]) 조선시대의 여덟 천민.

팔반사천(八般私賤)이라고도 한다. 모두 사천에 속하는 천민으로, 사노비(私奴婢) ·승려 ·백정(白丁) ·무당 ·광대 ·상여군(喪輿軍) ·기생 ·공장(工匠) 등이다.

5) 장인가포제는 조선 후기에 관청에 등록되었던 장인이 포목을 납부하여 부역 노동을 면제받고, 이것을 장기 입역하는 장인에게 지급하는 제도이다.

6) 골논은 골을 심은 논을 말하고 골논은 골 외에는 다른 작물을 심지 않는 특징이 있다.

7) 민속문화 :고급문화나 후기산업사회의 대중문화와 구별되는 문화의 한 형태. 민속문화는 흔히 전통문화의 형식으로 존재하며, 매스 커뮤니케이션이 아닌 대인 커뮤니케이션에 근거하고, 직접 향유하는 사람들에 의해 문화의 성장이 이루어진다. 민속문화는 그 의미와 목적이 의도적으로 이루어졌다기보다는 장식적이거나 의식적인 측면이 크며, 그 내용은 보편적이지는 않지만 영구적이다. 제도화의 측면에서 과거에는 흔히 무시되어 왔지만 오늘날은 공식적으로 일부 보호받고 있다는 학자의 논지가 있다. 민속문화의 용어는 임재해('민속문화' 의 여성성과 민속학의 여성주의적 문제의식), 강정원(한국 '민속문화' 정책과 민속학 -문재인 정부를 중심으로), 이정재(울산의 고래잡이와 '민속문화') 등 학자들이 용어를 착용하고 있다.

십 년 뒤 자연으로 돌아가고 찾아보기가 쉽지 않을 것이다. 그로 인하여 등한시해왔던 짚풀 공예에 대한 후세들에게 전수할 내용과 맥이 사라질 것에 두렵지 않을 수 없다. 설사 그 맥을 재현한다고 하여도 그때에는 재현의 사실적 접근의 어려움과 연구 노력의 비용이 예상보다 더 많은 증가로 나타날 것이 분명하다. 마이크로소프트사의 창업자 빌 게이츠의 말에 의하면 '진정한 발전의 전제로 그 대상의 재현은 물론 덧붙여 새롭고 좋게 만들어야 진정한 발전이 가능하다'고 하였다[8]. 우리문화의 사회·경제적 가치에 대한 인식 전환이 필요하다. 이에 짚풀 문화와 짚풀 공예를 연구하고 재현함으로써 조상의 얼과 지혜를 배우고 일반인과 후세에게 보급과 전수는 물론이고 현대적인 의미를 부여하여 새로운 짚풀 공예를 통하여 자원으로서 가치 창출하는 기회 제공과 문화 환경의 변화에 적극적 대응을 검토하여야 한다.

짚풀의 향기에 대한 방향을 구체적으로 정리하면 이론적 측면에 짚풀문화론을 정립하는 계기를 제공하고, 정책적인 측면에서는 짚풀문화관광 상품 및 프로그램 개발의 참고자료를 제공하고, 경제적 측면은 창조성을 기반으로 새로운 기술 경제의 원천이 될 것이며, 사회적 측면에서는 시민들에게 문화의 다양성을 향유 하게 하여 삶의 질을 개선하는 계기가 될 것이며, 일반 공예에 비하여 관심에서 소외된 공예가 아니라 공예의 한 축으로 자리매김하여 이 분야에 양과 질적 발전이 있기를 방향을 구해 본다.

3. 문헌 및 자료조사

이 책의 내용 중에서 정리하는데 크게 문헌 연구와 자료조사 및 면담과 현장 사진 촬영 등으로 정리되어 있다. 문헌 연구는 짚풀에 대한 기존 서적과 그에 관련된 서적으로 근거하였으나 참고에 한계성 때문에 개념 및 유형과 분류 체계의 도출에 어려움이 있었다. 자료조사는 먼저, 주요 용어의 핵심 키워드 선정을 '짚', '볏짚', '풀', '짚풀', '풀짚', '초고'[9], '점장', '죽장' '초립장', '인석장', '초혜', '멍석', '짚신', '짚풀공예' '짚풀문화', '민구(民具)'로 하였다.

짚풀에 대한 선행연구자는 정인회(1987) 『한국 짚(곡초) 공예에 관한 연구』 숙명여자대학교 석사학위논문, 짚풀문화연구회(1999)『생활용구』민속원, 김미화(2003) 『짚풀을 이용한 조형교육』 충남대 교육대학원 석사학위논문, 손세란(2003), 『생태환경적 관점에 의한 의상디자인 연구 : -보릿대 소재를 이용한 디자인을 중심으로-』, 이화여자대학교 석사학위논문, 인병선(2005) 『우리짚풀문화』현암사, 권민수(2010) 『짚풀의 발견』에듀컨텐츠, 이수종(2011) 『지적장애인의 직업재활을 위한 전통공예 프로그램 개발 연구 : 짚풀 프로그램을 중심으로』 가야대학교석사학위논문, 전성임(2012)『풀짚공예배우기』미진사, 유금자(2012) 『짚풀조형의 해체적 표현 연구 = A Study on the deconstructive expression of the Zip-pul form』 홍익대학교 박사학위논문, 김예슬(2014) 『민속마을 축제를 통한 전통의 지속가능한 전

8) 빌게이츠(1995)역자 이규행『미래로 가는 길』 삼성출판사.
9) 초고는 '풀 초草'와 '짚 고藁'를 합쳐서 초고라 한다.

승방안 연구 : 외암민속마을 짚풀문화제를 중심으로로』 중앙대학교 석사학위논문, 조현우·이종주(2015) 「지역축제속성에 의한 시장세분화 -외암마을 짚풀문화제를 대상으로- = Market Segmentation through the Local Festival Attribute -Focusing on the Oeammaul Straw Festival」『관광연구』 대한관광경영학회가 나타나고 있다.

『짚풀의 향기』의 자료조사는 『짚풀의 발견』의 기본적 내용에 더하여 짚풀 관련 단체의 자료, 신문 기사, 인터넷 자료, 짚풀 공예인의 면담과 한국 짚풀공예협회의 관계자 및 자료도 활용하였다. 면담은 현재 짚풀공예협회 회원이나 협회 등의 소속은 없으나 짚풀 공예인으로 생활하는 어르신들을 대상으로 진행하였다. 현장 사진 촬영지역은 가능한 전국을 대상으로 하였고 지역의 안배에 따른 전략적 촬영지역도 있었다. 『짚풀의 발견』때 자료수집과 탐방을 위해 기간적으로 4년과 『짚풀의 향기』에 정리하는 기간인 새로운 12년이 지났다. 공간적으로 북한의 개성과 여객선을 이용한 대마도가 있고, 국외는 중국의 연변과 상하이와 광저주 및 시안, 스위스 루체른, 미국의 뉴욕, 프랑스의 파리, 인도네시아의 쯔르본, 이탈리아의 소랜토, 일본의 히라도와 도아마 '민속예촌'과 세계문화유산 '백천향'이 있었다. 짚풀 용구의 활용지역은 문화행사의 축제[10]장소나 각 지역 문화원 등의 짚풀 프로그램을 운영하는 곳으로 경기, 경상, 강원, 충청, 전라, 제주 등 남한 전역을 대상으로 하였다. 내용으로 짚풀에 대한 배경이 제시되어 있는 『짚풀의 발견』에서부터 짚풀공예 관련 기관이나 단체소개, 짚풀 공예의 활성화 방안 제시 등의 내용이 더하여진 '짚풀의 향기'로 이어진다.

우리나라 짚풀공예 활동은 관련 기관, 단체 그리고 개인의 활동으로 나누어 살펴볼 수 있었다.

짚풀 관련 기관은 크게 활성화되어 있지 않았다.

서울 종로에 있는 '짚풀생활사박물관(http://www.zipul.co.kr)'이 있고, 경기 광주 오포에 있는 '풀짚공예박물관(http://www.pulzip.com)'이 있다. 짚풀생활사박물관과 풀짚공예박물관은 주로 전시와 체험을 위주 운영하고 있었다. 특히, 짚풀생활사 박물관의 전시에 "'89번의 손길'은 '쌀 미(米)'자의 형태적 의미인 '88번'에 또 한 번의 손길을 더한 것이라고 설명한다. 벼가 이삭을 틔우고 수확하기까지 88번의 손길이 가는데, 볏짚 생활 도구는 여기에 한 번의 손길이 추가된다는 것이다."[11]짚풀의 여정이 쉬운 길이 아니라는 의미를 담고 있다.

---

10) 짚풀문화제: 오는 10월 24일부터 10월 26일까지 열리는 제9회 외암민속마을 짚풀문화제 기간에는 또 하나의 축제가 열려 더욱 풍성한 문화제가 될 전망이다. 이번 짚풀문화제에는 농림수산식품부가 지원하는 농촌축제가 더해져 축제와 전통이 어우러지는 풍성하고 다양한 문화축제가 될 것으로 보인다. 농림수산식품부와 충청남도, 아산시가 함께 지원하는 외암마을 농촌축제 및 문화제는 눈으로 보고 즐기는 축제에서 업그레이드되어 전통문화와 농경문화를 직접 체험하고 도농 화합의 장으로 만들어 열악한 농촌경제 활성화에 이바지할 것으로 기대된다. 외암마을의 농촌축제는 마을 청년회가 주축이 돼 마을의 특성과 문화를 바탕으로 과거시험 재연, 급제자 행렬 재연, 전통상여 재연, 널뛰기 공연, 연날리기 체험, 옛 주막거리 재연, 두부 만들기 체험, 다례 재연 등의 행사가 열린다. 특히 마을 청년회는 농경사회에서 큰 역할을 하던 마당쇠 선발대회를 실시해 양반문화와 서민문화를 접목해 관람객들의 이목을 집중시킬 것으로 기대된다. 온양신문, 2008년 10월 16일 기사.

11) 뉴스핌, 2023년 10월 11일 기사.

〈사진 1-1〉 가칭 한국짚풀공예협회 창립총회

출처, 저자 카메라 2019년 3월 15일 '대전전통나래관'에서 기념촬영을 하고 있다.

짚풀 관련 단체는 사단법인인 '한국민속문화원(http://www.ajanews.com)'과 그림에서 나타나고 있는 가칭 사단법인 '한국짚풀공예협회'가 있고[12]마을 단위로 활동하는 단체들도 있었다.

사단법인 한국민속문화원은 한국민속학회, 실천민속학회, 남도민속학회, 동북아문화연구학회 등의 논문과 학술대회 소식을 전하고 있고 전통문화교육, 전통생활체험, 전통 민속 관련 명인·명장·장인·명소 등의 선정 사업에 관심을 두고 있다. 그리고 전통·민속 공연, 전통·민속공예 대회와 전시, 전통·민속생활체험과 교육, 국제문화교류사업을 하고 있다. 또, 초창기에 짚풀공예 관련 업무를 하다가 요즈음은 전통·민속 관련 내용을 문화재청, 국립민속박물관 등에서 나오는 정보를 전달하고 있다. 사단법인 한국민속문화원은 2011년 설립 및 인가된 단체로 전통·민속 관련 학회 소식과 정보를 제시하는 단체이다.

사단법인 '한국짚풀공예협회'는 2019년 3월 15일 대전 '전통나래관'에서 창립총회를 실시하여 저자가 초대 이사장으로 출범하였다. 짚풀공예인의 경제 활로 모색과 공예인의 권익 보호이다. 협회는 전국단위로 각 지역 남·북도를 망라한 광역지역과 광역시를 하나로 한 광역위원장과 그 예하 시(市)를 대표하는 시 위원장이 있다. 2022년 6월 현재 지사는 부산광역시 지회 2022년 5월 28일 최재득, 2022년 3월 29일 서울지회 하진용, 2022년 3월 16일 경북지회 김주헌, 2022년 2월 24일 대전광역지회 이준희, 2021년 4월 29일 한국짚풀공예협회를 경기도 가평의 최석봉이 2대 이사장을 맡고 있다.

마을 단위의 짚풀 관련 단체는 짚풀 관련 제품을 개인의 노력과 판매로 이어지는 것이 아니다. 마을

12) 2019년 3월 15일 대전광역시 전통나래관 5층에서 창립총회를 하였고 초대 이사장으로 저자가 맡았다.

단위다. 장소는 주로 마을 회관 등에서 공예활동을 한다. 생산방식은 여러 공예인이 모여서 주문된 짚풀 민구를 만들거나 판매가 잘되는 민구를 만들거나 공예인이 잘 만들 수 있는 특정의 민구를 만드는 활동하여 생산하는 방식이다. 농번기에는 짚풀공예활동을 거의 손놓고 있고 농한기에 주로 생산하고 판매하는 형식을 취하고 있는 단체를 말한다. 전북 남원시 산동면 부절리, 강원도 정선군 광하마을, 고창의 고인돌마을, 충북 괴산, 경기 안성 등 전국에 산재하고 있다.

짚풀 관련 활동으로 개인은 아산의 '우리짚풀연구회, 의령의 '풀문화연구회', 양산의 '짚풀사랑', 김포에 '산여울', 대구 서구에 '짚풀나라' 서울 도봉구에 '신바람 놀자학교' 경기 시흥의 '향토민속보존회' 등은 짚풀관련 연구회나 센타 등의 이름으로 활동하고 있다. 각 지역별로 산재되어 축제참가 등 작품활동에 경주하고 있지만 더 많은 주변의 관심이 요구되고 있다. 그럼에도 충남 아산시 외암민속마을에서는 해마다 짚풀문화제[13]가 열리고 있음은 기대가 크다 할 것이다. 특히 아산 이충경의 '우리짚풀연구회'에서 주최하는 "짚풀런웨이"행사와 야외의 '거대 짚풀모형 전시', 'SNS활동'은 짚풀을 매개로 한 좋은 문화상품의 방향성을 보여주고 있다.

〈사진 1-2〉 일본 도야마(세계문화유산 백천향)의 갈대집과 갈대

일본도야마 갈대집 저자 촬영	로마의 갈대 저자 촬영	스위스 초 지역 저자 촬영

SNS에서의 활동에 눈에 띄는 것은 유튜브나 페이스북의 활동이다. 유튜브나 페이스북은 주로 짚풀 관련 작품활동 중에 '만들기'와 '전시회' 소식 위주로 편성되어 운영되고 있다. 짚풀공예 무형문화제 지정 장인 8명[14]을 제외하면 지방자치단체에서 지원하는 곳이 미약하다. 그나마 원주시 귀래면 주포리 신동길, 경기 시흥시의 김이랑 짚풀공예종사자에게 국가나 지자체와 지방에 산재한 기관이 어느 정도 예

13) http://www.oeammaul.co.kr
14) 2019년 12월 기준.

우하는 곳도 있지만 아직은 짚풀관련 종사자에게 관심은 멀다.

짚풀런웨이 행사 포스터
〈사진1-3〉 출처, 우리짚풀연구회

거대 짚풀모형 전시
〈사진1-4〉 출처, 2021년 정철표

또, 전국공예대전 등의 짚풀공예에 대한 위치와 평가는 다른 미술품이나 공예품에 비해 소외되고 외면되어 관심에서 멀어진 것이 사실이다. 그럼에도 불구하고 이 분야의 종사자뿐만 아니라 일반 시민들의 관심과 참여 그리고 좋은 성적이 따라야 할 것이다. 언론이나 국가, 지자체의 관련 부서에도 소극적인 관심에서 적극적인 관심과 지원이 요구되고 있다. 자라나는 어린이의 교육내용에도 우리의 전통·민속문화에 대한 적극적인 관심이 필요하며 또 이에 맞는 전문가가 양성되어야 하고 심사위원 인선에도 이 분야에 일정한 할당이나 관심이 요구된다는 것이 종사자들의 한결같은 전언이다.

[표 1-1] 자료수집 지역 및 면접 대상자

지역	방문한 곳	수집자료/형식
충청도	천안삼거리 축제	자료 수집, 사진
	천안 성남면 봉양리	댕댕이 사진
	아산 외암민속마을	자료수집 및 사진
	서산 해미면 읍성축제	자료수집
	청양고추축제	자료수집
	제천엑스포	사진
	괴산 소수면	경길호 외 5인 인터뷰
	음성군 삼성면	사진 촬영

강원도	정선아리랑 축제 강릉단오제 양구배꼽축제 속초정월대보름맞이 축제 철원동송읍 황해도 개성 본동	최하규 인터뷰 자료수집, 사진촬영 사진촬영 사진촬영 사진 촬영 개나리 사진 촬영
경남	함안 법수 산청군 신등면, 신안면 진주 논개축제 하동 신기 마산 만날제 양산 삽량문화축전 진주 이반성면 경남 의령 양산 석계 외석	사진 사진, 성해기 인터뷰 사진 차성임 인터뷰 사진 사진 사진, 신현탁 인터뷰 서정희 인터뷰, 사진 김윤실 인터뷰
부산	수영 어방축제 진구 부산시민공원 감천,감천문화마을축제 동래읍성축제 대마도 상대마도 금정구 노포동 부산어촌 민속관	사진촬영 사진 이춘선 인터뷰, 사진 사진촬영 금줄, 췱사진 김성수 인터뷰, 사진 자료수집
전라도	영광법성포 축제 광주남구 고싸움 축제 김제지평선축제 무안군 일로마을 보성군 장수군 계북면 남원 산동 부절리	사진 사진 자료수집, 사진 신승영 인터뷰, 촬영 삼 사진 사진 촬영 최성식 인터뷰
제주	제주 서귀포 제주 연동	호랭이 자료구입 신서란 사진 촬영

<table>
<tr><td>서울</td><td>종로 경복궁
종로구 국립민속박물관
동대문 서울풍물시장
종로 짚풀생활사박물관</td><td>자료수집
자료수집
자료수집</td></tr>
<tr><td>경기도</td><td>경기 포천
용인 기흥 민속촌
여주 가남면
경기 의왕
경기 오산
경기 안성</td><td>골풀촬영
자료수집, 모시 촬영
사진
사진
사진촬영
인터뷰</td></tr>
<tr><td>경북, 대구</td><td>울진 평해
안동하회마을
대구 승시축제
청도소싸움축제
경북 성주</td><td>사진
사진촬영
사진촬영
사진촬영
허윤도 인터뷰</td></tr>
<tr><td>그 외 지역</td><td>미국 뉴욕
중국 상하이, 연변, 정주
일본 히라도, 토야마
프라스 파리
이탈리아 로마</td><td>사진촬영
인터뷰, 사진촬영
사진촬여
사진
사진</td></tr>
</table>

Ⅱ. 짚·풀의 개념

1. 짚의 정의

2. 풀의 정의

3. 짚풀의 범주

1. 짚의 정의

볏짚을 뜻하는 한문은 곡초(穀草), 고(稿의 볏짚고), 간(稈으로 짚간), 고(藁는 稿와 동자이며 '볏짚고')가 있고 짚으로 새끼 날을 만들어 네모지게 결어 만든 큰 깔개인 멍석을 의미하기도 하다. 또, 설(稧은 '볏짚 설'), 공(稄의 볏짚 공), 늑(稂의 볏짚 늑), 지(秓의 '볏짚 지')도 있다. 뿐만 아니라 볏짚을 한문으로 보면 양(穰)으로도 나타내고 있다. 양은 볏짚이라는 뜻이고 풍년이라는 의미도 담고 있다. 이러듯 볏짚을 뜻하는 한문이 여럿 된다는 것은 볏짚의 활용 빈도가 높다는 뜻과 여러 곳에서 사용되는 다양성이 있다는 것이다. 정인희는 짚에 대하여 "곡초는 이삭을 떨어낸 곡식의 풀, 줄기 즉, 짚을 일컫는다."[1]이삭을 떨고 남은 줄기를 곡초(穀草)라는 것이다. 김미화는 "짚이라고 하면 일반적으로 볏짚을 연상하기 쉬우나 사실은 모든 알곡의 이삭을 떨어낸 줄기를 통칭하며 볏짚, 보릿짚, 밀짚 등"[2]이라 하였다. 손세란은 "짚은 벼, 보리, 밀, 조, 메밀 등의 이삭을 떨어낸 줄기"[3]라 하였다. 또, 권민수는 "짚은 이삭을 떨어낸 줄기와 잎을 말한다."[4] 벼를 타작하고 남은 것은 볏짚이고 보리를 떨어내면 보릿짚, 밀을 제거하고 난 뒤에 남은 것은 밀짚이 된다. 즉, 화본과 작물의 성숙한 식물체에서 곡식알을 제거하고 남은 줄기와 잎이 짚인 것이다. 그러나 밀이나 보리 및 메밀의 경우 줄기를 대라고도 하였다. 즉 보릿대(짚)라고도 하였다. 또한, 대라고 표현하는 경우가 더 있었는데 곡식의 알을 떨어내지 않고 줄기가 싱싱할 때나 논밭에서 서서 자라고 있을 때의 줄기를 대라고도 한다. 볏짚의 출현 시기, 조직구조, 볏짚의 약식 종류, 볏짚의 용도에 대하여 살펴보겠다.

1) 벼 출현 시기는 벼농사와 연관이 있다. 이를 뒷받침하는 이융조와 김정희는 우리나라의 벼 출현 시기가 신석기 중기로 "유적의 토탄층을 시료로 하여 얻은 연대측정 결과는 대화 가와지층의 경우 4070±80bp, 4330±80bp이고, 주엽 대화리층은 6210±60bp(1지역)로 보고되었다"[5]고 한다. 또, 조현종은 "우리나라의 벼농사는 청동기시대에 본격적으로 등장하게 된다"고 하였고 [6]"한국에 벼가 재배된 것은 대략 BC 2·3세기 무렵으로 예상하고 있다."[7] 벼 관련 자료 출토가 신석기시대에 추정되는 유적명

---

1) 정인회(1987), 『한국 짚(곡초) 공예에 관한 연구』, 숙명여자대학교 석사학원논문, p4.
2) 김미화(2003), 「짚풀을 이용한 조형교육의 의의」, 충남대 교육대학원 석사학위논문, p10.
3) 손세란(2003), 「생태환경적 관점에 의한 의상디자인 연구 : -보릿대 소재를 이용한 디자인을 중심으로-」, 이화여자대학교 석사학위논문, p53.
4) 권민수(2010), 『짚풀의 발견』 에듀컨텐츠, p10.
5) 李隆助·金貞熙(1998), 「韓國 先史時代 벼농사의 새로운 해석-식물규소체 분석자료를 중심으로」 『先史와 古代』 11, 韓國古代學會.
6) 조현종(2008), 『韓國 初期 稻作文化 硏究』, 전남대학교박사학논문, p1.
7) 국제신문 2013년 8월 1일 국제신문.
벼는 한국의 농작물 중에서 가장 오래된 농작물이다. 중국의 기록과 김해 조개더미에서 발굴된 탄화(炭化)된 쌀 덩어리 및 기타 유물 등으로 미루어 보아 지금부터 약 2,000년 전에 재배하였을 것으로 추정되는

은 충주, 옥천, 김포, 김해 농소리, 강화, 나주, 김해 예안리, 일산, 청원(13,000~15,000B.C.y)[8]에 이르는 것으로 보아 신석기시대부터 볏짚이 존재하였다는 주장이 가능하겠다.

보리의 역사에 대하여 손세란은 "에티오피아 고지대와 남동 아시아에서 재배가 시작되어 BC 5000년 이집트, BC 3500년 데소포타미아, BC 3000년 유럽 북서부, BC 2000년 중국으로 퍼져나간 것으로 추정되며 우리나라에는 '삼국유사'에 고구려의 시조 주몽이 부여의 박해를 받아 남쪽으로 내려올 때 보리를 지니고 내려왔다는 기록이 있는 점으로 보아 삼국시대에 이미 널리 재배했던 것으로 추측된다."[9]결국, 벼나 보리가 우리나라에 출현한 것은 선조들의 농경 시절부터 시작되었다고 볼 수 있다.

2) 짚의 부피 단위는 짚푸라기 또는 한(짚)오리[10], 한(짚)단[11], 한뭇, 한장, 한동, 짚가리[12]로 나눌 수 있다. 볏짚 한 포기에는 여러 개 벼 군집이다. 그중에서 하나를 짚푸라기 또는 한 오리고 한다[13]. 그 짚푸라기가 모여서 짚단이고 한 단이 된다. 이 짚단이 열 단이 한 뭇이 되고, 여섯 뭇이 한 장이 된다. 시골에서 소나무 깔비[14]나무를 하거나 지푸라기를 갈쿠리(갈퀴)로 잴 때 6장이 한 짐이 되곤 하였다. 짚동은 6장이 '한동'이 된다. 짚동은 짚단을 일정한 수와 크기로 정돈 형태로 만든 것으로 부피가 크지만 한 사람이 한 동을 질 수 있었다.

데, 1976년 경기도 여주에서 지금부터 약 3,000년 전의 것으로 추정되는 탄화미(炭化米)가 발굴됨으로써 한국 벼농사의 기원이 매우 오래되었음을 추정할 수 있다.

8) 조현종(2008), 위 책 22p.

9) 손세란(2003), 『생태환경적 관점에 의한 의상디자인 연구 : -보릿대 소재를 이용한 디자인을 중심으로-』, 이화여자대학교 석사학위논문, p77.

10) 한내끼 : 필자의 어릴 적에 어르신들의 사용하던 용어이다.

11) 짚단 : 볏짚을 묶은 단. ≒짚뭇.

12) 짚가리 : 짚단을 쌓아 올린 더미.

13) 서부 경남지역에서는 '한 내끼' 라고도 한다.

14) 소나무깔비 : 소나무의 잎이 떨어진 것으로 경상도 방언.

〈사진 2-1〉 볏짚의 부피 단위

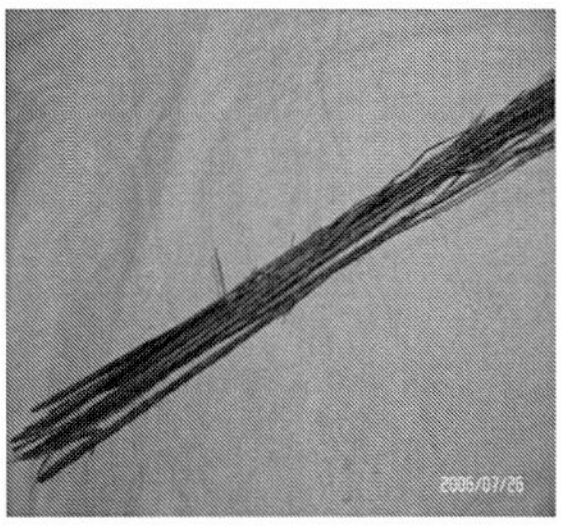		
볏 짚	짚단(2단)	한뭇(10단)

짚 동	짚가리	새로운 짚동
출처, 저자 촬영		

짚동이나 짚가리는 탈곡 후 집 주위나 논밭에 모아 놓고서 차후에 각종 재료의 사용 목적으로 비나 눈이 와도 훼손되지 않게 하거나 이동을 용이하게 모아서 쌓아 둔 것이다. 유사한 말로 낟가리가 있는데 지역에 따라 볏가리라고도 하지만 낟가리는 더미를 말한다. 짚가리는 탈곡이 된 짚단이나 보릿단이지만, 낟가리는 이삭을 탈곡하지 않은 상태의 볏단이나 보릿단이다. 낟가리에 대하여 성경에서도 나타나는데 "낟가리를 태운 자의 손해 배상 규정(출 22:6),사사 삼손의 사역(삿15:5)과 관련하여 언급된다."[15] 이 낟가리를 하는 이유는 비 등으로 날씨가 좋지 않아 한곳에 모아서 비 등으로 인해서 볏단이나 곡식에 피해가 가지 않게 하기 위하거나 진흙탕 같은 논·논밭에서는 논두렁에 들어내어서 낟가리를 한다. 일의 진행에 있어서 다음날로 넘겨야 할 경우도 낟가리가 필요하다. 일의 분업으로 모으는 작업은 여자나 어린이가 하고 운반의 짐을 지는 일은 어른이 할 경우에도 부분 낟가리가 필요로 하였다. 탈곡 전의 낟가리에 비해, 탈곡 후에 실시하는 짚가리는 탈곡 후 바로 할 경우가 있고 날씨가 좋으면 바쁜 가을걷이의 일이 어느 정도 진행하고 나서 기간적인 여유가 있을 때 짚가리를 하기도 하였다. 이는 혼자서도 하였지만 보통 두 사람 이상이 하였다.

15) 라이프성경사전, 2006.8.15.

〈사진 2-2〉 낟가리

사진 출처 저자 촬영, 나락의 알곡이 달려있는
낟가리이나 지역에 따라 볏가리라고도 한다.

짚가리의 모양은 사각이나 원뿔형이 보통이다. 짚가리의 꼭대기에는 비가 들어가지 않게 하는 고깔을 씌우는데 이를 주저리라 한다. 이 주저리의 용도는 짚가리뿐만 아니라 전남 진도 지역의 유지깻대, 형구[16]로 사용한 주저리[17], 양봉덮개, 동파방지 무 저장고, 곡식 보관 뒤주 등에 주저리를 사용하기도 하였다. 짚에서 떨어낸 곡식을 재는 단위는 톨, 홉, 되, 말, 가마니, 볏섬으로 설명이 가능하였다. 여기서 가마니는 일제강점기 때 일본이 조선의 곡물을 가지고 가기 위해 들려온 것에서 유래가 된 것이다[18].

3) 짚의 조직구조는 뿌리와 줄기, 잎, 이삭이 있다. 낫으로 벤 쪽을 밑둥이라 하고 이삭 쪽을 수냉이라고 한다. 탈곡의 시대적 변천사는 개상의 통나무 판에서, 훑어내는 농기구인 그네를 지나 홀테, 그리고 발로 밟는 탈곡기에서, 요즈음은 바로 자루에 담겨 나오는 콤바인에 이르고 있다. 산골의 계단식 논에는 아직도 낫으로 벼를 벤다. 낫으로 벤 벼는 나락을 떨고 나면 짚이 나오는데 이것이 짚풀 공예에 사용되는 짚이 된다. 특히 공예용 볏짚을 장만하기 위해서 공예인들은 봄부터 볍씨 종자, 면적, 재배 및 수확시기, 그리고 금액에 대한 계약을 하여 미리 준비한다. 그러나 이 시기를 놓치면 10월 말부터 볏짚 준비에 주변에 수소문하여 구한다. 볏짚 준비를 위해 예컨대 산청의 임종현, 울산의 김종대, 의령의 서정희 등 주변 비교적 가까운 거리의 공예인들끼리 서로 소통을 하고 있었다.

4) 짚[19]의 종류는 벼·밀·귀리·호밀·보리·메밀·돌피(穇)와 같은 짚으로 나눌 수가 있다.

---

16) 형벌을 집행하기 위하여 사용하는 도구.
17)서해숙(2009), 「한국 터주신앙의 쌀 봉안의례와 문화권역」, 역사문화학회, Vol.12 No.2. p23.
18) 임혜영(2018), 「일제 강점기 가마니의 보급과 통제」, 전북사학회, Vol.0 No.53, p55.
19) 화본과 작물의 성숙한 식물체에서 곡식알을 제거하고 남은 줄기와 잎.
 보통 벼의 경우에는 볏짚, 보리는 보릿짚, 밀은 밀짚이라고 한다. 짚은 작물이 싹이 트면서부터 완전히 성숙할 때까지 자란 뿌리 ·줄기 ·곡식알의 요소로서 동일한 조건에서라면 짚의 수확

짚으로 보릿짚과 밀짚 그리고 메밀짚 및 돌피도 있다. 보릿짚과 밀짚은 퇴비나 연료로 사용되었고 자리, 모자, 베갯모, 여치집을 만드는 데도 쓰였다. 정인희는 "밀짚은 질기고 빳빳하고 가볍다. 땀이 배지 않아 밀짚모자에 많이 이용되는 것이 특징이다."[20] 호밀짚은 길고 빳빳하여 씨앗을 파종 후 덮는데 사용되거나 땔감, 인삼밭의 해가림으로 쓰이며, 기타 비 ·바람막이를 만드는 데 많이 이용되고 있다. 돌피[穇][21]의 짚은 촙고 긴 겨울철의 여물이 되어 말먹이로 많이 쓰이며 쇠먹이로도 이용되고 있지만 재배를 목적으로 하지 않는 경우 농민의 일손을 더하게 하는 애물단지가 된다. 벼 논에 주로 섞여서 자생하거나 개울가에 많이 자란다. 벼 논에 자라는 돌피는 직접 낫을 들고 베어 내거나 아예 뿌리까지 뽑아내어 벼 타작할 때 피가 섞이지 않도록 하였다. 경남지역에서는 돌피를 일반적으로 피라고 한다. 옛말에 힘이 없는 사람에게 '피죽도 한 그릇 못 먹었나?'라는 말에서도 피로 끓인 죽은 영양가가 매우 낮음을

량이 많은 것이 곡식알 수확량도 많아지는 관계가 있으며, 짚의 수량도 많고 곡식알 무게와 짚의 무게의 비율(곡식알 무게÷짚 무게)이 높아질 수 있는 품종 및 재배법을 이용하는 것이 다수확을 위하여 가장 효율적인 농사법임이 밝혀졌다.

단위 면적당 짚의 생산량이 많다는 것은 짚의 무게를 구성하고 있는 잎과 줄기의 무게가 많다는 것으로, 잎의 무게가 많으면 광합성을 많이 한 것이고, 줄기의 무게가 많으면 줄기의 수(數)가 많아서 이삭수가 증가된 것이기 때문에 곡식알 수확량이 많아진다. 실제 종실 수확량은 짚의 수량이 거의 결정된 이후에 이삭의 크기, 곡식알의 크기 및 짚으로부터 이삭으로 양분이 이전될 수 있는 양에 따라서 결정되는 것이므로, 짚은 곡식알에 대한 수확량을 올리기 위한 1차적인 요소이며, 이삭과 곡식알의 크기 및 곡식알에 대한 양분이 전율 등은 2차적인 요소라고 할 수 있다. 이와 같이 짚은 작물 생산적인 면에 대단히 중요한 기능을 가지고 있을 뿐만 아니라 수확한 후에도 농작물의 부산물로서 다방면으로 이용되고 있다.

완전히 성숙한 볏짚의 화학적인 성분을 보면 셀룰로오스가 약 36 %, 리그닌 20 %, 펜토산 22 %, 조단백질 6 %, 회분(灰分)이 13 % 정도이며, 다른 농작물의 짚에도 셀룰로오스와 리그닌의 함량이 많은 것이 특징이다. 볏짚은 벼의 품종과 작황에 따라서 그 생산량이 다르나 한국에서는 보통 10 a당 500 kg 정도가 생산되며, 키가 작은 통일벼 품종에서는 400 kg 내외, 키가 큰 일반벼 품종에서는 600 kg 정도가 생산된다.

볏짚은 한우(韓牛)의 겨울철 사료로 많이 쓰이고, 그 밖에 가축의 외양간 깃으로 이용되어 결국은 퇴비의 형태로 농경지에 환원된다. 예전에는 가마니 ·새끼 ·거적 등의 각종 고공품(藁工品)의 원료로 이용되어 농가의 소득을 올려주었으나 현재는 이 부분에는 이용되지 않는다. 최근에는 생짚을 그대로 논에 집어넣어 논토양의 유기물을 증진시키는 데 많이 이용된다.

전에는 농촌의 초가지붕을 덮고 이는 이엉을 만드는데, 그리고 농가의 주요한 연료로 많이 이용되었으나 최근에는 지붕개량과 연탄 ·석유 ·가스 등의 사용 증가로 이 부분에 이용되는 양은 크게 줄었다. 보릿짚과 밀짚도 자리나 모자를 만드는 데 쓰였고 퇴비 또는 농가 연료 등으로 이용되었으나 지금은 거의 쓰이지 않는다. 호밀짚은 길고 빳빳하여 인삼밭의 해가림으로 쓰이며, 기타 비 ·바람막이를 만드는 데 많이 이용되고 있다. 돌피[穇]의 짚은 특히 겨울철의 말먹이로 많이 쓰이며 쇠먹이로도 이용되고 있다.

20) 정인희(1987), 『한국 짚(곡초) 공예에 관한 연구』, 숙명여자대학교 석사학위논문, p13.

21) 외떡잎식물 벼목 화본과의 한해살이풀.

말해주고 있고 가난에 찌든 그때는 실제로 피죽을 끓여 먹었었다. 다른 단원에 짚의 종류는 깊이 다루기로 하겠다.

5) 짚의 사용 용도는 선민의 생활사인 의식주에 함께 하였다. 짚과 짚풀민구는 궁중에서도 사용되었는데, "진통 끝에 태어난 원자의 이부자리는 방바닥에 짚을 깔고 그 위에 거적을 깔고 그 위에 돗자리를 깔고 양털방석, 기름종이, 백마가죽의 순으로 깔았다."[22] 뿐만아니라 짚은 비료, 가축 사료, 생활 용구, 신앙생활 등 다양했다. 비료 부분에 있어 짚은 작물 생산적인 면에 매우 중요한 기능을 가지고 있다. 외양간에 깔아 주는 깃으로 이용되는 짚은 화학비료가 없던 시절의 퇴비의 형태로 논밭토양의 유기물을 증진시키는 거름으로 재생된다. 수확한 후 짚은 쇠죽[23]을 끓여 소에게 먹였고 염소 등 가축의 겨울철 건초 사료로도 빼놓을 수 없는 부분이다. 생활 용구의 짚은 새끼줄, 짚가마니, 거적, 멍석, 삼태기, 씨오쟁이, 짚신, 삼태기, 이엉, 망태기, 용마름, 도롱이, 매판, 똬리, 계란 꾸러미, 메주끈, 볏섬, 시래기 두름, 닭둥우리, 지게 멜빵, 지게 등태, 금줄, 그네 줄, 낫꽂이, 종다래끼, 등구미, 누에 섶, 방석, 줄다리기줄, 멍석 등의 각종 고공품의 원료로 이용되어 농가의 빠질 수 없는 생필품이 되었다. 집을 지을 때 지붕을 이는데 초가지붕뿐만 아니라 벽에 바르는 황토흙에 짚을 넣어 흙을 버무려 벽의 경고 함을 더하는 곳에도 사용되었다. 또 토속 신앙생활에도 이용되었는데 제웅[24], 아기 탄생에 사용되는 금줄, 아기를 점지하는 삼신짚, 집안의 액운을 걷어가고 복을 갖다 준다는 터주가리[25], 정월 대보름의 만월을 바라보며 풍농(豊農)과 마을의 안녕을 기원하는 점풍(占豊)[26]의 의미를 지녔던 달집태우기 등 농촌의 신

22) 출처, 티비엔 2023년 1월 28일.

23) 쇠죽 [-粥] : 소에게 주려고 먹이로 짚, 콩, 풀 따위를 섞어 끓인 죽. ≒소죽・우죽(牛粥).

24) 제웅 : 짚으로 만든 사람의 형상.

제용 ・처용(處容)이라고도 한다. 유래는 확실하지 않지만 일반적으로 신라의 구역신(驅疫神)인 처용일 것이라는 설이 지배적이다. 예로부터 매년 집안 식구 가운데 성명설(星命說)에서 나이가 액년[厄年:나후직성(羅睺直星)의 운에 해당하는 나이]을 당하는 사람이 있으면 그를 제웅직성이라 하여 제웅으로써 그를 위한 특별한 액막이 방법을 쓰는 풍습이 있었다. 즉 음력 정월 14일 밤에 제웅을 만들어 액년을 당하는 사람의 옷을 입히고 성명 또는 출생한 해의 간지(干支)를 적어서 길바닥이나 다리 밑에 버리는데 이렇게 하면 그 액이 다른 곳으로 전가된다고 한다.

액운을 맡아가는 이를 대접한다는 뜻으로 제웅의 머리 ・가슴 ・팔다리에 동전을 넣어서 버린다. 이 때가 되면 동전을 얻기 위해 미리 여러 아이들이 문밖으로 몰려와서 "제웅이나 보름거리 주시오" 하고 외치면 집주인은 버리려고 마련해 둔 제웅을 내어준다. 그러면 아이들은 제웅을 받아서 속을 헤쳐 동전만 꺼내고 나머지는 길에다 버리는데, 이것을 제웅치기[打芻戲]라 한다. 나후직성에 해당하는 나이는 9년마다 돌아오는데, 남자는 11 ・20 ・29 ・38 ・47 ・56살, 여자는 10 ・19 ・28 ・37 ・46 ・55살로 이 해를 직성이 있는 해라고 한다.

25) 터주가리 : 장독대 한쪽에 짚가를 엮어 세워두어서 악귀와 나쁜 기운의 접근을 막는 민속신앙의 한 형태이다. 가족의 건강을 책임지는 장독대를 지켜주는 상징.

26) 점풍(占豊) : [명사]<민속> 점을 치는 일과 풍수 보는 일을 아울러 이르는 말.

앙행사에 볏짚이 널리 쓰였다는 것이 사실이다. 우리 조상들은 볏짚과 가까웠다. "사람은 태어나면 제일 먼저 짚단 위에 던져졌다. 산모가 진통을 시작하면 시어머니나 친정어머니는 마당에 가려놓은 짚가리에 가서 안쪽 깊숙히 손을 넣어 가장 싱싱하고 정갈한 짚을 한 뭇 들어다 산모의 산욕으로 깔아 주었다."[27] "사람이 죽었을 때도 "관을 짜서 정식으로 매장할 수 없는 사람은 거적에다 둘둘 말아 내다 묻는 것이 예사였다. 이렇게 나가는 송정을 충청도 지방에선 '거치송장'이라고 했다."[28]이렇듯 볏짚은 인간사의 탄생에서부터 죽음에도 함께해 온 재료라는 점에서 "옛것에 대한 향수와 함께 '파편화된 감수성'[29]을 채우기 위한 충분한 소재다."[30]뿐만 아니라 "볏짚은 검부러기 이외는 버릴 것이 없고 전부 공예재료로 사용할 수 있다."고 하였다. 하나, 검부러기도 요즈음은 사용처가 많다. 질퍽 밭고랑에 깔아 주면 미끄럼방지와 잡초가 덜 나게 되고 나중에는 거름이 된다. 또, 가축 사료와 외양간이나 마굿간, 돼지우리, 닭장이나 애완동물집에 푹신하게 깔아 주는 용도로 사용되기도 하다. 또, 촬영 소품의 가마니나 볏섬의 속을 채우는 내용물, 검부러기(짚북데기) 뭉치 상품도 판매되고 있어 여러모로 유용하게 사용된다.

2. 풀의 정의

풀은 지상부인 줄기가 연하고 물기가 많아 목질(木質)[31]을 이루지 않는 식물을 통틀어 이르는 말이다. 김미화는 풀에 대하여 "풀은 띠 억새 갈대 부들 등 여러 가지 풀을 일컫는다. 왕골 삼 모시 등 식재하는 식물도 당연히 풀에 포함된다."[32]즉, 줄기가 초질(草質)로 되었으며 지상부가 1년 또는 2년으로 고사하는 식물이다. 고사한 풀을 이용한 "초고공예는 마른 풀을 이용한 수공예이고, 초재공예는 풀이라는 재료를 사용한 공예이다."[33]결국 풀이지만 마른 상태의 재료를 사용한다는 것이다. 그러나 풀의 종류는 너무나 많아 다 짚풀 공예재료가 될 수 없다. 또, 풀은 일년초·이년초·다년초로 나눌 수 있으며 일년초를 당년초 또는 한해살이풀이라 한다. 한해살이풀은 지상부의 줄기와 잎이 있고 지하부의 뿌리가 있다. 벼, 수박, 오이, 나팔꽃 등 지상부와 지하부가 1년 안에 말라 죽는 것이다.

씨앗에서 싹이 나 추운 겨울을 월동하여 이듬해 봄, 여름, 가을에 걸쳐 개화 결실하는 것을 두해살이

---

27) 김미화(2003), 『짚풀을 이용한 조형교육의 의의』, 충남대 교육대학원 석사학위논문, p6
28) 인병선(1999), 『짚문화』, 서울. 대원사. p.58.
29) Adorned in dreams(1985), 『Fashion and Modernity』, London, Virago, p11.
30) 손세란(2003), 「생태환경적 관점에 의한 의상디자인 연구 : -보릿대 소재를 이용한 디자인을 중심으로-」, 이화여자대학교 석사학위논문, p53.
31) 목질 [木質] 1 목재로서의 나무의 질. ≒나무질. 2 줄기의 내부에 있는 단단한 부분. 3 나무와 같이 단단한 성질.
32) 김미화(2003), 『짚풀을 이용한 조형교육의 의의』, 충남대 교육대학원 석사학위논문, p12.
33) 이수종(2011), 「지적장애인의 직업재활을 위한 전통공예 프로그램 개발 연구 : 짚풀 프로그램을 중심으로」, 가야대학교 석사학위논문, p18.

풀이라 한다. 두해살이풀은 보리, 무, 유채, 완두 같은 것으로 일생에 단 한번 개화 결실한다. 월년초(越年草) 또는 이년생초라고도 한다. 1년초와 2년초의 특징은 뿌리가 가늘고 수염 모양으로 되어 있다는 것이 대부분이다.

여러해살이풀은 지하부가 여러 해 이상에 걸쳐 생존하고 일생 동안 여러 번 개화 결실하는 것을 여러해살이풀 또는 다년초 또는 숙근초(宿根草)라고 한다.

숙근초는 지하 부분에 영양분을 저장할 수 있는 뿌리·줄기·잎이 발달한 덩이뿌리·덩이줄기·뿌리줄기·비늘줄기가 형성되어 있는 것이 다수다. 주로 고구마나 감자가 이에 해당한다. 대나무는 지상부가 몇 년 이상 생존하고 있어 나무로 보이지만 비대 성장하지 않기 때문에 특수한 풀이라고 할 수 있다. 이에 비해 나무는 지상부가 단단하고 목질화가 되고 나이테가 있다는 점에서 풀과 차이가 있다. 이렇게 많은 풀 중에서

손세란은 "풀은 초본식물의 속칭이고"[34]풀이 29개과에 목본식물까지 포함하면 50여 종이 이른다고 제시하고 있다. 따라서 공예에 사용되는 풀은 싸리, 띠, 갈대, 억새[35], 신서란[36], 순비기, 칡, 댕댕이덩굴[37] 등이 있다. 특히 갈대는 "삼국사기 고이왕조(古爾王條)를 보면, 왕이 검은 갈대신인 오위리(烏韋履)를 신었다고 한다."[38]왕이 검은색을 입힌 것으로 여겨지는 갈대신을 신었다는 것은 높은 공예 기술이 널리 알려져 있었고 갈대가 풀의 종류이기도 하지만 짚풀의 재료로 갈대가 폭넓게 사용되었음도 예상된다. 이 책에서 정의하는 풀은 식재하는 식물 포함하여 왕골, 갈대, 등 초본식물 중 공예에 사용되는 재료라고 할 수 있다.

3. 짚풀의 범주

"짚풀이라는 단어가 사용된 것은 15년 전쯤이고 이전에는 초고(草藁)라는 단어를 사용하였다."[39] 풀

---

34) 손세란(2003), 「생태환경적 관점에 의한 의상디자인 연구 : -보릿대 소재를 이용한 디자인을 중심으로-」, 이화여자대학교 석사학위논문, p53.

35) 억새 : 외떡잎식물 벼목 벼과의 여러해살이풀.

36) 신서란 : 쌍떡잎식물 백합목 백합과의 여러해살이풀.

37) 댕댕이덩굴 : [명사]<식물> 새모래덩굴과의 여러해살이 덩굴풀. 줄기는 목질에 가깝고 잔털이 있으며 물체에 감기어 뻗는다. 잎은 어긋나고 달걀 모양이다. 초여름에 황백색의 잔꽃이 잎겨드랑이에 취산(聚繖) 꽃차례로 피고, 열매는 핵과(核果)로 10월에 푸른 흑색으로 익는다. 뿌리는 약용하고 줄기는 바구니 제조용으로 쓴다. 산기슭 양지나 들에 절로 나는데, 한국의 황해도 이남, 일본, 대만, 중국, 필리핀 등지에 분포한다. ≒댕강넝쿨·댕댕이·상춘등·용린(龍鱗)·토고등. (Cocculus trilobus)

38) 이은창(1978), 「한국고대복식사」, 세종문화사업기념회, p182.

39) 손세란(2003), 『생태환경적 관점에 의한 의상디자인 연구 : -보릿대 소재를 이용한 디자인을

이 수천 종류가 있고 나무도 종류가 너무도 많다. 그 많은 종류의 모두가 이 글에서 짚풀의 범위에는 들지 않는다. 짚풀의 개념을 정의하기 위하여 몇 가지 제시될 내용을 살펴보고자 한다. 첫째는 짚풀의 종류에 관한 것이고, 두 번째로 짚풀의 채취시기에 관한 것이고, 세 번째는 짚풀로 사용되기 위한 재료의 다듬기에 관한 것이고, 네 번째로 짚풀작업 방법이 주로 손으로 이루어 져야 한다는 것이고, 다섯째로 짚풀공예의 결과물이 생활전반의 민구(民具)[40]여야 한다는 것으로 나누어 살펴볼 수 있다.

첫째 짚풀의 종류에 관한 것은 주위에는 짚의 종류도 한 두가지가 아니고 풀의 종류도 너무도 많다. 많은 종류의 짚풀 중에 짚풀의 재료로 사용되는 것은 벼와 부들과 가래나무 등 수십여 종에 불가하다. 이는 짚풀의 내구성 즉, 섬유질이 많은 것이 이에 해당되어 짚풀 공예 재료로 사용될 수 있는 짚과 풀, 그리고 나무를 말한다. 섬유질이 많은 것은 완성된 민구 용품이 외형적으로 보기도 좋지만 무엇보다도 질기고 튼튼하여 원하는 안정과 오래 동안 사용될 수 있는 특징이 있다. 요즈음은 짚풀의 재료 중에서 섬유질이 많은 것도 좋지만 공예인의 선호도에 따라 색상이 좋은 짚풀도 재료로 사용하고 있다. 예컨대, 섬유질과 거리가 있는 대파잎이나 큰냉이풀 등도 재료로 사용하는 것으로 보아 짚풀 재료의 다양화 추세라 할 수 있다.[41]

두 번째로 채취시기에 관한 것으로 보통의 짚풀 재료는 봄여름가을겨울 언제라도 채취해서 사용하면 되는 것이 아니다. 채취시기에 맞지 않게 사용하면 짚풀재료로서 쓸모가 없거나 기대하는 만큼의 작업이 이루어지지 않는다. 설사 만들었다고 하여도 근방 사용하지 못하는 결과가 도래한다. 예컨대 조릿대를 지금[42] 잘라서 복조리를 만들려고 한다면 대가 부러져서 만들 수가 없다. 제철에 잘라서 만들어야 한다.

세 번째로 짚풀로 사용되기 위한 재료의 다듬기에 관한 것은 재료의 준비 상태를 말한 것이다. 제대로 된 작업을 위해서나 재료로서 기본적으로 과정상 필요한 조치이다. 두드리거나 다듬거나 삼거나 벗기거나 말리거나 여러 가지의 그 성질에 맞는 절차가 필요하다. 예컨대, 짚신을 만들기 위해서는 가을에 타작하여 채취하여진 볏짚을 먼저 추린다. 그리고 볏짚을 부드럽게 만들기 위하여 나무 해머로 두드리고 물을 축이고 하면 짚풀 작업이 쉽게 될 수 있고 이러한 준비하는 작업이 필히 요구된다.

네 번째로 작업 방법이 주로 손으로 이루어져야 한다는 것이다. 짚풀을 기계로 이용한다고 하여 프라스틱 바가지처럼 찍어 낼 수가 없고 설사 기계로 할 수 있는 것이 있다면 그것은 공예품이 아니다.

다섯째로 짚풀의 작업 결과물이 생활전반의 민구여야 한다. 우리 민족의 생활 그 자체를 말한다고 하여도 과언이 아닐 것이다. 짚풀은 옛날부터 우리 민족의 민구 생활 속에 있었다. 주거에서 입는 의복(衣服)과 먹는 식(食), 집에서 자는 숙(宿)과 짐을 담고 나르는 운반(運搬)에도 필요하였고 과거 선조 세대들

중심으로-』, 이화여자대학교 석사학위논문, p54.

40) 민구: 예로부터 민중이 일상생활에서 써 온 도구나 기구. 공예품에 상대하여 실용적인 농기구, 문방구, 상구(商具), 놀이 기구 따위를 이른다.

41) 대파와 큰냉이풀 사용은 부산광역시 최재득이 2023년에 사용하고 있었다.

42) 필자가 집필하는 2008년 6월 초.

은 짚풀 작업과 땔 수 없는 일상이였다. 뿐만 아니라 일상의 노동과 놀이와 신앙 등 애환이 함께하였다. 짚과 풀에 대한 것을 알면 짚풀에 대하여도 접근이 쉽다. 우리 민족은 자연과 늘 함께하면서 행복해하고 조화를 이루면서 풍부한 상상력으로 짚풀의 아름다움을 창조해 왔다. 자연 재인 짚풀에는 자연의 아름다운 정감이 깃들어 있고, 이상적인 세계로의 동경, 행복의 추구 등이 담겨있으며, 일상에서 필요한 물건을 쉽게 만들 수 있어 자신의 손끝에서 특별한 작품을 창조하고 색다른 감동을 간직하고 있다고 볼 수 있을 것이다.

짚풀은 재료의 특성상 자연과 함께하는 주변에서 쉽게 찾아볼 수 있는 짚과 풀이다. 짚풀은 우리 민족의 땀과 행복이 담겨있는 창조물이다. 선민들은 자신이 원하는 짚풀의 종류를 선택하여 그 재료의 특징을 살려 일상에서 필요로 하는 훌륭한 민구제품을 만들어 사용할 수 있었다. 결국, 짚풀은 짚풀 공예 재료로 사용될 수 있는 섬유질이 있는 짚과 풀과 나무가 적정 시기에 채취되어 절차에 따라 손으로 다듬어지고 만들어진 결과물이고 생활의 전반에 사용되었던 민구이어야 하고 그 재료이여야 한다. 우리는 이러한 짚풀의 향기를 알아감으로써 조상의 지혜와 슬기를 배우고 짚풀에 대한 민속 문화의 맥도 찾고 이어갈 수도 있을 것이다.

Ⅲ. 짚·풀의 재료

짚풀공예를 하려면 짚과 풀 같은 공예재료가 있어야 한다. 이수종은 “짚풀공예의 재료에는 벼, 보리, 밀, 옥수수, 수수 등이 있다.”[1]고 제시하고 있다. 또, 손세란은 “짚은 벼, 보리, 밀, 조, 메밀 등의 이삭을 떨어낸 줄기이며, 풀은 초본식물의 속칭이다”[2]고 하였다. 짚풀공예의 재료는 짚과 풀의 종류 중에서 결정된다. 물론, 짚과 풀의 종류는 “짚과 풀 그리고 짚풀공예가 가능한 섬유질이 많은 나무로 나누어 설명할 수 있다.”[3] 짚과 풀 그리고 나무에 대한 여러 가지의 종류 중에서 섬유질이 많은 재료가 짚풀공예의 재료가 된다. 짚풀재료로 사용되기 위해서는 쉽게 야산에 나는 짚풀이 재료가 되는 것은 아니다. 또, 모든 벼과의 식물은 풀이기도 하다. 뿐만 아니라 나무는 여러해살이식물 중에서 지상 부분이 1년 이상 생존하고 있는 것으로 나이테가 있으면 나무고, 없으면 풀이라는 것으로도 정리가 될 수 있다. 그렇지만 식물과 나무를 모두 짚풀의 재료로 사용할 수는 없다. “짚은 볏짚 보리짚 밀짚 이삭을 떨어내 줄기 등 말하고 풀은 띠 억새 갈대 부들 등 여러 가지 풀을 일컫는다. 왕골 삼 모시 등 식재하는 식물도 당연히 풀에 포함된다. 우리 민족이 공예재료로 사용한 풀은 백여 종이 넘는다.”[4] 여기서는 식물 중에서도 다시 짚과 풀로 나누었다. 짚은 그 종류의 수가 얼마 되지 않아 용이하게 정리가 가능하다. 그러나 풀의 경우, 그 종류만도 수천 종이나 되기에 짚풀공예로 사용하였다는 문헌이나 각 지역에서 실제 이용자들이 짚풀공예 재료로 사용한 사례에 나타난 것만을 풀로 분류하였다. 또, 나무 중에서도 짚풀공예 재료로 사용하는 것만 짚풀의 종류에 넣어서 분류한 것이다. 나무로써 짚풀 공예재료의 특징은 주로 나무껍질이고 껍질이 섬유질이 많다는 점이다. 따라서, 이 책에서의 짚풀 재료는 짚과 풀 그리고 나무 중 짚풀공예가 가능한 것에 한정한다. 이를 살펴보기 위해 짚의 종류, 풀의 종류, 나무의 종류로 나누어 설명하고자 한다.

1. 짚의 종류

짚은 벼, 보리, 밀, 조 따위의 이삭을 건조하여 떨어낸 줄기와 잎을 말한다. “짚의 종류는 볏짚, 밀짚, 귀리짚, 돌피짚, 보리짚, 메밀짚, 호밀짚이 있다.”[5] 짚의 종류에 해당하는 볏짚은 벼의 알곡 이삭을 튼 뒤 남은 줄기나 잎을 말한다. 여기서 “벼는 벼과(科) 벼속(屬)에 속하는 1년생 초본으로 학명은 O-ryza

1) 이수종(2011), 『지적장애인의 직업재활을 위한 전통공예 프로그램 개발 연구 : 짚풀 프로그램을 중심으로』, 가야대학교석사학위논문.
2) 손세란(2003), 「생태환경적 관점에 의한 의상디자인 연구 : -보릿대 소재를 이용한 디자인을 중심으로-」, 이화여자대학교 석사학위논문, p53.
3) 권민수(2010), 『짚풀의 발견』, 에듀컨텐츠휴피아, p14.
4) 김미화(2003), 『짚풀을 이용한 조형교육』, 충남대 교육대학원 석사학위논문, p10.
5) 권민수(2010), 위 책, p15.

Sativa L이다."[6]이로 보아 볏짚은 한해살이 식물이다. 벼에서 알곡 이삭을 떨어낸 남은 것이 볏짚이다.

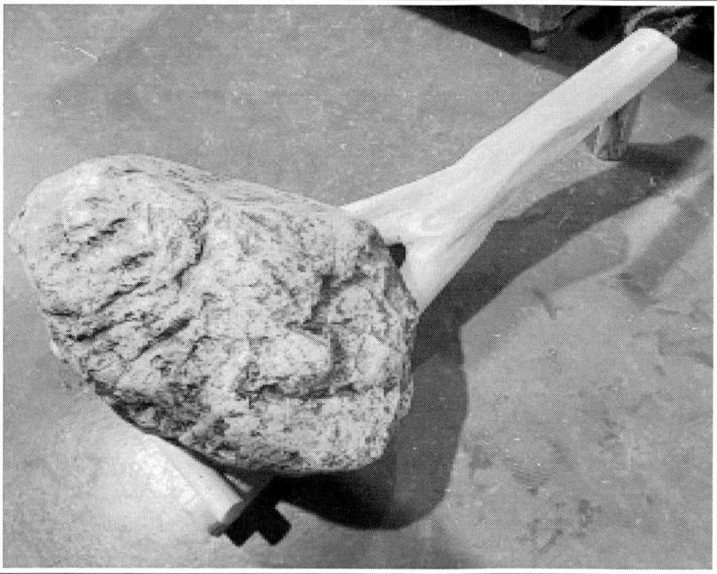

<사진 3-1> 알곡을 터는 도구 챗상과 챗돌, 사진출처 2023년 05월 06일. 저자 제작 및 촬영.

알곡을 터는 챗상·챗돌[7], 홀테, 탈곡기(호롱기), 콤바인 등의 기구나 기계에 의한 것에 구분 없이 알곡을 털어낸 것은 볏짚이 된다고 할 것이다. 경남 함안군 여항면 내곡리 일원의 '함안 아라씨앗공동체'에 의하면 "토종 벼 종류만도 종선 총독부에서 1,451종의 벼 품종을 기록하였고 씨앗 은행에는 324종의 볍씨가 등록되어 있다."[8]고 하였다. 밀량에 김진한은 "짚풀공예용의 '금기고'라는 토종벼는 짚의 길이가 1m가 넘고 줄기가 가늘고 마디가 굵지 않아 짚풀공예에 좋은 품종"이라는[9] 점에서 눈여겨볼 필요가 있지만 짚의 종류를 설명하는 것과 제시하는 것, 벼 품종의 종류를 설명함은 본 범주에 벗어난 것으로 생략한다.

볏짚은 짚에 해당된다고 하여 무조건 짚풀공예 재료가 되는 것은 아니다. 짚풀공예 재료로 사용되지 않는 볏짚도 있다. 돌피짚, 메밀짚이다. 따라서 볏짚 중에서 짚풀공예 재료로 사용되는 것은 볏짚, 보리짚, 밀짚, 호밀짚, 귀리짚이다. 권민수는 "볏짚은 줄기와 잎이 사용되고 밀(호밀 포함)이나 보리는 줄기를 짚풀 재료로 사용한다."[10]고 정리하고 있다. 호밀짚으로는 맥고모자, 밀대방석, 여치집을 만들기도

6) 이창복(1980), 「대한식물도감」, 향문사, p107.
7) 챗상 · 챗돌은 홀테 이전의 탈곡을 위한 도구이다.
8) 인터뷰, 함안 아라씨앗 공동체 사무국장 정은미, 2022년 12월.
9) 김진한 인터뷰, 경남 밀량 2023.10.24.
10) 권민수(2010), 『짚풀의 발견』, 에듀컨텐츠휴피아, p14

한다. 귀리짚은 "자리를 만들었는데 화려하고 따뜻하여 귀한 자리에 속한다."[11] 정인희는 "짚풀공예의 재료에는 벼, 보리, 밀, 옥수수, 수수 등이 있다."[12]고 짚어주고 있는데 벼, 보리, 밀, 등은 알곡이고 '볏짚, 보리짚, 밀짚, 옥수수대, 수수대 등이 있다'로 하여야 할 것이다. 그러나 '벼'가 먼저 제시되고 있다는 점에서 '볏짚'이 가장 많이 사용되거나 대중적임을 짐작하게 한다.

볏짚의 활용도에 대하여 정인희는 "볏짚으로 만드는 공예품으로는 종다래끼, 삼태기, 멍석, 도래방석, 망태기, 또아리, 방석, 둥구미, 도롱이, 짚신, 화분받침, 가방, 연필꽂이 등 그 종류만 해도 수십 종이 넘는다. 보릿짚[13]으로 만드는 공예품에는 베겟모, 인두판 등이 있고, 밀짚으로 만드는 공예품에는 모자, 거적, 깔판, 냄비받침 등"[14]이 있다고 설명한다. 볏짚으로 만들 수 있는 것은 제시된 내용만 보아도 수십 종이라는 점에서 많은 종류의 공예품을 만들 수 있고 특히 요즈음은 짚을 재료로 사용하여 의상 등 생활용품을 만들거나 전시에 활용되는 동물의 형상을 거대하게 연출하기도 한다.

[표 3-1] 짚의 종류와 짚공예 재료

짚의 종류	짚의 종류	짚공예 재료	수량(종)	비고
짚	벼, 밀(소맥), 귀리(연맥), 돌피, 보리(대맥), 메밀, 호밀(청보리)	벼, 밀, 보리, 호밀, 귀리	5종	밀, 보리, 벼, 호밀, 귀리 정도가 짚풀의 재료이고 나머지는 짚의 종류에 포함될 뿐이다.

볏짚은 줄기나 잎을 사용하지만 보리, 밀, 호밀, 귀리는 주로 대를 사용한다.

11) 손세란(2003), 『생태환경적 관점에 의한 의상디자인 연구 : -보릿대 소재를 이용한 디자인을 중심으로-』, 이화여자대학교 석사학위논문, p56.

12) 정인회(1987), 『한국 짚(곡초) 공예에 관한 연구』, 숙명여자대학교 석사학원논문, p7.

13) 손세란은 " '옛날부터 우리나라에는 조상의 수의를 금으로 하여 입히면 그 자손이 왕이 된다는 믿음이 있었다고 한다. 이성계의 먼 윗대 조상이 죽자 그 자신은 집안이 어려워 금 옷은 해 입힐 수 없어 대신 금처럼 누렇고 광택이 나는 보릿짚으로 수의를 해 입혔는데 그 덕으로 이성계가 왕이 되었다 '는 것이 경북 안강지역의 설화로 최근까지 보릿짚으로 땋은 것을 금줄 대신 사용한 흔적이 있다." 위 책, p79.

14) 정인회(1987), 위 책 p7.

2. 풀의 종류

풀은 줄기가 연하고 대개 한해살이 초본식물을 통틀어 말한다. 그러나 본 집필에서의 풀은 짚풀 공예에 사용되는 풀이고 공예용 풀은 곡초라 할 수 있다. "곡초는 곡식 풀의 이삭을 떨고 남은 줄기다."[15] 이를 보면 짚도 곡초이고 풀의 범주에 들어간다. 공예용 풀은 짚의 곡초보다도 더 넓은 의미의 풀이지만 전자, 'Ⅱ. 짚풀의 개념'에서 짚으로 세분화하여 살펴보았기 때문에 짚을 제외한 짚풀공예가 가능한 풀만을 정리였다. 풀은 지상부가 연하고 물기가 많아 목질을 이루지 않는 초본식물들이며 목질(木質)이 아니어서 줄기가 연하다. 이는 다시 한 해를 지내고 생을 마감하는 한해살이와 여러해살이로 나누어진다. 한해살이 풀은 씨앗으로 번식하는 경우가 대부분이고 그 종류는 개아마, 대파, 맥문동풀, 댑싸리, 수수, 왕골, 왕원추리 등이다. 여러해살이풀은 주로 뿌리에서 번식을 이어간다. 그 종류는 갈대, 골풀, 댕이덩굴, 띠, 모시풀, 부들, 솔새, 신서란, 억새, 자오락, 줄, 칡, 울로초 등이다.

[표 3-2] 풀의 종류

구분	풀의 종류	공예용 풀의 재료	수량(종)	비고
풀	수천 종	갈대, 개아마(들아마), 골풀(등심초, 조리풀), 큰냉이풀, 대파, 댑싸리, 댕이덩굴(댕댕이덩굴), 띠, 맥문동풀, 모시풀, 부들(향포), 삼, 수수, 옥수수, 솔새, 신서란, 암그령, 억새, 왕골(완초, 용수초, 현완, 석룡초), 왕원추리, 자오락(천일사초), 줄, 칡덩굴(청올치)[16], 울로초[17]	24	갈대, 골풀, 댕이덩굴, 띠, 모시풀, 부들, 솔새, 신서란, 억새, 자오락, 줄, 칡, 울로초 등은 여러해살이 풀이다.

공예에 활용할 수 있는 풀은 사용되는 재료의 부위와 공예인의 취향이나 기호에 따라 다양하다. 풀의 여러 종류의 잎도 공예에 쓰임이 있기 때문이다. [표 3-3] 사용 부위에 따른 풀의 종류는 줄기·잎 사용, 껍질 사용, 덩굴사용, 뿌리 사용으로 분류하여 나열한 것이다. 물론 줄기 부분도 밑둥, 중간대, 이삭 부위로 나누어 공예품 제작에 공예인의 기호에 따라 사용도 가능하다.

15) 정인회(1987), 『한국 짚(곡초) 공예에 관한 연구』, 숙명여자대학교 석사학위논문.
16) 칡은 줄기에는 형성층이 있고 나이테도 확인할 수 있으므로 수목으로 인정되지만 줄기가 가는 덩굴성 식물이어서 풀로 취급하였다.
17) 짚신을 만들거나 지붕 이엉으로 쓰임. 특히, 흑룡강성, 요용성, 길림성에서 많이 사용되었다.

[표 3-3] 사용 부위에 따른 풀의 종류

구분	줄기 · 잎 사용	껍질 사용	덩굴사용	뿌리 사용
종류	갈대, 골풀, 개아마, 큰냉이풀, 대파, 댑싸리, 띠, 부들, 맥문동잎, 수수, 싸리, 신서란, 암그령, 억새, 왕골, 왕원추리, 자오락, 줄	모시풀, 삼, 옥수수	댕이덩굴, 칡덩굴	솔새
비고	대나무와 조릿대는 나무로 분류.	죽순 껍질		

풀공예 재료로 사용되는 것 중에서 줄기·잎 사용의 풀은 갈대, 골풀, 개아마, 큰냉이풀, 대파[18], 댑싸리, 띠, 맥문동풀, 부들, 수수, 싸리, 신서란, 암그령, 억새, 왕골, 왕원추리, 자오락 등이 있다. 껍질 사용의 풀은 모시, 삼으로 나눌 수 있다. 정인희는, "옥수수껍질로 만드는 공예품에는 의자방석, 냄비받침, 쓰레기통 등이 있다. 그리고 수수로 만드는 공예품은 별로 없으나 서까래, 수수비, 문구용 등으로 사용한다."[19] 덩굴사용의 풀은 댕이덩굴, 칡덩굴이 있다. 대나무와 조릿대는 나무로 분류하나 대나무가 되기 전의 죽순껍질은 냄비 받침이나 방석을 만들 수 있는 껍질 사용의 풀로 볼 수 있겠다. 또, 풀이지만 뿌리를 사용하는 재료는 솔새로 가마솥 청소에 사용되는 솥솔이나 베틀에 풀비의 재료로도 사용되었다. 그러나 짚풀 재료의 종류와 재료 부위는 일률적으로 정해져 있지 않다. 해당 지역에 자생하는 풀을 활용하는 짚풀 공예인의 기호에 따라서는 많은 변화가 있을 수 있다. 예컨대, 부산 기장군 정관읍의 최재덕 공예인은 맥문동잎이나 먹는 대파잎을 공예재료로 사용한 경우도 있었기 때문에 재료의 종류는 정하여져 있다고 보기 어렵다. 또, 재료의 부위가 정해져 있지 않은 예는 왕골에서 찾을 수 있다. 왕골 줄기를 사용함에 왕골 밑둥 사용, 왕골껍질 사용, 왕골속 사용, 왕골 중간 부위 사용이 가능하다. 어느 부위로 어떤 공예작품에 어떤 위치에 넣어서 만드느냐에 따라 공예작품의 수준이 현격하게 달라질 수 있기 때문이다.

18) 파 잎은 마른 상태인 초겨울에 채취하고 염색을 하여 사용할 수도 있다.
19) 정인회(1987), 『한국 짚(곡초) 공예에 관한 연구』, 숙명여자대학교 석사학위논문.

〈사진 3-2〉 큰냉이풀

큰냉이풀, 재료제공 최재득, 사진출처 2023.10.8. 저자 촬영

풀의 종류를 제시함에 있어 채취나 사진 촬영 때의 날씨, 시간, 온도, 고도 등은 생략하였다. 뿐만아니라 풀의 사진과 학명, 분포지역, 크기, 개화기, 생육환경, 특징, 번식, 활용에 대하여도『짚풀의 발견』에서 제시된 것으로 본 집필에서는 약한다.

3. 나무 짚풀공예 재료의 종류

나무의 짚풀공예 재료는 섬유질이 많은 몇 종류 나무 중 짚풀의 재료로 사용될 수 있는 것 위주로 짚풀의 종류에 넣어서 분류한 것이다. 나무를 짚풀 공예의 재료의 범주에 넣는 것에는 어려움이 많이 요구되지는 않았다. 먼저 저자가 오랜 생활에서 선조들의 유품이나 주변 짚풀 공예인의 작품, 그리고 짚풀 관련 논문이나 서적에서 찾아 볼 수 있었다. “초고공예는 마른 풀을 이용한 수공예이고, 초재공예는 풀이라는 재료를 사용한 공예이며, 초경공예는 왕골, 싸리, 짚, 등나무 등의 줄기나 뿌리를 가공하여 만든 공예를 말한다.”[20]는 것에도 찾아 볼 수 있다.

목질로 된 나무 짚풀 공예 재료의 종류는 껍질사용, 줄기사용, 잎사용, 뿌리사용으로 나누어 볼 수 있다. 나무사용 짚풀공예재료는 가래나무, 개나리, 남총낭[21](종려), 닥나무, 달피나무, 대나무, 박쥐나무,

20) 이수종(2011), 『지적장애인의 직업재활을 위한 전통공예 프로그램 개발 연구 : 짚풀 프로그램을 중심으로』, 가야대학교석사학위논문. p18.

21) 당종려의 제주자치도 방명.

버드나무(물버들, 쪽버들, 키버들), 싸리(참싸리, 고듭싸리, 고양싸리, 꽃싸리, 쉽싸리), 산겨릅나무, 소나무, 조릿대(설대), 참회나무로 나누어 살펴볼 수 있다.

[표 3-4] 나무 짚풀공예 재료의 종류

구분	세부 종류	나무 짚풀공예 재료의 수	비고
나무	가래나무, 개나리, 남총낭(종려), 닥나무, 달피나무, 대나무, 등나무, 박쥐나무, 버드나무(물버들, 쪽버들, 키버들), 싸리(참싸리, 고듭싸리, 고양싸리, 꽃싸리, 쉽싸리), 산겨릅나무, 소나무, 순비기나무, 조릿대(설대), 참회나무	15종	대나무는 줄기를 사용하지만 중 죽순껍질[22]도 사용한다. 나무의 수천종 중 짚풀의 재료(죽순 껍질도 분류상 나무에 넣었음)

나무 짚풀 공예의 재료는 나무의 껍질을 사용하는 경우로 그 종류는 가래나무, 닥나무, 달피나무(피나무), 박쥐나무, 버드나무(물버들, 쪽버들, 키버들), 산겨릅나무, 참회나무가 있다. 정인희는 싸리에 대하여 "오랜 경험에 의해 싸리 껍질, 등으로 섞어서 제작하고 변화시켰으며, 필요성에 따라 용구로서 형태화"[23]한 것에서 껍질사용을 언급하였다.

나무의 줄기 자체를 사용하는 종류는 개나리, 대나무, 등나무, 순비기, 싸리, 조릿대(설대)가 있고 싸리 자체도 지게의 바지게(바작)나 싸리 삼태기도 좋은 재료로 사용하기도 하였다.

잎을 사용하는 남총낭(종려)이 있으며 뿌리를 사용하는 소나무도 있다. [표 3-3] 나무짚풀 공예재료의 사용 부위 분류는 껍질사용, 줄기사용, 잎사용, 뿌리사용으로 나누어 나타낼 수 있다.

22) 죽순 껍질로 미투리를 만들거나 냄비 받침으로 만들어 사용되었다.

23) 정인회(1987), 『한국 짚(곡초) 공예에 관한 연구』, 숙명여자대학교 석사학위논문. p7.

[표 3-5] 나무 짚풀공예 재료의 사용 부위 분류

구분	껍질 사용	줄기 사용	잎 사용	뿌리사용
종류	가래나무, 닥나무, 달피나무(피나무),박쥐나무, 버드나무(물버들, 쪽버들, 키버들), 산겨릅나무, 싸리, 죽순껍질, 참회나무	개나리, 대나무, 등나무, 순비기, 싸리24), 조릿대(설대)	남총낭(종려)	소나무 뿌리
비고	- 줄기부분의 껍질사용 - 죽순은 껍질 사용	대나무, 조릿대는 풀의 부분에서 나무로 분류함	장식 여치·잠자리 만들기에 사용	둥구미나 칡덩굴처럼 매는 곳에 사용

나무에 대하여도 학명, 영명, 형태, 과, 개화기, 분포, 생육환경, 크기, 특징, 잎, 줄기, 꽃, 꽃색, 열매, 뿌리, 번식, 종자, 활용에 대하여 생략하고 나무 짚풀공예 재료의 사진도 『짚풀의 발견』에서 제시하였기에 본 집필에서는 생략한다.

24) 싸리는 껍질을 벗기지 않고 바지게(발채)나 삼태기를 만들 수 있지만 물오른 싸리를 껍질을 벗기고 나면 하얀색의 속대로 광주리를 만들 수 있다.

Ⅳ. 짚풀 작업의 분류

1. 계절에 따른 짚풀 작업

2. 지역별 짚풀 작업

3. 용도에 따른 짚풀 작업

'짚풀 작업'의 용어 해설은 2가지로 설명할 수 있다. 먼저, 짚풀공예의 용어가 탄생 전에는 짚풀민구의 만들기는 짚풀 작업의 일환이였다. 지금의 짚풀공예활동이 '짚풀공예'라는 용어가 없었던 조선시대 등 선민들의 일반인은 누구나 일상생활의 하나인 짚풀민구 만들기를 하였고 이 활동이 시대적인 '짚풀 작업'이었다고 볼 수 있고 지금은 '짚풀공예'라는 용어로 사용되고 있다.

또 하나는 지금 2023년 짚풀공예 활동 중 짚풀재료 채취활동이나 짚풀민구의 만들기 직전의 준비작업 등이 '짚풀 작업'으로 볼 수 있다. 이 단원에서 짚풀 작업이라 함은 후자의 재료채취나 재료 준비활동에 관한 내용으로 범주를 한정하고자 한다. 따라서 짚풀 작업은 짚풀재료 채취나 짚풀 민구 만들기 전의 재료 준비나 기구 준비 등의 활동을 말한다.

짚풀재료 채취나 짚풀 민구 만들기 전의 재료 준비나 기구 준비 등의 활동인 짚풀 작업은 우리나라의 계절적 시기와 장소 및 용도가 내재 되어 있다. 짚풀 작업에 있어서 시기적으로는 봄 여름 가을 겨울 아무 때나 작업을 할 수 없다. 지금은 짚풀 작업 중 짚풀민구 만들기는 어느 때나 가능하겠지만 짚풀 작업의 중요한 채취 시기는 지금도 특정 시기가 있다. 특정상품인 한산 모시나 강화 돗자리의 경우 장소적으로 서울 부산 대구 광주 제주 등 어느 지역에서나 가능한 것도 아니고, 반대로 지역별 문화재에 사용된 짚풀재료로 특정지역의 특산품이 있고 특정지역의 짚풀 작업 용어가 있기도 하다.

민구의 용도에 따라 짚풀 작업은 꾸밈이나 건조, 운반, 주거, 놀이, 신앙, 기타 등 짚풀의 용도 또한 다양하다. 따라서 짚풀 작업에 대한 분류는 크게 3가지로 나누어 설명이 가능할 것이다. 짚풀 작업은 시기적인 계절에 따른 짚풀 작업, 장소적인 지역별 짚풀 작업, 그리고 쓰이는 방식인 용도별 짚풀 작업으로 나누어 살펴볼 수 있다. 즉, 계절과 장소와 용도에 따른 짚풀 작업이 다르게 나타날 수 있다는 것이다.

1. 계절에 따른 짚풀 작업

우리나라에는 4계절이 뚜렷하고 24절기가 있다. 계절도 자연의 일부이며 인간도 자연의 일부분이라는 점에서 이 자연과 계절의 흐름에 순응하면서 살아왔다. 계절에 따른 짚풀 작업은 우리 민족이 짚풀을 이용하여 생활사의 그의 전 부분에 있어서 해당하는 절기에 따라 필요한 짚풀 작업을 하였다는 것이다. 이에 대한 짚풀 작업은 시기가 중요하다. 이 시기는

〈사진 4-1〉 짚풀 작업을 위하여 준비한 섬유질이 많은 짚풀 재료

<table>
<tr><td></td><td></td></tr>
<tr><td>달피나무 껍질</td><td>닥나무 껍질</td></tr>
<tr><td></td><td></td></tr>
<tr><td>삼 껍질</td><td>볏짚으로 준비한 짚신 총</td></tr>
<tr><td colspan="2">출처, 저자 촬영</td></tr>
</table>

'채취시기'와 '시기에 맞는 작업물'이 있다. 먼저, 채취시기도 두 가지로 나누어 설명할 수가 있다. 시기는 5월에는 무엇을 채취하고 6월에는 무엇을 채취하느냐 하는 '채취의 적정 시기'와 보릿대를 채취하느냐 싸리를 채취하느냐 하는 '시기에 맞는 짚풀재료 대상'으로 나눌 수가 있지만 상호 유기적인 관계에 있다고 볼 수 있다. 이는 선행 짚풀 작업에 관련된 것으로 여름의 하지냐 가을이 다가오는 처서냐 또는 특정일이냐에 따라 구별된다. 보릿대를 겨울에 채취할 수가 없고 왕골을 이른 봄에 채취할 수가 없고 조릿대를 여름에 채취할 수 없다는 것이다.

[표 4-1] 짚풀재료와 채취시기

짚풀재료 종류	채취시기	비고
가래나무	음력 7월	
갈대	6∼10월(새순이 나는 6월과 대가 굳어 있는 가을)	
개나리	4∼5월	
남총낭	필요시 수시로 가능	
닥나무	봄에 물오를 때	
달피나무	7월	
대나무	짚풀재료로서는 음력 11월에서 이듬해 2월	
댑싸리	음력 10월 하순	
댕이덩굴(댕댕이덩굴)	6월	
띠	7∼8월	
모시풀	6월~10월(줄기의 밑둥이 갈색으로 변하고 밑에 있는 잎이 시들어 버릴 때)	
밀짚	5월 중순	
버드나무	7∼8월	
볏짚	10월	
보리짚	5월	
부들	8월	
싸리	음력 7월	
산겨릅나무	음력 6∼7월	
삼	음력 7월	
수수	10월	
솔새	11월	뿌리
순비기나무	음력 6∼7월	
신서란	10월∼12월	
억새	9월	
왕골	8∼9월	
조릿대	11월∼다음 2월	
참회나무	음력 6∼7월	
칡	음력 6월 중순∼중복(음 7월 15일)	

여기에는 '시기에 맞는 재료의 대상'도 제각각 이여서 그 시기에 맞는 '밀대'의 5월이나 '싸리'의 처서 후와 '조릿대'의 11월∼다음 해 2월에 채취가 필요한 것처럼 적당한 시기가 필요하다고 할 것이다. 예컨대 7월에 복조리를 만들고 싶다고 하여 7월에 조릿대를 채취하여 바로 짚풀 작업을 실시한다면 조릿대는 부서지고 복조리를 만들기 어렵게 될 것이다. 두 번째로, '시기에 맞는 작업물'은 짚풀 작업도 그 시기에 알맞은 짚풀 작업이 필요하다는 것이다. 짚풀공예라고 하여 어떠한 시기라도 만들면 된다고 생각할 수도 있겠지만 꼭 그렇지만 않다는 것이다. 물론 조건에 맞는 재료만 있다면 그 시기가 어느 때라

도 만들 수 있지만 그 조건을 맞추려면 재료를 채취하는 시기가 매우 중요하지 않을 수 없다. 봄, 여름, 가을, 겨울의 해당 철에 그 재료를 채취하고 만들어야 본래의 공예품으로서 가치를 지닐 수가 있는 것이다. 볏짚이나 보리짚, 밀짚은 자연스럽게 대부분 수확시기에 수확과 동시에 채취가 가능하나 싸리나 조릿대 등에 있어서는 벼나 보리와 밀처럼 정기적인 수확이 없어서 필요에 의한 필요한 사람만이 준비하기 때문에 채취시기를 누구나 알기가 쉽지 않다는 것이다. 싸리나 설대 등은 절기와 관련하여 채취시기가 달라진다. 아래는 꼭 그 시기가 정하여진 것도 있으나 복조리의 조릿대는 11월에서 다음 해 2월 사이에 채취하여 바로 채취한 그 기간에 복조리 작업을 하여야 좋은 공예품이 되듯이 대부분 그 시기에 작업을 하면 유익하다.

[표 4-2] 시기에 맞는 작업물

구분	채취의 시기		시기에 맞는 작업물
	적정 시기	시기에 맞는 재료대상	
짚풀 작업	5월	밀대, 보리대, 왕골	여치집, 자리
	처서 후	싸리	삼태기
	11월~다음 해 2월	조릿대	복조리

봄의 작업은 누에섶이 있다. 누에를 키우면 누에가 먹이 활동을 하고 누에고치를 만들 수 있는 공간이 필요로 하는데 그 공간이 누에섶이다. 명주실은 원료인 누에고치에서 짜낸다. 물론 누에는 가을에도 치기를 하고 그에 따라 누에섶은 가을에도 필요하다.

여름의 작업은 여치집을 만들기 때문에 보릿짚이나 밀짚이 필요하다. 물론 밀과 보리의 수확은 5월의 모내기 전에 했어야 할 것이다. 허수아비도 다른 계절에도 필요하지만 보통은 가을을 대비하여 늦여름에 만든다.

가을에는 수확한 나락을 담아야 하는 가마니나 볏섬이 필요하고 거둬들인 나락을 말려야 하므로 멍석이 필요하다. 손쉽게 해 먹을 수 있는 다른 계절과 달리 긴 겨울에는 겨울 반찬을 대비하여 무청을 엮는 데 볏짚으로 시래기두름을 만든다. 또 겨울은 복조리를 만드는 시기다. 복조리는 11월부터 이듬해 2월까지 만들어야 조릿대가 부서지거나 터지지 않는다. 겨울의 땔감을 구하기 위해서 산에 나무하러 가는데 이 시기에 지게의 등태나 멜빵과 새끼와 짚신이 필요하고, 겨울은 농한기로 많은 사람들이 모여앉아 짚풀 작업을 할 수가 있었다. 겨울 사랑방에서 한해에 필용한 민구용품을 이 시기에 다 제작하였다 하여도 과언이 아니다. 새끼꼬기부터 섬이나 가마니, 삼태기, 멍석 등 온갖 민구 용품을 만들었다. 일반적으로 짚풀 작업은 계절에 관계없이 많은 종류의 민구제작이 가능하다할 것이다.

2. 지역별 짚풀 작업

짚풀 작업에 있어서 지역별 분류는 두 가지로 나누어서 설명이 가능하다. 첫째로 지역별 용어의 차이이고 두 번째는 특정지역 짚풀 작업이다. 특정지역에만 생산되는 짚풀로 해당지역의 짚풀 작업이 있다는 것으로 구분하여 살펴 볼 수 있다. 먼저 지역별 용어의 차이는 똑같은 '갈쿠리'의 민구이지만 경상도 지역의 '까꾸리'와 충청도의 '갈키'라고 부르는 등의 것처럼 지역별 용어의 차이가 있기도 한 것이다. 그러나 지역별 분류에 있어서도 실제로는 많은 용구의 용어가 '금줄'과 같은 것은 충청도 전라도도 경상도 등 전국이 이름과 뜻이 같이 사용되고 있었다. 지역의 분류에 있어서도 같은 지역에도 약간의 차이가 있었는데 사람에 따라 달리 사용된 경우가 있었던 것이다. 경상도에서는 '주저리'를 어떤 사람은 '주지지', 또 다른 사람은 '우저지'라고 말하기도 하였다.

1) 지역별 용어의 차이

지역별 용어의 차이는 짚풀 종류의 용어와 짚풀 용구 중에서 지역별 용어가 차이가 있는 것을 위주로 현재의 현지 어르신에게 여쭈어 사용되는 언어를 정리하였다. 즉, 확인되지 않은 용어이거나 전국이 동시에 사용되는 짚풀 종류와 짚풀 용구에 대해서는 정리하지 않았다는 것이다. 아래의 조사에 도움 주신 분은 해당 지역에 수십 년간 짚풀 공예가로서 활동하신 어르신으로 강원도에서는 강원도 정선군 광하노인정의 최봉호, 좌하규, 손창윤 외 5분이 도움주셨고, 전라도에서는 서광언, 충청도에서는 충청북도 괴산군 소암경로당의 경길호, 경달호 형제분들 외 여러분, 경기도 김명기 외 여러분이 도움 주셨다. 전라도는 남원에 최성식 외 여러분들이 경상도에서는 양산의 임윤실이 도움말을 주었다. 이 외에도 여러 지역에서 많은 분들이 있었다.

〈사진 4-2〉 짚풀공예 전시

출처, 2023.5, 김경숙 제공

지역별 용어의 차이는 실제에 있어서 같은 지역이라도 차이가 나는 곳도 있고 반대로 경계를 달리하는 다른 지역이라 하여도 같은 용어를 사용하는 경우가 있었다. 전자의 경우 경상도에서 '동고리'를 '당적'이라고 하기도 하고 '전라강주리'라고도 하였고, '주저리'를 '주지지'나 '우저지'라고 하였다. 후자의 경우는 강원도에서 정선군과 삼척시에서 용어의 차이가 있는데도 불구하고 '종다리끼'를 정선에서 사용하고 행정구역을 달리하는 경상북도 울진 일대와 강원도 삼척에서는 '종대래미'라고 불렀다.

강원 지방 심마니들의 은어로, 산삼을 넣는 망태기를 이르는 말인 '주루목'의 경우에 있어서는 특이한 사실이지만 경상도 특히, 경남지역에서는 '망태기'를 주로 사용하였고 주루목의 용어를 찾아보기가 어려웠다.

화승은 불씨다. 억새의 억새꽃의 만개 이전에 이삭 부분을 채취하여 말린 것을 모아 삼이나 싸리 껍질 등으로 지름 2cm, 길이 1m 정도 감아서 줄을 만든 것을 말한다. 라이터나 성냥이 없었을 때 불을 지속적으로 불씨를 보존하는 기능을 하게 된 것이다. 그래서 불심이라고도 한다. 이와 유사한 용도로 사용되는 것으로 화로대가 있다. 이 화로대는 싸리나무껍질을 쇠오줌에 오랫동안 삭혀서 말려 지름 5mm, 길이 3~5m로 꼰 끈이다. 물론 길이는 필요에 따라 늘리거나 줄일 수 있다. 사냥꾼이 화약총의 심지에 불을 붙이거나 비가 오고 해서 부싯돌로 불이 잘 일어나지 않을 때, 장거리 여행할 때, 집안에 불을 지속적으로 간수해야 할 때 등 불을 장시간 보관하는 기능을 하였다. 화승과 화로대는 불씨를 장시간 보관하는 것은 같으나 재료가 억새꽃과 싸리나무껍질이라는 것에서 차이가 있고 굵기의 차이가 있다.

2) 특정 지역 짚풀 작업

특정 지역 짚풀 작업은 특정 지역에만 생산되는 짚풀과 특정 지역의 문화재에 사용된 짚풀 재료의 짚풀 작업을 나누어 설명할 수 있다.

첫 번째로 특정 지역에 생산되는 짚풀은 '특산물'이다. 결국, 지역적 환경영향으로 특산물이 결정되는 것이 일반적인 시각이다. 해당 지역의 기본 온도, 해안 바닷가, 깊은 산골, 외딴섬 등으로 그 지역에서 환경영향에 밀접한 관련이 있다. 특산물이 생산되는 지역에서 짚풀 작업으로 특산품을 만들게 된다는 것이다.

〈사진 4-3〉 다양한 재료로 만들어진 짚풀공예품

사진 출처, 이충경, 2023년 11월.

타지역에서 만들지 않는 경기도 강화군에는 겉에 물들인 왕골을 대어 무늬를 낸 기직을 생산하여 화문석 자리를 제작한다. 제주도에 가면 신서란이 자생하여 그것으로 질긴 밧줄을 만든다. 반대로 해당 지역에서는 볏짚 등이 없어서 다른 짚풀로 대체하여 만들 수도 있다. 예컨대, 보통 볏짚으로 지붕을 이(덮)지만 볏짚이 부족한 섬이나 산골에서는 구하기 쉬운 억새로 만든다든가 띠, 시누대로도 지붕을 이는

데 이영의 재료로 사용하였다는 것이다. 이러한 짚풀의 여러 종류를 사용하면 짚풀공예품도 다양한 작품세계로 수 놓을 수 있겠다.

[표 4-3] 민속 용구의 지역별 용어 차이

용구	지역					
	경상	경기	강원	충청	전라	제주
갈퀴	까꾸리, 갈쿠리	갈쿠리	깍쟁이, 깔키	갈키	갈쿠리	
광주리		소쿠리, 강주리		채(싸리)		
고삐	고삐		고삐	골삐		석, 녹대
다래끼1)	대래끼	다래끼	다래끼	다래끼		
떰치			삼장	구라		
도래멍석	두리방석		둥근멍석	맷방석	맷방석	그래방석
도롱이	우장		도랭이	도랭이		
동고리2)	당적, 전라강주리		동고리 〈모집 〈 고리	도방구리		
둥구미	봉생이		둥구미, 봉생이	둥구머니		멕, 멩텡이
똬리			또바리	또아리		
뒤주	두지		두지	두지	두지	
등태	등받이				등태	
망태기3)	망태		망태기	망태기		
멍석	덕석	멍석	덕서기		덕석	
멱둥구미				메꾸리		
맷방석4)			맷방석		맷돌방석	
밀집모자	매꼬자			맥고자		
바구니	바구리			보구니		구덕
바지게(발채)=바작, 바소쿠리	바지게	바작	소고리	소쿠리		

용구	지 역					
	경상	경기	강원	충청	전라	제주
벌멍덕				이더지		
부리망	소꺼럭지		소멍	입멍	소입 마개	
삼태기	끄렁텡이	삼태기	삼태미	삼태미	삼태 미	골채
씨오쟁이	오재기			씨오쟁이		
이엉	영애		영, 영개	영		
용마름	우저지		용마루	용마름	용마 름	
종다리끼			종다리끼	종대래미		
주루목			주루목	홀태망태기, 주루막		
주저리	주지지, 우저지		주저리	우두지		
채반	채반		조개바리, 채발	채반		
키	체이5)	키	치	키	챙이	푸는체
화승	화승		화로대	화정 · 화심		화승, 화심

1) 다래끼 : 대와 싸리나 고리버들 따위로 결어서 바구니보다 아가리가 좁고 바닥이 넓게 만든 그릇이고 종다래끼는 다래끼보다 작고 재료로 대나무의 대와 싸리의 껍질을 벗긴 하얀 속대와 댕댕이덩굴로 주로 만든다.

2) 동고리 : 버들로 만든 그릇으로 작은 것을 동고리, 4각으로 조금 더 큰 것이 모집이라하고 매우 큰 것이 주로 옷을 담는데 고리라 한다.

3) 주루막 : 강원도에서는 주루막은 산에서 약초를 캐는데 사용하였다. 망태기는 나무 할 때나 물건의 부피가 약간 큰 것에 사용되고 외줄망태기와 양줄망태기 등 형태에 따라 구분되어지는데 줄이 끈으로 매어져 있다. 주루막은 섬세한 가는새끼를 사용하여 양줄로 만들고 특히 주둥이 부분에 조이는 고리를 만들어 망태기보다 더 운반에 안전한 기능이 가미된 것으로 볼 수 있다.

4) 맷방석 : 맷돌로 마른 곡식을 갈 때 바닥에 놓는 것으로 도래멍석(원형)보다 작고 담은 내용물이 밖으로 나가지 않게 갓을 5~10cm위로 세운 것이다.

5) 체이 : 체에서 유래한 것으로 보이며, 키는 바람을 이용해서 까불러서 걸러내는데 곡물 등을 쭉정이나 검부러기 등 불순물을 분리시키는 기구다. 따라서 경상도에서는 '체이'는 키이고 '체'는 원형으로 테가 있고 흔들어서 술이나 작은 알갱이 등을 걸러내는 것이다. 그리고 체를 경상도에서는 '을게미'라고도 한다.

[표 4-4] 짚풀 재료의 지역별 용어 차이

짚풀재료	지역						비고
	경남	경기	강원	충정	전라	제주	
갈대	투꾸			깔따리			
달피나무[6]	피나무		쑥피[7], 찰피[8]		피나무		
댑싸리				조록싸리			
댕이덩굴	장두레미, 장데미, 댕기넝굴		댕댕이				
띠							
모시	모시	모시	모시	모시	모시		
밀짚							
박쥐나무							
버드나무	버드나무	버드나무	버드나무	버드나무			
볏짚							
보리짚							
부들							
산겨릅나무							
삼							
수수대	쑤씨						
싸리							
솔새				솔뿌리			
순비기							
신서란							
암그령			그랭이				
억새				왁새			
왕골	골	왕골		왕골			
자오락							
줄							
조릿대	설대		산죽대				
종려	종려	종려	종려	종려	종려	남총낭	
참회나무							
칡덩굴							

6) 달피나무 : 1년에 1겹의 껍질이 생기고 물에서도 썩지 않는 특징이 있다.
7) 쑥피 : 껍질이 두껍고 딱딱하다.
8) 찰피 : 껍질이 얇고 부드러운 편이다.

두 번째로 특정 지역별로 문화재에 사용된 짚풀재료 활용을 2009년 기준, 부산지역만을 대상으로 문화재에 사용된 짚풀 재료를 살펴보고자 한다. 하지만 기타 지역의 문화재에 사용된 짚풀재료 활용에 대한 연구과제의 요구에 대하여도 관과 해서는 안 될 것이다.

부산 문화재에 사용된 짚풀은 '수영농청놀이'와 '동래지신밟기' 및 '구덕망게터다지기'가 있다. 수영농청놀이는 부산광역시 지정 무형문화재 제2호의 민속놀이(농요)로 부산광역시 수영구 수영동 229-1(수영고적민속예술보존회협회)에서 전승·보존에 힘쓰고 있는데 그 내용을 보면,

> **"먼저 영각수가 땡갈(영각)을 불어 집합 신호를 하면 남녀농청원들이 농기구를 가지고 모여든다. 농기, 농악대, 소, 농부들, 부인들 순으로 정렬하면 남녀 두 사람이 차례로 풀 노래를 부른다. 이어서 일동은 농악 장단에 춤을 추며 일터로 상징되는 놀이마당으로 들어간다. 이후 여자 농청원이 퇴장하고 농부들이 논갈이, 써레질, 가래질을 하면서 가래소리를 부른다. 이들이 퇴장하고 나면 여자 농청원들이 들어와 모찌기를 하면서 모찌기 소리를 부르고 이어서 모심기를 하면서 모심기 소리를 하는 동안 농청원들이 보리타작을 하면서 도리께 타작소리를 하는데, 그 옆에 여자농청원들이 풍석으로 보리를 손질하고 밭을 매고 논두렁의 풀을 뽑는 등 잔일을 한다. 모심기가 끝나면 남자농청원들이 논매기를 한 뒤에 동서 농청으로 나누어 소싸움을 붙이고, 칭칭소리를 하며 한바탕 놀다가 퇴장한다."[9]**

수영농청놀이에서 짚풀 작업의 활용은 바로 '농부들이 논갈이, 써레질, 가래질'에서 이러한 일련의 작업에는 필히, 짚풀 재료가 사용되는 '고삐'나 '도리께'에서 도리께 자체는 짚풀 작업이고 짚풀 작업의 활용이 이에 해당된다고 할 것이다.

동래지신밟기는 짚풀 작업에 대한 직접적인 행위가 아니라 2차적인 행위라고 말할 수 있다. 즉 직접적인 짚풀 작업이 이루지는 것이 아니라 간접적이라서 하는 말이다. 정월 초사흘 경부터 지신밟기를 시작하는데 처음에 "주산[10]과 당산에 가서 고사를 지내고 풀이를 한 후 마을로 내려와 마을 우물샘에 가서 또 고사를 지내고 풀이를 한다."[11] 여기서 '주산과 당산'은 당연히 금줄이라는 것이 쳐져 있고 짚풀 작업이 들어간다.

구덕망께터다지기는 부산광역시 지정 무형문화재 제11호의 민속(노동요)로 부산광역시 서구 대신동 산2-3(부산구덕민속예술보존회협회)에서 전승·보존에 힘쓰고 있다. 망께는 줄이 보통 8개 이상 빼내어

---

9) 부산광역시문화예술과(2006).『부산의 문화재』대원애드컴. p136.

10) 주산 : [主山] <명사> ≪민속≫ 풍수지리에 묏자리나 집터나 도읍터의 운수 기운이 매였다는 산.

11) 부산광역시문화예술과(2006).『부산의 문화재』대원애드컴. p138.

여럿이 들어 놓으면서 터를 다지는데 줄이 새끼줄이나 신서란으로 만들기도 한 것에서 짚풀 작업이 요구되고 있다.

이상 위의 것은 부산광역시에 국한된 것이나 서울, 경기, 강원, 제주, 전라, 충청 등 다른 지역에도 문화재에 사용된 짚풀 재료를 조사할 필요가 있다.

3. 용도에 따른 짚풀 작업

짚풀 작업은 생활용품과 인간의 의식주 전 분야에 걸쳐 영향을 미쳤다고 볼 수 있다. 용도에 따른 짚풀 작업은 먼저, 의(衣)로 삼배 옷이나 모시, 칡이나 목화가 이에 해당된다. 식(食)은 어릴 적에 '삐삐'라고 먹었던 것이 지금의 띠의 속(알배기)을 먹었다. 이 속은 시간이 지나면 꽃이 되고 솜사탕 같은 보송보송한 털과 흰 색깔에 작은 핫도그 같은 모양이 되어 바람에 나리 곤 한다. 또 갈대나 억새의 속도 비슷하지만 먹을 수 있었던 것은 억새의 속 부분이 가능하였다. 이 속은 완전히 피기 전에 줄기를 뽑아 불쏘시개인 화승의 재료가 되기도 하였다. 그러나 갈대(서부 경남지역에서는 '투꾸'라고도 한다)의 속은 냄새가 진하게 나고 하여 먹지는 않았다. 이들의 꽃들은 요즈음 꽃꽂이 재료로 사용되는데 가을이나 겨울이 되어야 채취하여 보관하여 두었다가 4계절 내내 활용된다.

주(住)로는 짚이나 갈대 등으로 지붕의 이영이나 용마름이 이에 해당된다고 할 것이다.

용도에 따라 짚풀 작업은 크게 넷으로 생활, 놀이, 가축, 신앙으로 나누어 설명할 수 있다.

[표 4-5] 용도에 따른 짚풀 작업의 내용(민구)

분 류		용도에 따른 짚풀 작업의 내용(민구)
생활	의상(꾸밈)	고침, 농모, 덧신, 도롱이(우장), 둥구미신, 베갯모, 미투리, 밀짚모자, 삿갓, 설피, 수질, 요질, 죽부인, 짚방석, 짚신, 패랭이, 여성용 가마 요강안의 짚[12]
	운반	갈퀴, 광주리, 다래끼, 똬리, 등태, 망태기, 발채, 삼태기, 섬, 주루막, 멜빵
	저장(보관)	가마니, 거적, 광주리, 낫꽂이, 다래끼, 달걀꾸러미, 동고리, 두투레방석, 둥구미, 뒤주, 바구니, 망태기, 멱서리, 벌멍덕, 섬, 씨오쟁이[13](종다리끼), 주저리, 짚독
	건조	도래멍석, 돗자리, 멍석, 맷방석, 채반
	주거(포장)	거적, 발, 베솔, 빗자루, 새끼, 울타리, 용마름, 이엉, 자리(삿자리 포함), 화승

	탈곡	갈퀴, 도리께, 멧방석, 복조리(주방조리), 시루밑(주방조리), 키
놀이	단체	거북놀이, 고싸움놀이, 그네, 달집, 줄다리기[14], 짚공
	개인가능	징채, 팔랑개비, 풀싸움(민구는 아니나 풀 자체로 이용)
가축	소	고삐, 떰치, 부리망, 봇줄, 쇠신
	닭 등	누에섶, 달걀 꾸러미, 닭둥우리, 닭어리, 벌멍덕, 여치집(곤충), 통발(물고기)
신앙	의례	금줄, 터주가리와 업가리, 초분
	방패	제웅, 씨오쟁이, 띠배(짚배)

이러한 분류 이유는 짚풀의 기본 섬유질 성질이나 채취시기, 계절에 따라 나무껍질 벗기기의 용이성, 짚풀 작업 후의 생활에 활용 시기와 특정 지역의 재료 존재 여부와 확보 방안과 사용처의 적소, 해당 지역의 신앙적 성격 등에 따라서 다양한 설명이 나타날 수 있기 때문이다.

1) 생활

용도에 따른 짚풀 작업의 생활에는 의상(꾸밈), 운반, 저장, 건조, 주거로 구분 할 수 있다. 의상[15]은 고침, 농모, 덧신, 도롱이(우장), 둥구니신(목이 긴 장화 같은 볏짚 신), 베갯모, 미투리, 밀짚모자, 삿갓, 설피, 수질, 요질, 죽부인, 짚방석, 짚신, 패랭이, 여성용 가마 요강안의 짚이 있고 운반은 갈퀴, 광주리, 다래끼, 똬리, 물지게나 돌지게 또는 지게의 등태, 망태기, 바지게:발채(바작), 삼태기, 섬, 주루막, 멜빵이 있다. 저장(보관)은 가마니, 거적, 광주리, 낫꽂이, 다래끼, 달걀꾸러미, 동고리, 두투레방석, 둥구미, 뒤주, 바구니, 망태기[16], 멱서리, 벌멍덕, 섬, 씨오쟁이[17](종다리끼), 주저리, 짚독으로 나눌 수 있다. 건

12) 여성용 가마 요강 속의 짚은 요강 속에 볏짚을 넣어 장거리 여행에 소변을 본다고 하여도 가마 안에서 소리가 외부로 들리지 않게 하는데 요긴하였다.

13) 씨오쟁이 : 씨오쟁이는 제례에 사용되기도 하는데 흙이나 돈 또는 돌을 넣어 도랑의 돌다리를 놓음으로써 자신의 액막이의 용구로도 사용되었다. 민속박물관(1991). 『한국 짚 문화』 신곡문화사. p81.

14) 줄다리기 : 줄다리기는 마을의 화합과 풍년을 기원하는바도 있지만 주로 이기는 편이 암줄이고 지는 쪽이 숫줄이다. 전남 장성에서의 줄다리기는 암줄을 잡는 대상은 여자들이나 아이들이며 이 이긴 암줄은 당산의 힘있는 나무를 감아 당산제를 지내 신앙성도 가졌다고 볼 수 있고, 전남 진도의 '용줄다리기' 에서 '용(龍)' 자체에 신적인 의미를 부여한 것이라고 볼 수 있을 것이다.

15) 의상 : 의상은 소나 가축 등에 사용되는 것이 아니고 사람의 신체에 사용되는 되는 것을 말한다.

16) 망태기 : 망태기는 사용용도에 따라 운반에 필요한 용구로도 분류가 가능하다.

17) 씨오쟁이 : 씨오쟁이는 제례에 사용되기도 하는데 흙이나 돈 또는 돌을 넣어 도랑의 돌다리를 놓음으로써 자신의 액막이의 용구로도 사용되었다. 민속박물관(1991). 『한국 짚 문화』 신곡문화사. p81.

조는 도래멍석, 돗자리, 멍석(덮석, 덕석)), 맷방석, 채반이 있다. 주거는 거적, 발, 베솔, 빗자루, 새끼, 울타리, 용마름, 이엉, 자리(삿자리 포함), 화승으로 세분할 수 있다.

2) 놀이

용도에 따른 짚풀 작업의 놀이는 단체놀이와 여러 사람들이 동참하지만 개인이 가능한 놀이로 구분된다. 단체놀이는 거북놀이, 고싸움놀이, 그네, 달집, 줄다리기[18], 짚공놀이가 있다.

거북놀이는 경기 남부와 충북 일부에서 음력 8월 15일 한가윗날에 하는 민속놀이다. 거북놀이는 수숫대, 왕골이나 만초(蔓草), 나뭇잎 등을 사용하여 거북 모양을 만든 다음, 그 속에 2명(앞에 1명, 뒤에 1명)이 들어가서 마치 거북처럼 집집마다 찾아다니면서 노는 놀이이다.

고싸움놀이는 짚으로 한가닥을 길게 빼어 둥근 모양을 맺은 것으로 민속놀이다. 정월에 짚을 모아 동서로 나누고 숫줄과 암줄을 나누어 암줄이를 늘 이기는 것으로 끝낸다. 그 이유는 암줄이 이겨야 풍년이 든다하여 암줄은 길이가 숫줄 보다도 더 길게 만들었다. 그러나 마을과 마을의 대항에 있어서는 그네는 그네뛰기 놀이를 말하고 "우리나라의 역사와 긍지가 담긴 놀이 문화다."[19] 동의어로 유선희라고도 한다. 60년대 70년대 시골의 동네 입구의 정자나무에는 그네가 매달려 있곤 하였다. 주로 단오나 추석날에 그네를 뛰는데 동네 사람들이 힘을 합하여 볏짚을 이용하여 3줄 새끼 꼬기(땋기)를 굵게하여 그네줄을 만든다.

달집은 음력 정월 대보름날 저녁에 달맞이할 때에, 불을 질러 밝게 하려고 생소나무 가지, 대나무 등을 묶어 쌓아 올린 더미로 요즈음은 해당 일에 지방자치 단체에서 축제 행사로 실시하는 놀이인데, 달집을 짓을 때 금줄을 둘러 금줄의 사이사이에 기원문 소지를 꽂아 달집이 타는 동안 소원성취나 가내화평을 비는 풍습이다. 달집이 잘 타고 그 불빛이 좋으면, 그해에 풍년이 들고 탈이 없으며 더위를 이기고 질병이 나지 않는다고 하여 경제적인 부와 신체의 건강을 기원하는 날이라는 것이다.

줄다리기는 남자나 여자나 젊은이나 나이가 드신 이도 함께 줄을 마주 잡아당겨 승부를 겨룰 수가 있어 참가자의 마음을 하나로 뭉치는데 좋은 경기라고 할 수 있을 것이다. 예전에는 한 해의 길흉을 점치고 풍년·풍어 등을 기원하는 뜻에서 시작한 마을 행사이고 주로 정월 보름이나 단오 추석 등 명절에 행해졌다. 줄다리기의 줄은 볏짚으로 그네처럼 3줄 새끼 꼬기를 하는데 경남 의령이나 영산, 경상북도 의성, 충청남도 당진군(唐津郡), 전라남도 장흥의 줄다리기, 부산 동래구의 3줄 당기기가 유명하다고 할 것

---

18) 줄다리기 : 줄다리기는 마을의 화합과 풍년을 기원하는 바도 있지만 주로 이기는 편이 암줄이고 지는 쪽이 숫줄이다. 전남 장성에서의 줄다리기는 암줄을 잡는 대상은 여자들이나 아이들이며 이 이긴 암줄은 당산의 힘있는 나무를 감아 당산제를 지내 신앙성도 가졌다고 볼 수 있고, 전남 진도의 '용줄다리기'에서 '용(龍)' 자체에 신적인 의미를 부여한 것이라고 볼 수 있을 것이다.

19) 권민수(2018), 「고려시대 鞦韆 양상－高麗史·高麗史節要 중심으로」, 한국민속학회 논문, p13.

이다. 의령군은 줄다리기의 크기가 기네스북에 올랐는데 줄다리기를 위해 군내 볏짚을 구하는데 요즈음의 콤바인 벼 수확으로 인하여 볏짚 부족 현상이 있다는 이야기도 있었다고 한다.

> '의령 큰줄땡기기'를 지구상에서 가장 규모가 큰 줄다리기로 일컫는 것은 참가자 수가 많을 뿐 아니라, 기네스북에 등재(2005년)됐을 만큼 큰 줄을 사용하기 때문이다. 2005년 행사 직후 측정한 결과 길이 251m(최고 직경 5~6m), 무게 54.5t이었다.
>
> 지구상에서 가장 길고 무거운 줄인 만큼 제작 과정의 정성도 남다르다. 의령군 내 237개 마을 주민이 참여해 정월 대보름 이후 모은 볏짚으로 직경 12㎝, 길이 100m의 작은 줄을 530가닥 만든다. 이를 의령천 둔치로 옮겨 펴 놓은 뒤 새끼로 엮는 등 작업을 거쳐 거대한 줄을 만든다. 530가닥 가운데 암·수 두 개의 큰 줄을 만드는 데 120가닥씩 240가닥이 소요된다.
>
> 의령군은 임진왜란 때 전국 최초로 의병을 일으킨 망우당 곽재우 장군을 기리기 위해 매년 '의병제전'을 개최하고 있으며, 의병제전 기간 중 3년에 한 번씩 '큰줄땡기기'를 하고 있다. 큰줄땡기기는 1800년대부터 의령현을 중심으로 정월 대보름날 연례행사로 열렸으나, 일제 강점기와 한국전 때 일시 중단됐다가 1975년 재개됐다. 경남도 무형문화재 20호다.[20]

짚공놀이는 지금의 축구이다. 짚공은 우선 새끼를 단단하게 꼰 뒤 날줄 12개, 씨줄 20개로 엮어 지름 25㎝ 가량의 외피를 만든다. 그리고 안에는 짚부스러기나 통통볼(탱탱볼) 등을 넣어 둥글게 만든다. 짚공의 종류도 요즈음 몇 가지 정도로 나누어 진다. 짚공 하나를 만드는 데 짚공의 상태에 따라 2~6시간 걸린다. 짚공을 만드는 이는 창영군의 김만근씨와 수원의 조정옥, 부산의 이춘선·김성수·탁용술, 손소리, 괴산군의 경달호·경석로·경길호·경완호 형제가 맥을 이어가고 있다.

두 번째로 개인이 가능한 놀이는 징채, 팔랑개비, 풀싸움(민구는 아니나 풀 자체로 이용)놀이가 있다.

징채는 나무에 볏짚을 둘러매어서 징을 치는 채를 말한다. 주로 풍물패들이 많이 사용하고 마을의 경사에 장구와 꽹과리, 북 등이 같이 사용한다. 요즈음은 사물놀이에 이용된다.

팔랑게비는 주로 대나무나 종이로 만든 어린이들의 놀이 기구를 말한다.

풀싸움은 옛기록들에 초전(풀싸움), 초회(풀놀이)다. 풀싸움은 우리나라 전역에서 즐겨왔던 놀이이다. 풀이 많은 계절인 봄부터 가을까지 많이 하였다. 풀싸움은 단둘이서 놀기도 하고 또 여럿이 편을 갈라 놀기도 한다. 이 놀이의 종류는 대략 4가지 이상으로 나눌 수가 있는데 '풀이름대기'와 '풀 끊기', '풀의 진 따기', '풀잎따기' 등으로 설명할 수 있다.

풀이름 대기는 일정 시간 안에 많은 풀의 종류를 많이 알아야 하고 남이 뜯지 못한 가지 수를 많이

---

20) 의령 큰줄땡기기 : [조선일보] 2008년 04월 17일(목) 기사

확보하여야 상대에게 이기게 된다. 한자리에 모여 풀의 종류를 내기하는데 못 내게 되면 실점하고 이름을 몰라도 실점이 되어 나중에 점수 합으로 승패를 결정한다.

풀 끊기는 풀줄기를 서로 엇걸어 당겨서 상대방의 풀줄기를 끊은 자가 승리하게 되는 것이다. 물 붙여오기는 진액 방울 붙여오기다. 잔디풀이나 화본과 식물 같은 것의 풀, 갈대 따위의 이삭이 달린 줄기를 뽑아서 손끝으로 훑으면 그 홰기끝에 진액방울이 맺힌다. 그것을 서로 맞대여서 상대방의 것을 따온 자가 이긴 것이다. 요즈음은 장난감이 많고 일찍이 유치원이나 공부한다고 시간이 없지만 예전의 어린이는 자연에서 풀과의 시간을 지금보다는 많이 보내게 되었다. 현재의 풀싸움은 아주 재미나고 교양적 가치가 있고 어린이들의 놀이이고 주변에 어떤 풀들과 꽃들이 널려있는가 하는 것을 보여주게 될 것이다.

이것 외에 풀잎 따기라는 것이 있는데 풀잎따기는 주로 아카시아 잎을 이용을 많이 한다. 상대방과 가위바위보를 하여 이긴 자가 손가락으로 잎을 1회 한번 퉁겨 따내기를 하는 데 먼저 다 따내는 자가 이기게 된다. 이긴 자는 상대의 이마에 굴밤을 주기도 하고 다른 벌칙이나 엎어주기 등 작은 원함을 요구하기도 한다. 풀잎따기는 어린이뿐만 아니라 연인들의 사이에서도 공원이나 야외에서 할 수 있는 재미있는 놀이라 할 것이다.

3) 가축

용도에 따른 짚풀 작업의 가축에는 소와 닭에 관련된 것이 많고 누에와 여치 및 물고기에 관련된 짚풀 작업이다. 말이나 쇠고삐, 멍에목줄, 질메의 'ㅅ'자 나무 밑에 대는 질메바닥, 질메에 얹은 '북짐'이나 '찬짐'을 싣고 매는 줄, 누에섶, 달걀 꾸러미, 닭둥우리, 닭어리, 뗨치, 벌멍덕, 소 부리망, 소나 말의 봇줄, 쇠신, 여치집(곤충), 통발(물고기) 등으로 구분된다.

4) 신앙

용도에 따른 짚풀 작업의 신앙은 의례와 방패로 나누어 살펴 볼 수 있는데 먼저, 의례는 금줄, 터주가리와 업가리, 초분이 있다. 금줄을 치는 곳은 돼지나 염소의 새끼를 낳았거나 소마굿간에서 송아지를 낳았을 때나 장독에 간장독에 두르거나 장승이나 당산, 당집[21]에 치고, 특히 아기를 낳았을 때 금줄을 친다. 아들을 낳았을 때는 왼새끼에 붉은 고추와 숯을, 딸을 낳았을 때는 솔잎과 숯을 달았다. 어떤 곳에는 딸을 낳았을 때 숯과 대나무 잎이나 솔잎과 흰색 한지를 길게 잘라서 붙이기도 하였다. 금줄의 왼새끼는 매 가닥을 오른쪽으로 비벼 왼쪽으로 꼬나가는 것이 원칙인데, 이와 반대로 꼰 새끼로 부정을 타서는 안 될 표시를 하기 위한 영역으로 성역을 가르는 기준선이 된다.

터주가리는 가택신을 말한다. 더 구체적으로 말하면 집터를 관장하는 신이다. 터주, 토주, 터주대감

21) 당집 : 당이라고도 하는데 토속적으로 민간신앙에서 신을 모셔놓고 제사를 지내는 집이다.

등으로도 불리는데 요즈음의 부동산을 생각할 때는 터주라는 것이 무게감이 있고 중요성이 있어 전해 내려오는 말에도 '터주대감'이라는 말이 있는 것처럼 가신 중에서도 중요한 위치에서 집안의 액운을 걷어주고 재물복을 주는 역할을 한다는 것이다. 햇곡식을 담아 장독대 근처 뚜껑을 씌운 다음 짚으로 주저리를 올린다. 터주가리의 짚은 새것으로 갈아주는 시기는 추수가 끝나는 음력 10월의 그믐이고 짚은 불태워서 새로운 세계로 안내하고 새것을 갈아 줌으로 다시 터주에 신앙 맞이를 하는데 가정의 건강 안녕과 풍농으로 재물 보호의 점지를 원한다는 것이다.

업가리는 집안의 재복을 관장하는 신이다. 업가리는 주로 뒤안이나 곡간 등에 아담한 옹기로 둔다. 이 위에 짚으로 만든 주저리를 씌운다. 규모 면에서 업가리가 터주가리보다 더 크다고 할 것이다.

초분은 선산 명당에 안치되기 전에 조상과 후손의 안녕을 위하여 육탈이 되지 않은 진송장 상태를 적당한 가묘나 야산에 이영과 용마름으로 덮은 묘다. 초분은 효도의 한 방법이고 서남해안 일부 섬에만 남아 있는 이중 장례이다. 생각날 때마다 가까이에서 자주 찾아 돌보고 이엉 등을 손질한다. 바닥에는 돌을 놓아 물에 젖지 않고 통풍이 잘되게 하고 위로는 이영 등의 초가로 엮어 만든다. 초분은 임시무덤이다. 이엉 등으로 이는 상태에서 새끼로 씨줄날줄로 엮고 바람에 나리지 않게 줄에 돌을 매달아 놓기도 한다. 초분 이후 본장은 3~4년 뒤에 해당 일이나 좋은 날을 잡아 진행한다.

[표 4-6] 용도에 따른 짚풀 작업의 내용 중 2가지 이상 겹치는 민구

용도에 따른 짚풀 작업의 내용중 2가지 이상 겹치는 민구	분류
갈퀴	운반, 탈곡
거적	저장, 주거(포장)
광주리	운반, 저장
다래끼	운반, 저장
망태기	운반, 저장
멍석	건조, 자리, 놀이(윷놀이)
섬	운반, 저장
씨오쟁이	운반, 저장, 신앙

두 번째로 방패는 제웅, 씨오쟁이, 띠배(짚배)[22]가 있다. 띠배는 바닷가에서 생활하는 어민들이 풍어와 마을의 평안 등을 기원할 목적으로 당제에 필요한 짚이나 띠로 만든 배를 말한다. 전북 부안에는 매년 정월 초사흗날 어민들의 풍어와 마을의 평안을 기원하는 띠배놀이를 한다. 부안군 위도면 대리의 "제당의 명칭은 원당으로 치도리의 경계가 되는 동쪽 산 정상에 자리 잡고 있다. 대리 마을의 당제는 음력 정월 3일에 연행되며, 당제의 명칭은 제당의 이름과 같은 원당제이다."[23]이를 원당제(元堂祭)라고

22) 짚배 : 제주도에서는 영등굿이나 도깨비굿, 마마배송굿 등에 짚 모형배를 만들어 바다에 띄워 보내는 민속이 전한다. 이 배를 짚배(찌배)라고 한다. 민속박물관(1991). 『한국 짚 문화』 신곡문화사. p93.

도 하는데 제당의 명칭인 원당에서 나온 말이며, 마을의 액을 띠배에 실어 바다에 띄워 보내는 데서 띠배라고 하였다. 마을 어민의 여러 띠배를 바다에 띄울 때 다른 집 배보다 빨라야 된다는 것에서 '띠뱃놀이'라고 부르게 되었고 그 결과에 걸맞은 풍어가 보장된다고 믿는 의식 행사이고 결국 액막이 행사로까지 염원을 두고 있다고 볼 수 있다. 띠배는 짚과 띠, 싸리, 갈대 등을 엮어 지역에 따라 약간의 차이는 있으나 길이 3m, 폭 2m 정도다. 배 안에는 제사음식과 허수아비나 제웅을 5개를 넣기도 한다. 원당제의 구성에 있어서 원당제가 있고 마을의 주산(主山)돌기와 용왕굿으로 구성되는데 산에서 하는 원당에서는 남성 위주의 당굿을 하고 용왕굿은 띠배를 만들어 띄워 보내는데, 부녀자들이 주도 하는 편이다. 이 굿에는 성주굿, 산신굿, 객굿, 지신굿, 서낭굿, 깃굿, 문지기굿으로 이루어지고 성낭굿은 다시 원당서낭, 애기씨 서낭, 장군서낭으로 나누어진다. 이러한 행사의 정황을 보아 띠배는 원당제에서 장소가 산이면서 원당에 필요한 금줄과 장소가 바다인 용왕굿에 필요한 띠배를 고려할 때 같은 일부의 소품이였다는 것을 보여주고 있다. 짚배를 사용하는 제주 신앙에 해녀와 수산물의 풍요를 영등신을 위한 영등굿도 재료의 차이일 뿐 뜻은 비슷하다고 볼 수 있다.

짚풀은 지금처럼 메이저 종교인 기독교나 천주교 등이 보급이 어려웠던 시대에 신앙영역인 의례에도 방패에도 사용됨을 알 수 있고 선민들의 생활 곳곳에서 활용되었다는 것을 알 수 있다.

23) 한은선(2009), 「전북 위도 마을굿의 전승양상」, 목포대학교 석사학위논문, p25.

Ⅴ. 짚풀공예 및 도구

1. 공예

2. 짚풀공예

3. 짚풀공예의 도구

짚풀공예는 공예 부분의 하나이고 짚풀공예는 짚과 풀 그리고 섬유질이 많은 나무 중에서 한정된 재료와 도구가 필요하다. 따라서 본 단원에서는 공예, 짚풀공예, 도구에 대한 것을 살펴볼 것이다. 먼저, 공예는 짚풀공예를 이해하기 위해 연관성이 있는 공예의 개념, 민속공예, 우리나라 공예의 전개와 분류, 유통과 완성을 살펴볼 것이다.

1. 공 예

1) 공예의 개념

짚풀공예를 알려면 전통공예의 선행연구를 살펴볼 필요가 있다. 연구 사례는 제도적 측면에서 "일본의 전통공예진흥법제에 대한 현황분석에 대한 연구(손현진. 2012), 산업적 측면에서 전통문화산업에 대한 실태조사를 통해 육성계획을 수립한 사례(문화체육관광부, 2010: 문화체육관광부, 한국공예 디자인문화 진흥원, 2015, 이장열, 2005), 공예문화상품의 산업화 안(한장원, 2005: 문화체육관광부, 2012, 송정아, 2011). 예술적 가치 측면에서 전통공예의 기존 가치 제고를 통한 현대화에 관한 연구(김혜원, 2013: 최정수, 2011: 남궁선 등, 2010: 최경란 등, 2015)가 있다."[1)]

공예의 개념과 공예의 고유영역은 명확히 규정하기가 쉽지 않다. "공예란 문화적 요소가 반영된 기법, 기술, 소재(素材), 문양(文様) 등을 바탕으로 기능성과 장식성을 추구하여 수작업(부분적으로 기계적 공정이 가미된 것을 포함한다)으로 물품을 만드는 일 또는 그 능력을 말한다."[2)]공예문화산업진흥법에서 제시하고 있다. 공예의 정의에 대한 흐름을 살펴보면 주장단체나 연구자에 따라 또는 시기에 따라 약간의 정의가 다름을 알 수 있다. "공예는 오랫동안 인류가 생활을 영위하는데 필요한 물건의 제작을 담당"[3)] 해왔기 때문이다. 공예의 사전적 의미로 월간미술편(1989)『세계 미술 용어사전』에 "미술을 응용한 공작·금속기·칠기·목죽세공·도자기 염직품·자수 등을 말한다. 조각이나 회화는 실용이라는 점에 구속되지 않고 자유로운 구상에 바탕을 두고 창작되는 예술 이른바 자유 미술인 것에 반하여, 공예는 실제로 사용되는 물건을 예술적으로 형성하는 것, 이른바 응용미술이다. 손과 도구로 하는 수공예도 있고, 기계의 힘을 빌어 생산하는 기계 공예도 있다. 공예가 조형예술의 한 특수 영역으로 간주된 것은 19세기 중반 이후의 일이다.[4)]"라고 하고 있어 조각과 회화는 공예에서 벗어나 있고 공예는 조형예술이고 시작이 1875년경으로 보고 있다. "공예의 정의는 '소재'(materila: 금속, 도자, 목칠, 유리, 섬유 등)와 '기

1) 기초조형학회(2020) 제21권 2호 통권98호, p259.
2) 공예문화산업 진흥법(법률 제13299호, 2015. 5. 18., 제정), 제2조 정의.
3) 윤희봉(2022), 『한국 현대 공예제도 연구』, 홍익대학교 대학원 박사학위논문. p184.
4) 『세계 미술 용어사전』(1989), 월간미술편.

술'(technique: 금세공, 주물, 물레성형, 판성형, 석고성형, 염직, 염색 등)과 '조형성'(design: 작가의 크리에이티비티)을 바탕으로 실용적인 물건 및 예술적인 조형물을 만드는 것[5]"이라고 기술하고 있다. 송미림은 "공예는 실제 우리 생활에 도움이 되는 물건을 예술적으로 만들어 내는 응용미술의 한 부분이다. '공'이란 잘 만드는 것을 뜻하며, '예'란 아주 보기 드문 기술을 가리키는 것이다. 이러한 의미의 두 글자가 합쳐져서 만들어진 것이 곧 '공예'라는 말이 되었다."[6] 또, 시야를 넓히면, "20세기 중반 이후 서양 현대공예를 중심으로, 예술과의 경계가 불분명해지며 공예가 모든 인간 활동과 문화의 산물로서 다원적이고 통합적인 문화적 실천의 장으로 받아들여지는 현상을 지적한 연구가 이루어졌다."[7] 이상 정리하면, 공예는 실생활에 사용되는 응용미술에 의한 공작품이다. 즉, 실용적인 물건에 장식적인 가치를 부가함으로써 그 가치를 높이려고 하는 미술 또는 조형예술의 한 부문이기도 하지만 문화적 실천의 장으로 정의할 수 있다. 이런 공예는 실제 쓰기에 알맞은 물건에 장식적인 가치를 부가함으로써 그 가치를 높이려고 하는 미적인 기예이다.

2) 민속공예

짚풀공예는 양반들이나 궁중에서 주로 사용하던 용구와는 달리 기록이 많지 않다. 따라서 민속공예의 개념에 대해서도 조금은 다루어야겠다. 그러면 여기서 '민속'이란 개념과 별 분별없이 혼용되고 있는 '고전'이 과연 민속과 같은 의미인지를 살펴보면, '고전(古典)'이란 글자 그대로 옛 식으로서 학문이나 예술에 있어서, 역사적으로 널리 모범이 될 만한 것을 이르니 그대로 자생력을 지니고 있는 것은 아니기에 고전공예라는 호칭은 쓰이지 않고 있다. 또, 전통공예·전승공예·민간공예 등의 용어가 개념의 분별없이 쓰이고 있다[8]는 점에서도 약간 문제가 있다고 여겨진다. 다음, 민속(民俗)[9]은 민간의 풍속, 또는 민중의 습속의 준말이니 오늘에 살아 있는 것임을 뜻한다. 그렇다면 공예 부분에서는 이 문제가 얼마만큼 분별 되어 쓰이고 있을까? 실상 위에서 전통공예 또는 전승공예라 하면 그 속에 고전적인 것과 민속적인 것이 다 포함되니 별문제가 없겠고, 민간공예 역시 오늘날 민간에서 쓰고 있는 모든 공예품을 대상으로 하는 것이니 개념에 무리가 없다. 다만 민속공예가 문제이다.

"민속은 세월의 총화로서의 민간의 생활양식 및 문화라고 할 수 있다."[10] 민속이란 민간의 습속일진대 그것은 분명히 오늘에 살아 있는 것이어야 한다. 만약에 그것이 자생력이 없이 제 구실을 못하고 있

5) 한장원(2006), 『공예문화상품의 산업화 방안 연구』, 중앙대학교 디자인학과 박사학위논문, p10.
6) 송미림(1998). 공예개론, 서울 : 학문사.
7) 김지은(김지은), 「1960년대 이후 공예현상과 그 이론에 관한 연구」, 이화여자대학교 대학원 박사학위논문.
8) '전통공예'에 대한 학위논문 키워드 검색에 2665건이 나타나고 '민속공예'는 265건, '전승공예'는 297건, '민간공예'는 24건의 나타나고 있었다. 검색기준 2022년 12월 26일.
9) 신동훈(2006), 「민속과 문화원형, 그리고 콘텐츠」, 『한국민속학 제43집 』, pp255~283 :민속은 세월의 총화로서의 민간의 생활양식 및 문화라고 할 수 있다.
10) 신동훈(2006), 「민속과 문화원형, 그리고 콘텐츠」, 『한국민속학 제43집 』, pp255~283.

다면 독창적인 자기 문화를 향유하지 못하고 있다는 결론에 이른다. “전통공예 가운데 민속공예품이라는 이름의 실용 도구나 살림 도구들이 실제는 실용성 없는 예스러운 것이라면 그 이름은 마땅히 바뀌어야 한다. 전통공예 또는 전승공예라 해야 한다.”[11] 민속이란 용어야 이처럼 까다로운 것임을 심우성의 글을 통해서도 다시 한번 새겨 봄직하다. 나아가 민속공예는 각 지역이나 나라마다 전승되어온 전통적 기법과 그 고장 산물을 이용하여 일상에 필요한 물품을 제작해 내는 조형예술이라 할 수 있겠다. 또, “일반인들이 자기 지방에서 나는 재료를 가지고 자신들의 생활 풍습과 감정, 취미, 기호 따위에 맞게 만드는 공예. 지방적·민족적 특성이 뚜렷하고 실용성이 매우 풍부하며 장식이 소박한 것이 특징이다.”[12] 따라서, 지역별 전해 내려온 방법과 재료로 생활용품을 제작하는 공예를 민속공예라 할 수 있다.

〈사진 5-1〉 ‘인연2’[13]의 조각품

출처 저자 촬영, 2023.

11) 심우성, 『민속문화론서설』 동문선. 1998. p154.
12) 네이버사전.
13) ‘인연2’ 는 인도네시아 고등학교 미술선생이자 조각가 Wahyu Dada(1955.7.15일생)가 2016년 1월 23일부터 30일까지 부산에서 ‘신랑 각시’ 를 조각하고 저자가 받침 하트와 옻칠 작업으로 작품을 탄생시켰다.

3) 공예의 전개와 분류

공예는 선사시대의 돌을 두들겨서 날카롭게 만든 돌을 도구로 사용하던 뗀석기와 간석기 때에 사용하던 효용성이 있고 균형 잡히고 아름다운 문양을 넣은 도구를 사용하면서부터 생겼을 때부터라고도 볼 수 있을 것이다. 그럼에도 불구하고 공예라는 용어는 조선후기 1876년 이후부터 쓰이기 시작했으며 1932년 조선미술전람회[14]에 공예부가 신설되었고 그때부터 공예가 정착되었다. 우리말 '생활한다'나 '일한다'는 뜻을 지닌 '성녕'이라는 것으로 근대 이전 조선시대에는 쓰였다.

〈사진 5-2〉 '인연-짚신도 제 짝이 있다.'라는 제목의 공예품[15]

이러한 공예의 근간이 정착되어 "전통공예의 종류에는 재료에 따라 도자공예, 목공예, 탈공예, 지공예, 금속공예, 칠보공예, 죽세공예, 초경공예, 매듭, 나전칠기, 화각공예등 다양하나 대표적인 공예인 도자공

14) 조선미술전람회 [朝鮮美術展覽會]
: 일제가 식민지 문화정책의 일환으로 해마다 개최하였던 전국 규모의 미술 공모전(公募展).
수상분야 - 동양화, 서양화, 조각, 서예, 사군자.
주최 - 조선총독부
개최원년 - 1922년
개최장소 - 조선
'선전(鮮展)' 으로 약칭되었다. 이보다 앞서 오세창(吳世昌) ·고희동(高羲東) ·안중식(安中植) 등이 조직한 서화협회(書畵協會)와 서화협회전이 심상치 않은 민족의식과 주체성 있는 단합으로 창작활동을 하는 데 주목한 조선총독부는 1922년 조선에서의 문화정책을 표방하고 최대 규모의 종합미술전으로서 조선미술전람회를 설정하고 작품을 공모하여 그해 6월 1일 제1회 전람회를 열었다. 동양화 ·서양화 ·조각 ·서예 ·사군자의 5개 부문으로 나누어 공모 시상하였으며 1944년 제23회를 끝으로 폐지되었다.

15) 저자 권민수(2019). '인연'은 저출산에 대한 우려를 나타냄. 대한민국 공예대전에서 입상작품.

예와 목공예"[16]로 소개하고 있다.

공예도 시대에 따라 약간 그 기술 분류가 다를 수 있다. "현재까지 지정한 공예 분야는 각골공예의 궁시, 금속공예의 조각·장도·두석·백동연죽·유기·입사, 도토공예의 기와·옹기, 목칠공예의 악기·소목·나전칠기·끊음질·소반, 석공예의 벼루, 죽세공예의 낙죽·채상·바디·전통, 직물공예의 한산모시·나주 샛골나이·곡성 돌실나이·명주 짜기·매듭·자수·침선, 채화공예의 단청, 피모공예의 북메우기·망건·탕건·갓일 등 9개 분야 31개 종목이다. 이러한 종목은 조선시대에 제작되었던 전통수공업 생산품의 극히 일부에 불과한 것이다".[17]

[표 5-1] 공예의 분류

	공예요소	구분	입체적인 것에서 평면적 배열
공예	재료 가공기술 의장	용도 또는 의장	기계—가구—기구—장신구—의복—도서—직물—포장—광고·포스터
		생활 또는 형태	미용—장신구—기구—가구—실내장식—건축장식—가로장식
		재료와 기술	유리—도자기—보석—금속공예—목공예—칠공예—조(엮음)—염직—인쇄—제지—사진.
	현대공예	금속공예, 도자공예, 목칠공예, 염직공예	

공예의 종류는 『경국대전』에 의하면 조선 초 경공장(京工匠)에 각종 공예기술 분야가 129종이 있었으나 근대를 거치면서 점점 사라졌다.

이러한 현실에 대해 정부에서는 전통공예기술의 보존과 전승을 위해 문화재보호법을 제정하고 기능보유자를 중요무형문화재로 지정 보호하고 있다. "문화재보호법에 지정 기준으로 명시된 공예기술의 분류를 보면 도자공예, 마미(馬尾)공예, 금속공예, 화각(華角)공예, 장신구공예, 나전칠공예, 제지공예, 목공예, 건축공예, 피혁공예, 지물(紙物)공예, 직물공예, 염색공예, 목석공예, 자수공예, 복식공예, 악기공예, 초고(草藁)공예 등 18종으로 구분하고 있다."[18]공예의 분류는 여러 각도에서 가능하지만, 손으로 가공하기도 하고 기계로 기술화된 공예도 있다.

구체적으로 공예의 분류는 몇 가지 나누어 설명할 수 있는데 먼저, 용도 또는 의장에 의한 분류가 될 수 있다. 두 번째로 인간의 생활환경을 마련하고, 그것에 대한 형태에 의해서도 분류된다. 세 번째로 가

16) 김미화(2003), 『짚풀을 이용한 조형교육』, 충남대 교육대학원 석사학위논문, p4

17) 민속학회, 『한국민속학의 이해』 문학아카데미. 1999. p451

18) 이종석(1994). 한국의 전통공예, 서울 : 열화당.

장 보편적으로 통용되는 재료와 기술에 의한 것으로도 분류가 가능하다.

물론, 공예라는 것은 가공하는 방법은 다양하고, 가공 방법이 달라지면 만들어진 작품도 달라지므로 수없이 분류할 수 있다. 그러나 이 공예에 대한 개념에서 빼놓을 수 없는 현대공예의 기본적 주류를 이루는 것은 금속공예 · 도자공예 · 목칠공예 · 염직공예의 네 분야를 나누어 설명하는 것이 보통이다.[19]

또, "공예는 산업시대 이후 기계 생산을 근간으로 하는 산업 디자인에 일상용품의 제작이라는 역할을 물려주었다. 이후 제작 방식과 표현 형식에서 산업적 공산품과는 차별되는 제작자의 개성 인간 정서 표현성이 더 강조된 물품을 제작하면서 순수 창작 표현의 수단으로 사용하기도 한다[20]"고 하여 개인의 관심이 멀어지면서 이것이 지금에는 30여 종만이 중요무형문화재로 지정되어 오늘에 이어지고 있다.

4) 공예의 완성과 유통

공예를 완성하는 직접적 요소에는 재료·가공 기술·의장 등의 요소가 조화와 통합이 되어 아름다움이 창조되어야 한다. 물건을 만들려면 원재료가 필요하다는 것은 자명하다. 재료의 종류에 따라서 그 성질에 맞는 물건이 만들어져야 한다. 이는 무엇에 쓰일 것인가를 이야기하는 것이며 무엇을 만들 것인가에 따라 재료의 종류도 달라진다는 것을 설명하는 것이다. 물건과 도구는 재료가 있었기 때문에 가능하다. 또 물건과 도구는 가공하지 않으면 단지 재료일 뿐이며 가공에도 좋은 기술이 필요하며 의장에 있어서도 우리 인간의 동작과 신체·기관의 모두가 연관을 가지고 무엇을 원하는가를 알고, 예술적 가치를 부여하고 나아가 아름다운 형태로 제작하면 공예품으로 완성된다.

어떤 형태로 만들 수 있다는 것은 재료와 가공과 의장을 제대로 적용시켜야 하며 이에 따라 원하는 진정한 아름다운 창조물이 나오게 된다.

[표 5-2] 공예의 완성 요소

구분	분류	종류
공예 완성 요소	재료	금속공예, 도자공예, 목칠공예, 염직공예, 유리공예, 옥석공예, 지공예[21], 가죽공예, 골각공예[22]
	가공기술	절단, 늘림, 녹임, 붙임, 파기, 두들김, 절삭
	의장	조건에 맞는 형태를 작가의 사상, 의지, 눈, 손으로 창조

19) 한국미술협회(2001), 大韓民國工藝大展 圖錄 : 金屬 · 陶磁 · 木漆 · 染織, 서울 : 高麗書籍.
20) 한장원(2006), 『공예문화상품의 산업화 방안 연구』, 중앙대학교 디자인학과 박사학위논문, p12.
21) 지공예 : 종이로 기물을 만들거나 장식하는 기예 및 그 만드는 그 일련의 작업
22) 골각공예 : 쇠뿔이나 뼈를 재료로 이용하여 무늬나 장식을 넣는 등의 제작 작업

이와 같은 공예를 설명하는 것에는 여러 가지가 있다. 공예는 사회적으로 보면, "세계화로 인해 전세계의 문화가 균일화되어 가는데 저항할 수 있는 중요한 요소이며 문화적 다양성의 상징이고"23) 개인적으로 보면, 뛰어난 솜씨나 미술적 장식과 조형적 아름다운 도구를 만드는 인간의 활동이라 할 수 있다. 공예 중 짚풀공예도 장식과 구조적인 아름다움이 있어야 하고 무엇보다도 핵심적이고 일치점은 완성도가 높아 쓰임이 좋아야 하고 아름다워야 한다는 것이다.

아무리 좋은 공예품이라도 경제적으로 연결되지 않으면 공예의 연속성은 보장이 어렵고 이러한 연속성과 경제적으로 연결하는데는 공예의 유통이 필요하다. 공예의 유통은 공예품이 특정 지역의 한계에서 벗어나 다른 외국에 수출이나 전시를 위한 운송 등 신속한 처리를 위하거나 무역상품으로도 변신하고 있다. 이것은 국가 간 또는 세계의 약속된 무역을 위한 "'상품분류종합코드체계' 즉, HS(harmonized commodity description and coding system) 분류체계를 따르고 있다. WCO(World Customs Organization)에 의하여 개발된 HS 체계는 1988년 구현된 이래로 수출입 상품에 대한 무역 통계 및 관세 행정을 위하여 사용되었다."24)또 '국제 무역 분류체계(SITC)'가 있어 공예품 수출 카테고리의 접근이 편리하게 되어있다. HS 체계와 SITC는 소재를 중심으로 다른 분야도 많이 있지만 공예품의 유통에 대한 일부분을 살펴보면 〈표 5-3〉 SITC 및 HS 공예분류와 같이 나타낼 수 있다. 개인의 공예에 대한 구매까지에는 "공예가 '실용적인 미적도구'라는 인식되어 온 대중들에게 있어서 일반적인 상품과 가격을 비교하려는 습성 때문에 구매가 활발한 것은 아니지만 디자인과 제작과정에 대해 알고 나면 공예에 대한 새로운 인식을 갖는다."25)는 단계가 있다. 그리고 유통 시장으로 눈을 돌리게 되는데 공예품 유통의 "미국의 공예시장은 세 개의 부류로 나누어지는데, Fair(Art Fair, Craft Fair-견본시장)개념의 시장과 공예점(Craft Shop, Museum Shop) 중심의 시장, 그리고 마지막으로 공예전문화랑(Gallery)을 들 수 있다."26) 유통 가격의 산출은 정준모의 공예품 가격 산출법을 살펴보면 "한점의 '일품공예가'는 (재료비+제작비+인건비)x3, '2-20점의 복제 생산공예가'는 일품공예가x0.5, '100-300점의 복제생산 공예가'는 일품공예가x0.1, '산업공예'는 한점담 생산가x2이다. 이밖에 작가의 경력, 개인전 횟수, 국제공모전 입상 등의 성과에 따라서 가격이 가감될 수 있다."27)짚풀공예도 재료비와 인건비도 포함되어야 할 것이다. 요즈음은 콤바인과 기계 등으로 볏논을 수확하는 바람에 같은 평수의 면적에서 생산되는 쌀값보다 더 비싼 볏짚의 가격이 형성되고 있다는 점에서 짚풀공예의 재료비 산정도 고려되어야 할 것이다. 짚풀공예품은 대량생산이 어렵다는 점에서 가격산출에 고민이 요구되고 있다. 짚풀공예인과 소비자의 선호와 쌍방이 이해되는 가격과 유통이 요구된다.

23) 윤희봉(2022), 『한국 현대 공예제도 연구』, 홍익대학교 대학원 박사학위논문, p193.
24) 문화체육관광부: 공예문화진흥원(2002),「공예상품 제작 유통 실태조사」, p.57
25) 박현신(1995), 『한국 현대미술품유통에 관한 연구 : 현대 금속공예품 가격산출을 중심으로』, 숙명여자대학교 석사학위논문, p22.
26) 남윤동(2003), 『미국 공예시장 구조와 유통』, 월간크라트, p26.
27) 박현신(1995), 『한국 현대미술품유통에 관한 연구 : 현대 금속공예품 가격산출을 중심으로』, 숙명여자대학교 석사학위논문, p28

[표 5-3] SITC 및 HS 공예분류

분야	SITC-3분류	HS분류	적용내용
도자 공예품	666.13	6912.00	ceramic tableware, kitchenware, other household articles and toilet articles(other than porcelain or china)
	666.29	6913.90	statuette and other ornamental ceramic articles(other than porcelain or china)
섬유 공예품	656.43	5804.30	lace, hand-made
	658.4	63.02	bed linen, table linen, toilet linen, kitchen linen
	658.91	5805.00	tapestries, hand-woven, of the type of Gobelins, flanders, Aubusson, Beauvais and the like, and needle-worked tapestries(e.g. petit point, cross sitch), wether or not made up
	659.3	5702.10	"kelen", "schumacks", "karamanie" and similar hand-woven rugs
가죽 공예품	612.2	4201.00	saddlery and harness for any animal of any material
	612.9	4205.00	other articles of leather or of composition leather
	831.11	4202.11	handbags whether or not with shoulder straps, with outer surface of leather, of composition leather or of patent leather
	831.21	4202.11	trunks, suitcases, vanity cases, executive cases, briefcases, school satchels and similar containers, with outer surface of leather, of composition leather or of patent leather
	831.9		binocular cases, camera cases, musical instrument cases, trvellings bags, wallets, etc.
	851.41	6403.20	footwear with outer soles of leather, and uppers which consist of leather straps across the instep and around thebid toe
금속 공예품	699.52	8306.10	bells, gongs and the like, non-electric, and parts thereof, of base metal
	699.65	7326.11	articles of iron or steel, forged or stamped, but not further worked
	699.7		articles, n.e.s., of copper, nickel, aluminium, lead, zinc and tin
죽세공예	821.3	9401.50	seats of cane, osier, bamboo or similar materials
	821.79	9403.80	furniture of other materials(대나무 포함)
	848.42	6504.00	hats and other headgear, plaited or made by assembling strips of any material whether or not lined or trimmed~
	851.59	6405.20	footwear with uppers of textile materials n.e.s.
	899.71	46.02	basketware, wickerwork and other articles made directly to shape from plaiting materials or made up from goods of heading 899.73. 899.74 or 899.79, articles of loofah
	899.74	4601.20	mats, matting and screens of vegetable materials
	665.21	7013.10	glassware of glass-cerenics

출처, 문화체육관광부(2000), 「공예문화상품 제작 유통 실태조사 연구」, p161.

2. 짚풀공예

짚풀공예는 짚과 풀, 나무껍질이나 뿌리 등의 재료를 사용한 공예 활동이 필요하다. 초고(草藁)공예, 초재공예, 초경공예 등 다양한 명칭으로 사용되고 있다. 짚풀공예의 정의, 짚풀공예의 역사, 짚풀공예의 결과물인 짚풀공예품의 사용처 순으로 살펴보겠다.

1) 짚풀공예의 정의

짚풀에 대하여 앞 문헌 및 자료조사에서 선행연구자의 언급이 있었다. 짚풀공예에 대하여도 특별히 벗어나지 않는다고 여겨진다. 선행연구자 위주로 살펴보면, 김윤호는 "짚풀공예는 여러 가지 풀이나 짚, 나뭇가지나 껍질 등을 재료로 생활용품을 만드는 민속 공예의 한 형식이다"[28] 짚과 풀 그리고 나뭇가지나 껍질까지가 짚풀 재료에 포함하는 개념이다. 짚풀공예나 짚풀공예품에 관련하여 설명은 많지 않다. 짚풀공예의 결과물이 짚풀공예품이다. 짚풀공예품에 대하여 김혜원은 "초경 공예품으로 완초, 수세미, 갈대, 저마 등"[29]이라 하였다. 초경공예는 완초공예라고도 하고 왕골이나 초목 등의 재료를 염색하거나 손질하여 생활에 필요한 돗자리나 방석·바구니 등의 일용품이나 장식품을 짜는 것을 말한다. 정인희는 "곡초(穀草)는 이삭을 떨어낸 곡식의 풀 줄기 즉 짚을 일컫는다. 이것들로 만든 생활용구 민구류 등을 짚풒공예품이라 한다."[30]이수종은 짚풀공예에 대하여 "초고공예는 마른 풀을 이용한 수공예이고, 초재공예는 풀이라는 재료를 사용한 공예이며, 초경공예는 왕골, 싸리, 짚, 등나무 등의 줄기나 뿌리를 가공하여 만든 공예를 말한다."[31]

김미화는 "우리나라의 전통공예의 전반적인 특성을 세 가지로 요약하면 첫째. 민족의 생활 양식과 민족성을 알 수 있으며, 둘째, 꾸미지 않은 소박성을 지니고 있고, 셋째, 우리의 풍토와 기후에 알맞은 재료를 사용한다는 것이다."[32]그러나 구체적으로 살펴보면 3가지로 요약된다. 재료의 종류에 관한 것과 공예 활동의 행위에 관한 것, 결과물이 생활민구·생활용품·민구류라는 것이다. 재료제시는 짚과 풀, 나무의 껍질이나 뿌리 등의 재료 범주 내용을 제시하였다.

공예활동의 행위는 가공, 만드는 행위, 짜는 것 등을 제시하고 있다. 공예 활동의 행위적인 특징은 짚풀로 꼬기, 땋기, 평직, 감기, 그물짜기, 사릿대 엮기, 삶기, 색 넣기(무늬·염색), 고장(藁裝) 등의 제작

28) 김윤호(2001), 「민속공예」, 서울. 대산출판사, p.263.
29) 김혜원(2013), 『전통공예 현대화를 위한 접근 모형 연구』, 조선대학교 박사학위 논문, p43.
30) 정인회(1987), 『한국 짚(곡초) 공예에 관한 연구』, 숙명여자대학교 석사학위논문, p4.
31) 이수종(2011), 『지적장애인의 직업재활을 위한 전통공예 프로그램 개발 연구 : 짚풀 프로그램을 중심으로』, 가야대학교 석사학위논문, p18∼19.
32) 김미화(2003), 『짚풀을 이용한 조형교육』, 충남대 교육대학원 석사학위논문, p4.

기법으로 만드는 행위인 것이다. 김미화는 "씨를 날로 엮는 방법으로는 도롱이, 자리, 거적, 섬 등을 만들었고 날에다 씨를 감아 트는 방법으로는 짚신, 동구미, 멱서리, 멍석, 맷방석, 덕석 등을 엮었다."[33]며 행위적인 예를 통하여 결과물이 짚신 등 생활민구라는 것도 제시하고 있다. 결국, 짚풀공예는 짚풀 재료를 사용하여 공예적이고 주로 생활민구에 사용되고 공예 과정의 주요 부분이 수작업일 것이며 전통·민속적 행위적인 특징에 의해 제작되어야 한다. 따라서 짚풀공예는 재료의 선정이 짚풀의 종류로 된 것으로 공예 활동이 짚풀공예 행위적인 특징이 내포되어 있어야 하고 그 결과물이 생활민구·생활용품인 것이다. 물론 짚풀공예품은 예술적 가치를 형성하고 있는 것이어야 한다.

2) 짚풀공예의 역사

짚풀공예의 역사는 "그 생성이 인류문화의 초기 단계까지 소급될 수 있을 정도로 매우 길다. 고고학에서는 칡뿌리나 나무껍질 등을 이용하여 바구니 또는 멍석 짜는 기술이 구석기시대에 존재했었던 것으로 추정하고 있다."[34] 짚과 풀은 인간 생활과 밀접하여 오랜 역사를 가지고 생성해 왔을 것이다.

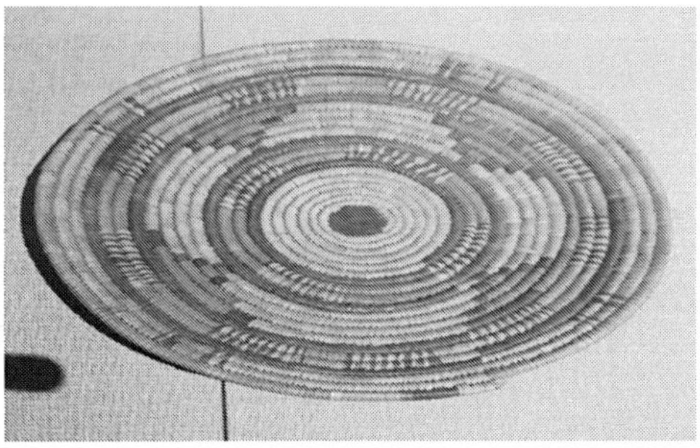

<사진 5-3> 접시, 피렌체 국립 고고학 박물관 이집트관. 저자 촬영 2019.1.11.

33) 김미화(2003), 『짚풀을 이용한 조형교육』, 충남대 교육대학원 석사학위논문, p4.
34) 정인희(1987), 위 논문, p4

〈사진 5-4〉 바구니

바구니 출처, 피렌체 국립 고고학 박물관 이집트관. 저자 촬영 2019.1.11.

<사진 5-5> 쟁반, 피렌체 국립 고고학 박물관 선급관. 저자촬영 2019.1.11.

해외는 물론 국내에도 짚풀공예의 역사는 농경 생활과 연관성이 있다고 여겨진다. 짚풀의 사용 기원에 대한 외국의 역사는 피렌체 국립 고고학 박물관 이집트관의 〈사진 5-3〉의 접시와 피렌체 국립 고고학 박물관 이집트관 〈사진 5-4〉 바구니, 피렌체 국립 고고학 박물관 선급관 〈사진 5-5〉 쟁반에서 찾을 수 있다. 짚풀의 재료는 지금의 짚풀 같은 섬유질 성분이 많은 짚풀로 기원전 1550~1070년에서 사용하였다는 점에서 짚풀을 활용한 용구는 지금으로부터 최소한 3500년 이전으로 나타나고 있다. 무엇보다도 〈사진 5-3〉 '접시'의 바탕과 〈사진 5-4〉 '바구니', 〈사진 5-5〉 '쟁반'에는 문양을 넣었다는 점에서 오랜 경험과 역사의 전수가 있었기에 가능했다고 여겨진다. 짚풀을 활용한 용구의 사용은 짚풀공예의 역사이고 농경의 시작과 함께 매우 오래되고 다양한 것으로 나타나고 있다는 것을 알 수 있다. 위의 제시된 접시, 바구니, 쟁반이 해외의 짚풀 공예품이다.

우리나라의 짚풀공예 역사도 세계의 역사와 많은 차이가 나지 않아 보인다. 짚풀공예의 역사를 살펴보면, "고고학에서는 칡뿌리나 나무껍질 등을 이용하여 바구니 또는 멍석 짜는 기술이 구석기시대에 존재했었던 것으로 추정하고 있다."35) "신석기 중기부터 밭농사가 시작되었고 청동기시대에 이르러 벼농사가 본격적으로 재배되어 주식을 담당하게 되었다. 농경 기술의 발달과 함께 농기류 등이 등장하고 자연식물의 채집이나 곡식의 부산물로 운반도, 담아두는 도구, 씨뿌리는 도구, 농사짓는 데 필요하고 생활에 적합한 각종 용구를 만들어 써 왔다."36) 구체적인 용구가 나타나는 것은 "국립김해박물관은 15일 비봉리 유적 발굴 과정에서 나온 망태기는 두 가닥의 날줄로 씨줄을 꼰 '꼬아뜨기 기법'으로 제작됐으며, 이는 기원전 5,000년까지 거슬러 올라갈 수 있는 신석기시대의 편물(編物) 기술을 알려주는 최초의 유물이라고 밝혔다."37) 그리고 짚풀 작업의 이동 경로가 나타나는데, "우리나라의 짚공예의 발전할 수 있는 기틀을 마련한 것은 선석기시대 후기인 B.C 1000년경부터 중국 화북지방을 통하여 농경 기술의 전래와 더불어 비롯되었다."38) 이후 1145년에 김부식이 기전체로 엮은 50권 10책의 사서인 "삼국사기 고이왕조를 보면 검은 갈대 신인 오위리(烏葦履)를 신었다." 1123년 송나라 사절의 한 사람으로 고려에 왔던 서긍이 저술한 견문록인39) "고려도경에는 초점(草苫)에 대한 기록"40)이 나타나는데 초점은 멱서리를 말한다. 또, "고려도경에는 짚신에 대한 기록"41)도 있다. 고려도경 제33권 '관선(官船)'에 의하면 배의 지붕을 띠로 이었고, 같은 책 '송방(松舫)'에 따르면 선실의 지붕을 짚으로 하였음을 확인하였다."42)

"삼국사기에 의하면 짚신을 신었던 기록이 있고, 짚신은 고려를 거쳐 조선조에 이르기까지 일반서민이 애용하였음을 알 수 있다."43) 뿐만 아니라 '한국고전종합DB'에 나타난 짚신인 초혜(草鞋)만 색인하여도 조선왕조실록을 비롯하여 295건의 내용이 나타나고 있다.44)많은 문헌으로 나타난 것으로 보아 짚풀공예가 담거나 운반과 보관 등의 용기에 사용되었고 조선시대의 일상 민구로 역사적인 영향을 끼쳤다는 단서로 볼 수 있다.

3) 짚풀공예품의 사용처

짚풀공예품의 사용처는 다변화되고 있다. 그러나 선민들의 생활사에서의 짚풀작업(지금은 짚풀공예이지만 과거 조선시대 등은 짚풀 작업으로 이해됨)의 사용처(使用處)는 농가나 시골 또는 산골과 어촌에서 생활필수품으로 사용되었다. 농사를 본업으로 하는 농가와 도시에서 떨어져 있는 시골지역이 사용처다.

---

35) 김원룡(1978). 『한국문화의 기원』, 탐구당, p122.
36) 정인회(1987), 『한국 짚(곡초) 공예에 관한 연구』, 숙명여자대학교 석사학위논문, p3.
37) 동아일보 2005-04-15일 '짚으로 만든 망태기 7000년 전에도 있었다…신석기유적지서 출토' 사회면.
38) 정인회(1987), 『한국 짚(곡초) 공예에 관한 연구』, 숙명여자대학교 석사학위논문, p4.
39) 이은창(1978), 「한국고대복식사」, 세종문화사업기념회, p182.
40) 고려도경, 권 32, 기사 3.
41) 전게서(前揭書) 29 공장(供張) 2 짚신(草屩)
42) 손세란(2003), 『생태환경적 관점에 의한 의상디자인 연구 : -보릿대 소재를 이용한 디자인을 중심으로-』, 이화여자대학교 석사학위논문, p55.
43) 김원룡(1978). 한국문화의 기원, 탐구당, p122.
44) 검색일, 2022년 6월 2일.

주로 도시보다 인구수가 적고 인공적인 개발이 덜 되어 자연을 접하기가 쉬운 곳이나 산속 깊은 산골과 바닷가에 사는 어민들에는 생활 용구가 짚풀로 채워졌다고 볼 수 있다. 농촌 들녘의 짚가리를 위한 주저리와 길에는 멍석[45]으로 벼를 말리고, 집 입구에 싸리나 수수깡 울타리도, 처마 밑에는 볏짚으로 만든 낫꽂이와 매판이 있고, 외양간에는 볏짚으로 만든 멈치와 부리망이 있고, 장독간에는 두트레방석과 부정 타지 않고 좋은 간장이 되기를 바라는 금줄 등도 짚풀의 사용처인 것이다. 또, 시골 또는 산골에는 당산의 금줄이 있고 집 옆에는 터줏가리가, 집안의 처마에는 성주 걸립이나 제웅이 새끼에 매달려 있고, 디딤돌 위에는 벗겨 놓은 싸리의 껍질인 비사리를 섞여 만든 짚신이 놓여 있다. 어촌에는 신서란으로 만든 밧줄이 있고 고기를 잡기 위한 통발이 있고 댑싸리 빗자루도 짚풀의 사용처였다.

그러나 짚풀 제품들이 산업발달 속도가 빠르면 빠를수록 짚풀 제품은 반대로 사라지는 속도도 빨라지는 현상이 일어났다. 세계적으로 산업의 발달로 기계화와 정보화로 짚풀의 사용처는 급속히 사라졌다. 새마을운동으로 우리가 살던 초가집이 걷어내어지면서 민속 생활양식은 사라지고 각이 진 빌딩과 포장된 도로들이 채워졌다는 것도 짚풀 사용처의 소멸을 앞당기는 결과를 가지고 온 것이다.

〈사진 5-6〉 짚풀 재료를 달리한 겹둥구미

출처, 2006.7.28. 저자 촬영

45) 멍석 : 조선왕조실록에 멍석에 관한 단어는 선조 33년 1월 29일의 1개가 검색되었다. 훈련도감 제조로 있을 적에는 2~3일 간격으로 매번 노자(奴子)를 보내어 쌀 3~4석과 적두(赤豆)와 대두(大豆) 2~3석을 가져갔는데 계속해서 이렇게 가져다 썼으며, 한번은 새로 난 밀 15석을 가져간 적도 있었다. 낭청 박자우(朴子羽)가 마침 도감의 공사(公事) 때문에 덕형의 집엘 갔더니 밀을 짊어진 자가 덕형의 집으로 들어왔는데, 뜰에다 멍석을 펴고 이를 말리더라고 하였다. 조선왕조실록, 【태백산사고본】, 74책 121권 29장 B면.

짚풀의 이용자(利用者)에 관한 것으로 사용자는 서민이고 하층민이였다. 따라서 그들의 사용물에 대하여 짚신이나 삼태기 등의 개개의 짚풀민구의 용어는 남아있으나 짚풀공예는 없었다. 특히 궁중이나 양반의 문화보다 서민이고 하층민의 문화에 대한 관심은 낮았고, 등한시되었다. 궁중의 것이나 양반의 것만이 우리의 것이라기보다는, 값비싸고 깨끗한 보석공예만 공예가 아니며 우리 조상이 늘 함께하던 짚풀공예도 우리의 것이고 우리 문화로서 재현하여 세계에 알려야 하는 소중한 유산이다. 지금도 제도적으로 늘 비주류공예이지만 실제 생활에서는 공예에 대한 보조 역할 수준을 넘어섰다고 할 것이다. 따라서 짚풀에는 우리 민족 생활의 가치와 혼이 담겨있다. 서민적이고 하층민이 하였던 일이라도 결국은 우리 민족의 생활이고 문화였다.

〈사진 5-7〉 4cm의 색을 넣은 짚신과 저자가 만든 400cm의 대형짚신46)

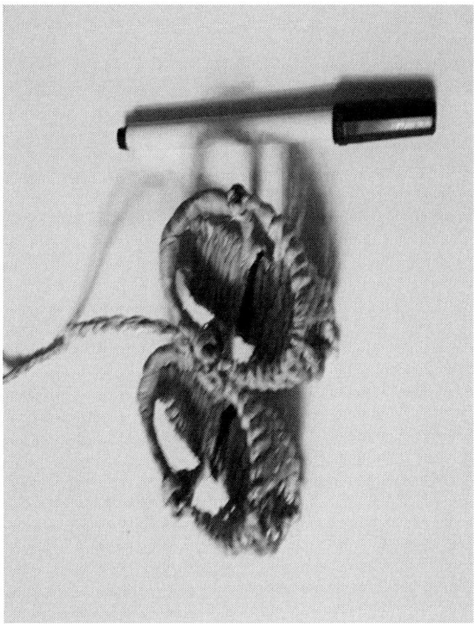	
저자촬영, 색을 넣은 미니짚신	저자촬영, 4m가 되는 대형 짚신

짚풀공예의 사용처가 변화하고 있다. 짚풀의 사용처와 이용자가 줄었고 이를 주로 이용하는 짚풀공예 활동이 일부 '어르신들의 추억체험'하기로 끝나서는 안 된다. 이제는 영화나 드라마 촬영장, 축제장 등 새로운 영역에서의 짚풀을 이용하여 생산된 짚풀공예품의 사용처와 이용자가 있고 짚풀공예 활동도 일부 소비되고 있다. 지난 과거에서는 일상생활에 짚풀로 된 민구를 필수품으로 늘 소비재로 사용하였다. 그래서 짚풀 제작이라는 용어가 어울린다. 그러나 지금의 상황은 그때와는 다른 생활구조이다.

46) 대형짚신을 영광도서 전시관, 용두산공원, 일산킨텍스 등 전시하였다.

〈사진 5-8〉 볏섬과 가마니 모습[47]

볏섬과 가마니, 출처, 2023.4월 저자 촬영.

요즈음, 짚풀공예로 생산된 물건이 TV나 영화의 영상 소품으로 사용되기도 하지만 짚풀은 담는 그릇을 만드는 작업이나 짚신을 만드는 것 등의 짚풀 이용자도 늘어나고 있다. 이는 단지 기능적인 쓰임에 국한되는 것이 아니라 장식으로 사용되는 경우가 많아지고 있다. 예컨대 짚신의 경우 아주 작은 것은 4cm가 있고 큰 것은 400cm도 있다. 또 어떤 것은 색을 넣거나 띠를 넣기도 하여 휴대폰 고리로도 사용되는 것처럼 짚신도 변형되어 신을 수 없는 매우 작은 애장품의 짚신이 제작되고 있다.

47) 볏섬과 가마니, 출처 저자촬영, 2023년 8월 : 사진의 모습은 영화촬영소에 납품하기 위해 쌓아 놓은 모습.

〈사진 5-9〉 멍석(덮석)을 짜고 있는 모습

멍석(덮석)을 짜는 중으로 날줄이 128개 깔아 놓고 진행하고 있다. 출처, 저자 촬영 2023. 2월.

또, 짚풀작업 과정을 시연하는 것과 시민을 대상으로 체험학습을 하는 것이 문화 활동이고 활동 후 생산된 상품은 기념품이나 장식품으로 시민에게 호기심을 불러일으키고 있다. 이를 바탕으로 우리의 민속공예 중 짚풀공예는 우리의 정체성 일부이며, 세계 시장에서 경쟁력 있는 산업 및 관광상품의 아이템으로 활용할 필요도 있다.

〈사진 5-10〉 백화점에 전시될 미니 달집 모습

미니달집, 출처 2023.1월 저자 촬영

또, 어떤 문화축제는 짚풀 작업으로 생산된 짚신이나 망태기 등 짚풀 민구 제품으로 전시하는 곳이 있으며, 이런 제품들의 크기를 거대하게 만들거나 색다르게 변형된 제품을 전시하고 있다. 짚풀공예 관련 내용들이 전국의 각종 문화축제 행사에 기본 메뉴로 되어 초청되는 횟수가 잦아져야 할 것이다.

이는 짚풀 작업이 우리 전(前)세대인 50대나 60대 어른들에게는 어릴 적에 소소하게 사용하던 푸근한 향수와 낯익은 볼거리가 있고 30대나 40대는 어린 아이의 손을 잡고 정겨운 호기심과 선조의 지혜를 담을 좋은 기회의 시간일 것이다.

또 이 짚풀공예의 행위가 전통적이고 민속적이다. 손세란은 "짚풀공예품은 우리나라에서 상하 귀천 없이 수 천 년을 사용해 온 민속문화의 한 영역이다."48)과거에서는 누구나 일상생활에서 할 수 있었던 짚풀 작업이 사라진 것들에 대하여 역사의 시간이 지나고 나서 이제는 기념품이나 장식품으로 재탄생되고 있는 것이 짚풀공예의 결과물이다. 이 작업의 공정과 쓰임이 공예라는 틀에 어울린다는 것이다. 작업의 공정이 아주 세심하고 긴 시간이 소요되면서 아름다움을 창조한다. 공예의 성격을 지니고 있다는 것을 보여주는 것이다. 이러한 현대의 짚풀 작업이 다양하고 그 쓰임이 장식일 뿐만 아니라 나름의 아름다운 모양새는 공예라는 요소를 다분히 담고 있다고 할 수 있어 '짚풀공예'이라 할 수 있는 것이다.

48) 손세란(2003), 『생태환경적 관점에 의한 의상디자인 연구 : -보릿대 소재를 이용한 디자인을 중심으로-』, 이화여자대학교 석사학위논문, p52.

〈사진 5-11〉 망께

망께, 출처 저자촬영 2022. 12월.
'망께'가 문화축제에서 선보이고 있다. 경북 성주, 부산 구덕, 아산 외암, 경기 포천 등지에 선보이고 있다.

짚풀공예는 이수종(2011)은 짚풀공예의 분류를 "초고공예, 초재공예, 초경공예 등 다양한 명칭으로 사용되고 있다. 즉, 초고공예는 마른 풀을 이용한 수공예이고, 초재공예는 풀이라는 재료를 사용한 공예이며, 초경공예는 왕골, 싸리, 짚, 등나무 등의 줄기나 뿌리를 가공하여 만든 공예를 말한다."[49] 따라서 짚풀공예는 짚이나 풀의 재료로 꼬기, 엮기, 끼우기, 접기, 짜기, 감기 등의 기초 기법으로 공예품[50]을 만드는 일련의 과정을 말할 수 있고 짚풀 공예품은 그 과정의 결과물이라고 볼 수 있다. 본문에서는 짚과 풀로서 실제 쓰기에 알맞은 물건에 장식적인 가치를 부가함으로써 그 가치를 높이려고 하는 미적인 기예를 짚풀공예라고 하고자 한다.

49) 이수종(2011), 『지적장애인의 직업재활을 위한 전통공예 프로그램 개발 연구 : 짚풀 프로그램을 중심으로』, 가야대학교 석사학위논문, p18.

50) "공예품" 이란 공예의 결과물로서 실용적·예술적 가치가 있는 물품을 말하며, 우리 민족 고유의 전통적인 기술·기법이나 소재 등에 근거하여 제작한 전통공예의 제품과 현대적인 소재나 기술·기법을 활용하여 제작한 현대공예의 제품을 포함하여 말한다. 공예문화산업 진흥법(법률 제13299호, 2015. 5. 18., 제정), 제2조 정의.

3. 짚풀작업의 도구

짚풀작업의 도구는 사람의 개개의 취향에 따라 약간의 차이가 있어 실제로 작업에 있어서 주로 많이 사용되는 도구를 기술하였으며 필요에 따라서는 도구의 사용 유형이 다를 수 있을 것이다. 짚풀공예 도구 중 하나인 "우리나라에서 바느질 도구가 사용된 시기는 아주 오래전으로 거슬러 올라간다. 신석기시대 유적에서 바느질 도구가 발굴되었는데 경남 김해에서 발견된 골침(骨針)과 가락바퀴는 실을 제작하고 간단하게나마 의복을 제작했다는 증거를 보여 준다"[51]

정인희는 짚풀공예의 도구로 "낫, 홀테, 작두, 메, 칼, 새끼틀, 돗바늘, 자"[52]를 제시하고 있다. 과거의 농민이나 산골사람들의 일상에서는 짚풀 제작의 도구가 무엇이 필요한 것에 대해서는 별로 중요하지 않았을 것이다. 그 이유는. 어린이나 어른이나 할 것 없이 누구나 아침부터 저녁까지, 들녘이나 부엌이나 어디에든지 생활 민구로 사용되었던 짚풀작업이였기 때문이다. 그때는 선민들이 짚풀로 만드는 작업이였고 지금의 공예가 아니었다. 그러나 현대에 사는 도시인들은 짚풀작업의 도구에 대하여 잘 알고 있지 못하다고 할 것이다. 그래서 짚풀 재료에 필요한 도구와 짚풀로 만든 생활 용구 만드는데 필요한 도구에 대하여 훗날 다른 도구가 대용될지라도 기존에 사용하던 도구나 지금에 사용하는 도구 유형에 대하여서는 살펴볼 필요가 있다.

짚풀작업의 도구는 짚풀작업을 하는데 필요한 기본적인 도구이다. 정리하는데 필요한 도구도 있을 수 있고 보관하는데 필요한 도구, 치수 재는 도구, 무게 재는 도구, 쓰이는 용도나 형태에 따라 공예 도구가 다를 수 있을 것이다. 그러나 본고에서는 실제로 짚풀작업을 하는데 필요한 도구를 세 가지로 나누어서 설명할 것이다. 하나는 짚풀 재료를 채취할 때 필요한 도구이고 두 번째는 짚풀공예를 준비할 때 필요한 도구가 있고 또 하나는 짚풀공예 과정에 필요한 도구가 있다.

1) 짚풀 재료를 채취하는데 필요한 도구

짚풀재료를 채취하는데 필요한 도구는 짚과 풀들을 채취하기 위한 도구를 말한다. 예컨대, 짚풀 재료를 채취하는데 필요한 도구가 있다. 짚풀 재료는 각 재료에 맞는 시기가 있는데, 갈대는 늦가을, 달피나무의 경우는 초여름의 적당한 시기가 있듯이 각 재료에 알맞은 도구도 있다. 맞는 도구는 짚풀 채취에 효율을 증진과 채취를 쉽게 할 수 있게 해 준다. 이 도구는 낫이나 톱, 도끼, 가위, 괭이, 호미, 헤라(스크레퍼), 전정가위 등이 이에 해당될 것이다. 이 짚풀 재료 채취에 필요한 도구는 1단계 사용 도구로 볼

51) 전미연(2002), 『조선시대 바느질 도구를 통해 여성의 삶을 표현한 도자조형 연구』 이화여자대학교 석사학위논문, p9∼10.

52) 정인회(1987), 『한국 짚(곡초) 공예에 관한 연구』, 숙명여자대학교 석사학위논문, p17.

수 있겠다.

2) 짚풀공예를 준비할 때 필요한 도구

짚풀공예를 준비할 때 필요한 도구는 짚풀 재료를 채취한 이후로 2단계의 도구라고 볼 수도 있다. 짚풀 재료가 채취된 것을 짚풀공예 시작 이전에 준비하는데 필요한 도구이다. 이 준비가 다듬기이고 다듬기에 필요한 도구가 있다. 여기서 다듬기란 짚풀작업을 할 수 있는 재료로서의 적당한 조건을 만드는 과정이다. 따라서 다듬기는 적당한 크기와 굵기의 조절이 필요하고 자르거나 두드리거나 찢거나 나누거나 삼거나 말리거나 재우거나 축이거나 등의 공정을 말한다. 이 다듬기에도 필요한 도구는 절단 가위, 덩두렁막개 등이 이에 해당한다.

〈사진 5-12〉 덩두렁막개

사진출처 저자촬영.

다듬기의 시기도 채취 후 바로 껍질을 벗기기나 두드리기의 작업에 들어가기도 하고 보관하여 필요할 때 꺼내어 다듬어서 사용하기도 한다. 볏짚이나 풀은 베어다가 3~7일 정도 건조 시킨 뒤, 오랜 기간 보관하여, 필요할 경우 꺼내어 작업을 하는데도 추리고 두드리고 축이는 과정이 필요하고 두드리는데 효과적인 도구로 덩두렁막개라 할 것이다.

3) 짚풀공예 과정에 필요한 도구

짚풀공예 과정에 필요한 도구는 짚풀공예를 실행하는데 기본적인 형세나 능률을 높여주는 도구를 말한다. 도구가 없다면 공예의 진행 자체가 어렵거나 불편을 초래할 수 있다. 그러나 이러한 도구들도 과학이 발달하면 이들의 도구도 변화될 소지가 있다. 주로 가위나 칼이 주를 이루지만, 도구 없다면 짚풀공예 자체가 어려운 경우가 발생 될 수 있다. 이때에 사용되는 도구가 틀이나 골격이 이에 해당될 것이다. 틀이 필요한 짚풀의 종류만 살펴보아도 가마니, 지게 등태 틀, 거적 틀이나 도롱이 틀, 바지게 틀,

볏섬 틀, 징채나 대빗자루, 돗자리 등이다.

또, 짚풀작업과정에 필요한 도구의 골격은 짚풀 민구의 형을 유지케 하는 지주로 기본요소이다. 짚신 신골, 삼태기 틀 등이 이에 해당된다.

짚풀작업 과정 중에 필요한 도구가 있듯이 마무리 공예작업에 필요한 도구도 있다. 마무리는 짚풀공예의 뒤 손질에 해당된다. 형태를 바르게 한다든지, 보푸라기가 있을 경우 칼이나 가위로 제거하거나 다소 미흡한 부분을 보완하는 단계로 이에 필요한 도구가 될 것이다.

짚풀공예 과정에 필요한 도구의 몇 가지 예를 들면, 가마니는 기본적인 재료로 볏짚이 필요하고 도구들과 재료는 가마니틀, 날줄에 필요한 가는 새끼줄, 돗바늘, 마감을 위한 칼이 필요할 것이다. 돗자리는 재료로 볏짚과 새끼줄이 기본적으로 있어야 한다. 짚풀공예 과정에 필요한 도구는 속 줄, 돗틀(고드렛돌) 또는 작업 틀, 바늘대이고 마무리 작업에 칼 등이 필요하겠다.

〈사진 5-13〉 돗자리틀과 도롱이틀

돗자리틀과 도롱이틀은 같은 구조다. 저자 촬영.

금줄은 재료로 볏짚이 필요하고 짚풀공예 과정에 필요한 도구는 고추나 숯, 솔잎이나 대나무 가지이고 왼새끼여야 한다. 도롱이 재료는 그랑, 띠, 볏짚이 될 수 있으며 짚풀공예 과정에 필요한 도구 및 재료는 멜빵, 새끼줄, 작업 틀(섬틀)이며 수작업이고 마무리 작업에 칼 등이 필요하겠다. 둥구미는 재료는 모시, 볏짚, 왕골, 소나무 뿌리[53]가 필요하다. 밧줄은 볏짚이나 삼 또는 신서란이 필요하고 남촘낭도 필요할 수 있다. 도구로 호랭이가 필요할 수 있다. 발은 재료로 갈대 · 대나무 · 싸리 · 뺑쑥중 주변에 자생하는 것이거나 원하는 재료를 선택하면 될 것이다. 꼭 필요한 준비 재료는 속 줄, 섬 틀과 고드렛돌이

53) 소나무뿌리의 필요한 부분에 대한 설명은 인병선(2005). 『우리가 알아야 할 우리짚풀문화』 현암사. p81.

준비되면 짚풀공예 활동이 원활할 것이다.

짚신은 볏짚의 재료에 가래나무껍질(짚신 갱기), 피나무(짚신갱기)신골(앞골, 배족, 뒷골), 덩두렁막개 등 필요하겠다.

〈사진 5-14〉 짚신신골과 신골망

짚신과 신골	신골들이 들어있는 신골망

화승에는 불쏘시게에 사용될 억새 이삭 부분이 필요하고 볏짚이 필요하다. 짚풀공예가 오랫동안 인류가 생활을 영위하는데 적재적소에 필요한 생필품의 제작을 담당해왔고 이에 따라 공예인 개인의 도구 사용역량과 기호에 따라서 짚풀공예 과정에 필요한 도구는 얼마든지 달라질 수 있다.

Ⅵ. 짚풀 민구의 종류

짚풀 민구의 종류에 대하여 정인희는 "볏짚으로 만드는 공예품으로는 종다래끼, 삼태기, 멍석, 도래방석, 망태기, 또아리, 방석, 둥구미, 도롱이, 짚신, 화분받침, 가방, 연필꽂이 등 그 종류만 해도 수십 종이 넘는다. 보릿짚으로 만드는 공예품에는 베겟모, 인두판 등이 있고, 밀짚으로 만드는 공예품에는 모자, 거적, 깔판, 냄비받침 등이 있으며, 옥수수껍질로 만드는 공예품에는 의자방석, 냄비받침, 쓰레기통 등이 있다. 그리고 수수로 만드는 공예품은 별로 없으나 서까래, 수수비, 문구용 등으로 사용한다."[1]고 하였다. 볏짚, 보릿짚, 밀짚, 옥수수껍질, 수수로 분류하여 민구의 종류를 살핀 것으로 나타나고 있다.

짚풀민구는 예로부터 민중이 일상생활에 써 온 짚풀로 만든 일상 용품들을 말한다. 일상에 사용되는 민구이기 때문에 그 종류도 많은 편이다. 일상생활에서 꾸밈, 운반, 저장, 건조, 주거에 해당하는 부분이 대부분이라 할 것이고 추가로 일부 종류를 추가할 수 있었다. 이 장에서 살펴보는 순서는 가나다순으로 정리하여 보았다. 기본 정의를 살펴보고 유래와 형태, 종류, 크기, 용도를 살펴보고 만드는 법은 '짚풀의 발견'에서 살펴보았고 이번 '짚풀의 향기'에서는 제외하기로 하였다.

1. 가마니

가마니는 새끼를 꼬아 날을 만들고 짚을 씨로 하여 돗자리를 치듯이 쳐서 울이 깊게 한 뒤 양쪽 가장자리를 꿰매어서 만든 비료·석탄·소금·곡식 등을 담는 짚으로 만든 용기다. 재료는 짚이 100%다. 가마니의 유래는 1900년대 초에 일본에서 들어왔고 일본어 '가마스'에서 비롯되었다는 것이다. 가마니는 담는 용기로 시대적으로 보면, 가마니 이전에 사용되었던 용기는 멱서리, 볏섬이 되고 가마니 이후에 사용되었던 용기는 마대나 포대, 종이 포대가 있다.

가마니의 종류는 4가지로 나누어지는데 시대변화, 담는 내용물, 가마니틀의 기능, 용도에 따른 분류가 가능하다. 시대변화에 따른 가마니는 매상가마니, 공출가마니가 있고 이는 그 시대의 변화에 따라 상황에 맞는 명칭을 붙인 것이다.

1) 정인회(1987), 『한국 짚(곡초) 공예에 관한 연구』, 숙명여자대학교 석사학위논문.

가마니틀

반자동 가마니틀

<사진 6-1> 가마니와 가마니틀

담는 내용물에 의한 분류는 가마니 속에 무엇을 담느냐에 따라 가마니 명칭이 달라지는데 보리를 담으면 보릿가마니, 나락을 담으면 나락 가마니, 고구마를 담으면 고구마 가마니, 콩을 담으면 콩가마니, 제방 가마니[2], 비료 가마니, 소금 가마니 등이 되기도 하였다. 가마니틀의 기능에 따라 분류는 가마니와 기계 가마니로 나눈다. 기계 가마니는 한 명이나 두 명으로는 작동하기가 어렵고 보통 6명이 1조가 되어야 가마니를 짤 수 있다. 기계 가마니는 거적과 비슷한 쓰임에 사용되나 거적보다 더 촘촘한 상태이며 양 가장자리가 꿰매어지지 않은 상태가 대부분이며 동물원이나 건설 공사 현장에 주로 사용된다.

가마니와 유사한 것은 통가리 또는 벼통가리와 멱서리, 볏섬이 있는데, 다 저장 용기라 할 것이다.

가마니의 크기는 높이 90cm, 폭이 80cm, 내용물을 담은 지름이 70cm 정도이다.

2) 제방가마니 : 안에 흙을 담아 방천의 안정을 도모하고 제방을 쌓기 위해 만든 가마니다.

[표 6-1] 가마니 종류

구분	대분류	중 분 류
가마니 종류	시대 변화	매상가마니, 공출가마니
	담는 내용물	보릿가마니, 나락가마니, 고구마가마니, 콩가마니, 제방가마니, 비료가마니, 소금(염용)가마니, 무시로가마[3] 쌀가마 등
	가마니틀의 기능	가마니, 기계가마니

가마니는 짚으로 짜는데 멍석이나 소 부리망처럼 짚만으로 가마니를 짤 수가 없고 가마니틀이 있어야 한다. 가마니틀은 처음에는 두 명이 필요하였지만 세월이 지남에 따라 반자동 가마니틀이 나와 한 명이 가마니를 짤 수 있게 되기까지 하였다.

가마니 짜기 순서는 가마니틀 준비를 먼저 하고 가는 새끼꼬기를 한다. 이어서 날줄 설치하기를 하고 추린 짚 넣기를 하는데 한번은 오른쪽, 한번은 왼쪽에서 계속하고 넣기와 동시에 바디누르기를 짚 넣는 수만큼 계속하다가 가마니의 크기가 되었다 싶으면 날줄 끊기를 한다. 마지막으로 가마니 옆을 새끼줄을 끼운 돗바늘을 사용하여 옆구리 꿰매기를 하고 마지막으로 칼로 삐져나온 지푸라기를 제거하는 다듬기를 한다.

가마니의 용량은 말로 열 말들이가 되도록 하였고 되로는 100되가 된다. 논 한 마지기에는 좋은 논에서는 4가마니 이상의 나락을 생산하고 한 마지기는 한 말의 씨를 뿌릴 만한 면적으로 지역에 따라 차이가 있지만 보통 200평에서 300평을 말한다. 가마니를 짜려면 날새끼인 가는 새끼 60발이 필요하고 32개의 날을 만들고 보통 2인 1조가 되어 하루에 댓 여섯 장을 치고 하루를 보낸다[4]고 볼 수 있다. 이 경우 옆구리 꿰매기는 할 수 없었고 옆구리까지 꿰매면 3~4장 정도 짤 수 있었다.

가마니의 용도는 주로 담는 용기로 사용되지만 또 다른 용도로 사용하기도 하는데 그것은 네 가지로 분류가 가능하다. 담는 용기, 놀이, 생활, 상징으로 나누고 담는 용기에 있어서 수확 장소인 논이나 밭에서 집에까지 오는 동안 사용되는 용기가 있는데 이도 가마니에서 뒤주로 향하여 가마니가 비워지기도 하고 창고에 넣거나 방안에 넣어 가마니의 내용물이 그대로 보관되는 경우가 있다고 할 것이다. 가마니는 뒤주에 있는 나락이나 내용물들은 방앗간이나 시장에 내다가 내다 팔 때에 사용되는데 이것의 특징은 이동에 필요한 저장 용기라는 것이다. 놀이로는 윷놀이에 있어서 윷이 떨어지는 판이나 그림을 그린 말판으로도 사용하기도 하고, 생활로는 잔치나 모임에 자리용이나, 오래동안 사용하여 상태가 좋지 않은 가마니는 냇가에서 가마니 속에 된장을 넣어 미꾸라지나 민물뱀장어를 잡을 때 사용하기도 한다. 또 허름한 가마니는 눈비 등을 막아주는 덮개로 사용되기도 하고 요즈음은 도심의 실내장식이나, 동물들의

3) 무시로가마 : 인병선(2005). 『우리가 알아야 할 우리짚풀문화』 현암사. p305

4) 저자와 같이 2017년 8시간 근무 기준 활동한 직원의 경우임.

사육장 바닥 용재로도 사용되기도 한다.

[표 6-2] 가마니 용도

구분	분 류	내 용
가마니 용도	담는용기	방앗간 등 이동에 필요한 용기, 방안 등 보관 용기
	놀이	윷 판, 윷 말 판
	생활	자리, 고기잡이 도구, 덮개, 장식
	신앙	나락 한가마니 짐 지기=장골

가마니가 상징하는 것 가운데 어른들이 자라는 청소년에게 들판에서 나락가마니 한 가마니의 짐을 지게에 지고 일어나야 '장골'이라고 하여 매우 건장한 사람을 이르는 말로써 뼈가 거대하고 몸집이 우람한 사람을 말하는 경상도 지역에서 일꾼의 축에 끼워주는 기준이 되는 것에도 이용되기도 하였다.

2. 갈 퀴

갈퀴는 여러 개의 대쪽이나 철사나 플라스틱 등을 한쪽 끝을 갈고랑이 지게 휘어 부챗살 모양으로 펴고, 그 중간을 가로 댄 긴 자루를 붙인 것으로 낙엽이나 곡물을 긁어모으거나 헤치는 데 사용한다. 갈퀴는 농촌이나 어촌에서 지게·도리깨 등과 함께 생활에서 필요한 농·어구였다. 갈퀴의 종류는 시대에 따라서 점점 다양해졌다. 나무 갈퀴, 금속 갈퀴, 프라스틱 갈퀴로 나누어졌다. 그 용도도 다양한데, 나무 갈퀴는 농가 연료를 솔가리·가랑잎으로 충당하던 시기에는 그것을 긁어모아 장을 재기거나 젖은 재료를 말리기 위하여 헤치는데 사용한 도구였다.

금속 갈퀴나 플라스틱 갈퀴도 사용 용도는 비슷하여 벼·밀·메밀·콩·보리 등을 탈곡할 때, 알곡을 덮고 있는 검불을 걷어 내거나, 흩어진 알곡을 모으는 데도 사용하였다. 다만, 금속 갈퀴는 부엌 아궁이 속의 재나 무게가 나가는 곳의 사용이 가능하여 사용 용도의 차이점이 나타나기도 하였다. 갈퀴의 날이 약간의 차이가 있어서 8날의 갈퀴, 10날의 갈퀴, 12날의 갈퀴, 20날의 갈퀴 등 만드는 정도에 따라 다를 수 있다.

이 책에서의 갈퀴는 나무로 만든, 즉 짚풀로 만든 갈퀴에 대한 것으로 재료는 대나무와 칠덩쿨과 1.5m 정도의 손잡이 작대기로 만든다. 특히 갈퀴의 발을 만들기 위해서는 대나무를 다듬어 갈퀴부분을 휘어잡은 뒤 갈고랑이 지게 하여 짚푸라기로 갈고랑이 부분을 묶어서 펴여 지지 않게 하여 가마솥에 소죽 끓일 때 같이 넣어 삶는다. 이렇게 하면 다시 펴여 지지 않고 구부러진 상태로 있게 된다.

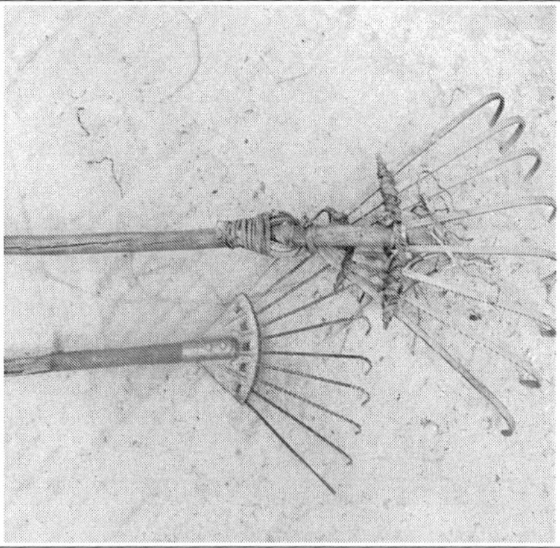
<사진 6-2> 갈퀴 날의 종류

갈퀴의 부분적 용어가 있다. 맨 아래에서, 즉 바닥에 닫는 부분의 갈퀴날이 있고 그 다음 갈퀴 갈고랑이를 갈퀴발이라 한다. 갈퀴를 만들다 보면 3곳의 묶음 부분이 있는데 부채꼴의 넓은 부분의 묶음 작업이 위치마이고 중간부분이 아래치마이고 손잡이와 가까운 부분이 또아리라고 한다. 또아리의 뒤태를 뒤초리라고 하고 갈퀴의 손잡이부분을 갈퀴자루라라 하며 갈퀴의 자루가 갈퀴의 위치마부분에서 조금 튀어 나오는 부분이 갈퀴코라고 한다.

조선왕조실록에는 갈퀴에 대하여 4건(2023년 기준)의 문헌이 나오는데 중종 때 3건, 정조 때 1건의 일이고 탐관오리들의 잘못에 대한 지적으로 나타나고 있다.

> **"수령(守令)·첨사(僉使)·만호(萬戶)가 된 자들은 갈퀴질만 일삼고 있으므로 백성을 구휼하고 공무를 봉행하는 자가 대개 적다."**[5)]

눈이 인상적이면서 많이 휘어진 사람의 눈을 '갈퀴눈 같다'고도 하고 사람들의 돈이나 물건을 억지로 빼앗아 대는 짓을 빗대어서 '갈퀴질한다'고 하여 갈퀴가 좋지 않은 행동 지적의 뜻으로도 사용되기도 하다.

요즈음은 갈퀴가 장식용품으로 사용하거나 경제적 부를 갈퀴질하여 '긁어모으다'는 뜻으로 갈퀴를 집안이나 가게에 걸어 두기도 한다.

5) 조선왕조실록 중종 59권, 22년(1527 정해), 명 가정(嘉靖 6년) 5월 26일(임인)

3. 거 적

거적은 짚을 얇거나 두툼하게 엮거나, 새끼나 끈으로 날을 하여 짚으로 쳐서 자리처럼 만든 물건을 말한다. 거적을 거적대기라고도 한다. 조선왕족실록에 보면 태종에서부터 순종에까지 거적에 대하여 수백 건에 이를 정도로 많이 나오고 있다. 먼저 태종에서는,

> **"육조에 명하는 홍의(洪義) 등을 다시 문초하게 하여, 이양우의 죄를 면제하였는데, 그렇게 한다면 전일에 국문(鞫問)한 시말은 모두 허위가 되는 것입니다. 이것이 신 등이 석고대죄(席藁待罪)하고 감히 출사(出仕)하지 못한 까닭입니다."**[6]

여기에서 석고대죄는 죄를 지은 죄인이 죄를 자책(自責)하여 거적을 깔고 엎디어 처벌을 기다림을 뜻하고 여기서 거적을 사용하였다는 것을 나타내고 있다.

또 세종 때에도 거적에 대해서 많은 기록이 나오고 있는데,

> **"중부(中部)에 거주하는 유학(幼學) 전사례(全思禮)는 아버지가 죽으매, 거적자리[苫]에서 자며 흙덩어리로 베개하고, 매일 범벅죽[飦粥]을 먹으며 좋은 음식을 먹지 않고 3년을 마쳤으며"**[7]

라고 하여 거적의 쓰임은 많은 곳에서 사용되고 있었다. 거적에 대하여 조선의 궁궐에서는 "진통끝에 태어난 원자의 이부자리는 방바닥에 짚을 깔고 그 위에 거적을 깔고 그 위에 돗자리를 깔고 양털방석, 기름종이, 백마가죽의 순으로 깔았다."[8]

거적과 발은 만드는 방식이 비슷하다. 다만 사용 용도와 재료가 다르다. 거적은 덮개로 주로 사용되지만 발은 여름에 차양막이로 많이 사용되고 옛날의 커텐이라고 보면 될 것이다. 거적은 재료가 짚인데 발은 갈대나 조릿대 등 다양한 편이다. 거적의 종류는 짚거적, 섬거적, 밀거적, 부들거적, 싸리거적 등이 있다. 짚거적은 일반 거적으로 짚이 재료이고 섬거적은 사용용도가 섬을 만들기 위한 거적을 말하며 밀거적은 재료가 밀대로 만든 거적을 말하고 부들거적은 부들로 싸리거적은 재료가 싸리가지로 만든다는 것이다. 물론 만드는 사람이 그 재료의 선택에 따라서 그 거적의 이름도 달라 질수 있다는 것이다.

---

6) 조선왕조실록 태종 28권, 14년(1414 갑오 / 명 영락(永樂) 12년) 7월 2일(계유)
7) 조선와조실록 세종 7권, 2년(1420 경자 / 명 영락(永樂) 18년) 1월 21일(경신)
8) 출처, 티비엔 2023년 1월 28일.

폭:1m 길이:10m의 거적	폭:1m 길이:60m의 거적	폭:50cm 길이:5m의 거적

<사진 6-3> 거적

요즈음은 거적이 여러 가지의 용도와 크기가 나타나 다양하다. 먼저 용도에 있어서 기존에는 4가지로 나누는데 자리나 덮개, 멍석기능, 외부차단기능으로 주로 사용되었다. 자리는 잔치에서의 여러 사람이 한두 번 깔고 앉아 있을 수 있는 정도, 흙이나 물기가 있어서 자리 필요에 의해서 거적자리가 필요하였다.

거적의 덮개는 나무를 덮거나, 종자를 뿌리고 비가 올 때 파이고 떠내려가는 것을 방지하는 덮개, 보기 좋지 않은 물건이나 동물의 시체를 덮을 때, 제방이나 연못 둑 공사 후 비를 대비하여 덮개로 사용되는 때 등 그 사용처는 많은 편이다. 거적이 담배농사를 짓는 금산, 천안, 제천 등에서 많이 사용되었다. 담배 건조실 나무틀에 안에 7~8m의 거적을 두르고 그 안에 담배잎을 담아 압착하는 데 사용되었다.

멍석기능은 거적을 펴여서 무나 배추, 담배잎이나 가을의 과일을 수확할 때에 흙 등의 때를 타지 않게 하기 위하여 깔아 놓기도 하였다.

외부의 시선 차단의 기능도 있었다. 외부의 차단기능은 발과 비슷한데 거적으로 만들었다는 것이다. 뒷간 문이나 간단한 외양간 문이나 남새밭의 문이 거적으로 된 경우 등이 있었다.

요즈음의 거적용도는 도로공사의 절토, 성토지역 경사면에 잔디 및 향토 초목류를 혼합파종하고 그 위에 거적을 덮어줌으로써 보습, 보온으로 발아가 촉진되고 조속녹화가 되어 경사면을 보호하고 토량의 유실을 방지할 수 있는 효과가 있고 나무 병해충 막기와 동절기 동파 보호와 눈길과 흙탕길 깔개로 사용되기도 하다. 또 실내 인테리어 디자인용도로 사용되기도 하다.

요즈음의 거적의 크기는 대분이 폭1m에 길이 60m가 주류를 이룬다. 그러나 폭 1m에 길이 10m의 거적과 5m의 거적도 있고 2m의 거적도 있다. 여기서 60m의 거적은 지푸라기 1개 정도의 두께가 펴여진 매우 얇은 거적이라고 보면 될 것이다. 거적의 폭도 1m가 있고 50cm가 있고 30cm 등이 있다. 거적을 이어내는 줄의 재료는 요즈음은 나이론 끈이며 기계로 생산하는 단계에 이르고 있다. 줄의 수는 10줄과 5줄 3줄 등 다양하게 만들 수 있다.

4. 광주리

광주리는 담는 그릇으로 대·버들·싸리 따위로 바닥은 그물눈과 그물눈 사이의 매듭이 촘촘하고 보통 둥글고 위는 좀 벌어지게 결어 크게 만든 그릇이다. 담을 수 없다면 광주리가 아니다. 광주리로 인정된다는 것은 저장성이나 보관성이 있어야 한다. 물론 약간 운반성도 있다고 할 수 있지만 대부분 저장성이나 보관성이 더 많다고 할 것이다. 광주리는 신석기시대부터 사용하였다는 것에 일반적인 시각이고 삼국유사에 보면,

> **"一居士(1거사)가 外樣(외양)이 초초하여 손에 杖(장)을 짚고 등에 광주리를 지고 와서 下馬臺(하마대) 위에 서서 쉬었다. 광주리 안을 보니 乾魚(건어)가 있었다."**[9]

라는 문구를 보아도 광주리는 다양하고 일찍이 사용되었다는 것을 볼 수 있다. 조선왕조실록에도 보면 수십 개의 목록이 나타나고 있다. 예로부터 광주리는 많은 용도로 사용하였다는 것을 볼 수 있어 우리의 일상에 중요한 민구였다.

> **"원자(元子)가 입학(入學)하였다. 학생복을 입고 문묘(文廟)에 참배하여 작(爵)을 드리고, 박사(博士)에게 속수(束脩)209) 의 예(禮)를 행하였는데, 성균 사성(成均司成) 설칭(薛偁)과 사예(司藝) 김조(金稠)로 박사(博士)를 삼아서 받았다. 속백(束帛) 한 광주리[筐], 술 한 병[壺], 포[脩] 한 소반[案]이었다."**[10]

광주리는 위에서 나타나듯 광주리는 담는 용도로 사용되고 있고 '속백'이라 하여 나라 사이에 서로 방문할 때에 공경의 뜻으로 보내던 물건으로 비단 다섯 필을 각각 양 끝을 마주 말아 한데 묶었다는 것을 담은 광주리는 중요한 곳에도 사용되었던 것이다. 광주리는 감자, 고구마, 밀, 보리, 각종 곡물을 운반하거나 일시적인 저장을 하고 밥을 내어갈 때도 쓰이며 고사리 등 산나물을 말릴 때도 사용된다.[11]

---

9) 삼국유사(이병도 역)권 제5 > 감통 제7 > 경흥우성

10) 조선왕조실록 태종 5권, 3년(1403 계미 / 명 영락(永樂) 1년) 4월 8일(갑인)

11) 광주리 : 코리아비주얼스.(2005)한국의 문화유산. p105

광주리는 운반, 저장, 건조의 기능을 가지고 있다. 광주리는 쓰임의 용도에 따라 여럿으로 나눌 수 있다. 삼을 삼을 때 담는 광주리, 씨앗을 담는 씨앗광주리, 어촌의 고기를 말릴 때 사용되는 생선광주리, 해녀들이 사용하던 전복이나 바지락을 담는 패류광주리, 누에의 먹이인 뽕잎을 따 담는 양잠 광주리, 삶은 보리쌀을 살강에 걸어 두기를 하거나 감이나 과일을 따서 보관하는 음식보관광주리 등이 있다.

광주리를 엮는 데에는 절단가위와 낫이나 톱 등이 필요하며 광주리를 만드는 재료는 대나무 ·등나무 · 버드나무 · 싸리나무들이 쓰이고 근래에 와서는 가죽 ·철사 ·합성수지 등 여러 가지가 쓰이는 추세이고 이도 표백을 넣어 하얗게 하거나 색깔을 넣어서 모양을 좋게 하기도 한다.

광주리의 모양은 원통형과 계란형, 원추형, 직사각형과 작은 액세서리형 등 만드는 이의 취향에 따라 모양 다양하게 만들 수 있다.

5. 고 삐

말이나 소를 몰거나 부리려고 재갈이나 코뚜레, 굴레에 잡아매는 줄을 말한다. 재갈은 말을 부리기 위하여 아가리에 가로 물리는 가느다란 막대이고 이 막대는 쇠나 질긴 나무막대가 사용된다. 코뚜레는 소의 코청을 꿰뚫어 끼는 고리이다. 이 고리는 나무 중에서는 노송나무가 많이 사용되고 철사에 고무가 코팅된 코뚜레도 있었다. 굴레는 마소의 목에서 고삐에 걸쳐 얽어매는 줄이다. 굴레는 짚으로 만들기도 하고 가죽으로 만들기도 하다.

고삐는 고삐와 연결되어져 있는 재갈이나 코뚜레, 굴레가 가축의 힘을 제압하여 활동범위 제한용이며 단지 줄이라는 차원을 떠나 대상의 조정이나 제어 및 정지의 기능이 있다. 고삐가 사용되는 것에는 소, 말, 염소, 나귀, 낙타 등의 가축들에게 사용된다고 할 것이다.

고삐의 종류에는 가축의 일름을 따서 소고삐, 말고삐, 염소고삐로 나눌 수 있고 요즈음은 소나 염소를 대량으로 사육하기 때문에 고삐를 사용하지 않는 경우가 대부분이고 말의 경우는 경주마나 관광마가 있기 때문에 계속 사용되고 있는 추세인데 그 종류는 마술용(馬術用) 또는 경마용, 마차용이 있다. 고삐는 인간이 가축을 다루면서부터라고 해도 틀리지는 않을 것이다.

고삐의 재료는 가래나무껍질 · 싸리껍질(비사리)·신서란·대마(삼)·가죽·나일론 등이 이용된다. 비슷한 용도로 사용되는 것은 밧줄이다. 밧줄은 길이나 굵기 등이 다양하다.

소고삐의 길이는 코뚜레에서 시작하여 사람의 손까지의 길이가 된다. 그래서 보통 3내지 4m의 길이가 되고 목초밭에 내어서 소에게 풀을 뜯게 할 경우 등은 그 길이가 길어질 수 있다. 지름은 어른 중지의 두께인 15mm 내지 20mm 정도다.

6. 고침(Straw Pillow)

〈사진 6-4〉 고침

고침(藁枕)은 상을 당한 사람이 베는 베개이다. 고침과 비슷한 것이 목침이 있다. 목침에다가 짚을 새끼를 꼬아 자신을 낮추어 부모에게 죄인이라 여겨 짚으로 만들어 베개로 썼다. 고침을 사용하는 사람은 바닥에도 이불 요를 사용하지 않고 짚으로 만든 거적을 요로 사용하였다. 새끼는 가는 새끼 5mm 정도를 사용하였다. 크기에 따라 다르지만 보통 40회 내지 60회 정도로 새끼를 감은 것으로 고침을 만든다.

7. 금 줄

금줄은 신성한 곳임을 표시하고 부정한 사람이나 부정한 것의 접근을 막으며 잡귀의 침범을 방어할 목적으로 문이나 길 어귀에 건너질러 매거나 신성한 대상물에 늘이는 왼새끼줄을 말한다.

금줄의 기능은 예방의 기능이 있고 홍보의 기능이 있다. 먼저 예방의 기능에 대해서의 그 이유로, 이두현은 금줄이 악귀와 부정의 근접을 막기 위한 것이라고 하였고[12] 배영동은 금줄의 의미와 기능에 대하여 비가시적(非可視的) 위해(危害)에 대한 유형적 안정 장치라 하여 성과 속을 구별하고 부정을 막아주는 것[13]이라 하였다. 장독이나 가축우리에 금줄을 매다는 것은 부정한 것에서 접근을 미연에 방지하기 위한 것이라고 볼 수 있다. 또한 아기탄생시의 금줄은 새로 태어난 생명을 안전하게 보호하고자 하는 예방적 기능을 가지고 있다고 할 것이다.

12) 이두현, 〈세시풍속〉, 《한국민속학 개설》 이두현외 2인 공저, 보성문화사, pp208
13) 배영동. 〈금줄의 의미와 기능〉, 《비교민속학》 5, 비교민속학회, p91~114

부산 금정구 금줄	금줄(부산시 상대마군)	개량형 금줄

<사진 6-5> 금줄

두 번째로 홍보의 기능은 금줄에는 축제적인 것이 있는데, 그것은 자녀의 탄생이다. 자녀의 탄생에 아들이면 고추와 숯을, 딸이면 솔잎과 숯을 달았다. 자녀의 생산은 축복이고 이를 널리 알리는 기능을 한다고 할 수 있다. 가축의 새끼 생산은 가정의 부가 증대되는 것이고 이를 널리 알리는 기능도 홍보에 해당된다.

금줄을 치는 곳은 부정을 방지하는 것과 신성한 곳임을 표시할 곳으로 나눌 수 있다. 이는 금기와 경계가 동시에 관념적이며 유기적으로 내포하고 있다고 할 것이다. 부정을 방지하는 것은 장독에 금줄을 쳐 간장에 부정 타는 것을 막았고, 우물에 금줄을 쳐 우물의 오염을 막고 깨끗한 우물을 유지하고, 새끼를 낳은 돼지우리, 새끼를 낳은 소우리, 염소를 낳은 염소우리 등 사람과 가까이하는 가축의 새끼를 낳았을 때에 외부의 나쁜 감염으로부터 보호하기 위하거나 안전을 확보하기 위하여 금줄을 사용하였다.

신성한 곳임을 표시할 곳은 장승, 당산(서낭당), 성주[14], 당집, 솟대, 신목(오래되고 큰나무도 해당됨), 큰바위, 마을 입구, 문 등이다.

부정의 대상은 사람과 사람이 아닌 것으로 구분하는데, 사람은 상을 당한 사람, 질병이 있는 사람, 여자인데, 대부분 출입이 되지 않지만, 특히 여자는 금줄이 없는 집이라 하여도 오전에는 방문을 자제하였고 금줄이 있는 집이나 금줄이 있는 그 곳에 갈 수가 없고, 제사가 있는 사람, 몸과 마음이 부정한 사람, 잡인 등이 부정의 대상 중에서 사람들에 해당할 것이다.

부정의 대상 중에서 사람이 아닌 것은 악귀, 잡귀, 질병, 부정 등이다.

금줄의 재료는 왼새끼와 숯, 붉은 고추, 하얀 창호지, 볏짚, 솔가지나 대나무가지 등으로 설명할 수 있다. 왼새끼는 왼쪽에 대한 신성관념설과 성스러운 공간 구분설로 나누어지고 있지만[15] 우리나라의 전역이 공통적으로 왼새끼를 사용하며 귀신이 싫어하는 줄이라는 뜻으로 쓰인다는 것이다. 숯은 악귀와 부정을 태운다는 뜻도 있지만 숯의 고유 기능을 참고하면 음색(陰色)으로 잡귀를 흡수하는 기능이 더 가

14) 성주 : 가정에서 모시는 신의 하나로 집의 건물을 수호하며 가신(家神) 가운데 맨 윗자리를 차지한다. 유사한 말로 상량신이라고 한다. 성주는 1년 세 번 모시는데 정월 초하루와 추석, 그리고 성주 생일이다. 이 날 문에 금줄을 친다.

15) 배영동, 앞의 글. p114.

깝다고 보여 진다. 붉은 고추는 양색(陽色)으로 악귀를 쫓는 데 효험이 있고, 하얀 창호지는 창호지가 흰색으로 깨끗함을 드러내어 이곳이 깨끗한 장소임을 뜻하는 것으로 금줄에 사용하였다는 주장이 있다.16) 볏짚은 지푸라기 서너 개를 끼우거나 베솔처럼 만들어 줄에 끼워달아 짚이 지닌 낱알의 다산성을 나타내어 부를 추구하는 뜻으로 보인다. 솔가지나 대나무는 변하지 않는 푸른 하나의 색을 통하여 귀신을 물리칠 수 있는 색과 도구가 된다는 뜻으로 해석해 볼 수도 있을 것이다.

금줄은 중국의 연변지역이나 몽골이나 일본에서도 사용되고 있다.

금줄의 크기는 그 대상에 따라 다르다. 현대에서는 아파트 현관에도 달기 때문에 2m나 1m도 있고 그 보다 더 작은 것도 기념품으로 나오고 있다.

8. 낫꽂이

짚이나 나무로 만들어 매달아 놓고 낫이나 칼 같은 연장을 꽂아두게 만든 꾸러미를 말한다. 낫꽂이의 유래는 낫이 사용된 이후로 보아야 할 것이며 낫은 벼와 풀을 베기 위해 사용하였던 철기 시대나 그 이후로 볼 수 있을 것이다. 낫꽂이의 종류는 만드는 재료에 따라서 나무낫꽂이와 볏짚낫꽂이가 있다. 나무낫꽂이는 나무로 만드는데 나무 널판지를 톱으로 틈을 내어 예리한 낫의 날을 틈에 꽂아 사용하였다. 틈의 수만큼 낫을 꽂을 수 있다는 것이 특징이다. 볏짚으로 만든 낫꽂이는 꽂는 부분이 아랫니며 두툼하게, 매다는 부분은 위쪽이며 가늘게 만든다.

낫꽂이는 보관함의 고유기능을 가지고 있는데, 이 고유기능 속에는 낫꽂이는 두 가지의 성격이 있다. 하나는 보관의 용이성이고 다른 하나는 보관의 안전성이다. 보관의 용이성은 낫을 늘 사용하던 그 시절에는 하루에도 수십 번 낫을 사용하였고 그 때마다 낫꽂이를 사용하였던 것인데 손으로 갔다가 꽂으면 바로 꽂혀야 했고 낫꽂이가 어렵거나 쉽지 않다면 낫꽂이가 될 수 없을 것이다. 볏짚낫꽂이나 나무 낫꽂이는 나름대로 사용하기가 쉬웠다. 볏짚 속으로 낫의 날을 쉽게 넣고 뺄 수 있었고 나무 낫꽂이도 마찬가지로 사용하기가 용이하였다.

보관의 안전성은 낫의 날이 서 있어 다치기 쉽기 때문에 안전한 보관이 중요했고 그 역할이 낫꽂이가 했다. 나무 낫꽂이나 볏짚 낫꽂이나 공통적인 사실은 '매단다'는 것이다. 매단다는 것은 안전상 어린이나 손을 타서는 되지 않는 대상에게 주의가 필요하기 때문에 높은 곳이거나 평소에 다니지 않는 처마 밑에 걸어 두고 사용한다는 뜻이다. 볏짚의 낫꽂이는 아래가 두툼한데 그 이유는 예리한 낫의 날을 볏짚 속에 넣어 안전을 확보하기 위한 방안이라고 볼 수 있을 것이다.

낫꽂이의 크기는 낫을 꽂거나 빼거나 하는데 지장이 없어야 하고 낫 한 자루가 아니라 여러 자루를

16) 배영동, 앞의 글. p114.

꽂아 놓고 사용할 수 있어야 하고 낫뿐만 아니라 칼이나 예리한 도구도 꽂아서 보관이 가능한 정도의 크기가 되어야 한다. 볏짚낫꽂이의 경우 짚 한단 정도로 밑동을 새끼로 묶어서 묶어 맨 부분을 속으로 넣어서 짚 전체를 뒤집어야 한다. 머리 쪽인 수냉이 부분을 머리 땋듯 정리하고 새끼로 감아 매면 되는데 이 크기가 지름이 20~30cm 정도 되고 높이가 50~60cm 정도가 된다.

9. 누에섶

익은 누에가 고치를 짓게 하려고 차려 주는 장치를 말한다. 잠족(蠶)이라고도 한다.

누에섶의 종류는 수지 섶, 판지 섶, 새끼 섶, 나무 섶, 발 섶, 자연 섶, 지네섶 등이 있다. 비슷한 것으로 누에 발이 있다.

누에섶의 역사는 일찍이 시작되었다고 하여 삼국시대에 누에를 치고 이에 따른 누에섶도 있었다는 것이 무게를 둘 수 있겠다.

> **"紫茅(자모)와 黃精(황정)으로 배를 채우고 木葉(목엽)으로 옷을 삼으니 누에 치고 베짜지 않도다. 寒松(한송)이 솔솔부는 돌산에, 해는 기울어 林下(임하)의 樵夫(초부)도 돌아가고, 깊은 밤 밝은 달 아래 앉으니 半(반)쯤 (옷이) 颯然(삽연)히 바람을 따라 날랐도다."**[17]

조선왕조실록에도 보면,

> **"궁원(宮園)에 뽕나무를 심도록 명하였으니, 성주(成周)의 공상(公桑) 제도를 본뜬 것이 었다."**[18]

여기서 공상제도란 옛날 천자와 제후는 공상(公桑)과 잠실(蠶室)을 가지고 있어서, 궁실의 부인(婦人)들은 반드시 공상(公桑)에 뽕나무를 심어 잠실(蠶室)에서 누에를 쳐서 옷감을 짜는 일을 의무적으로 하였다는 뜻이다.

누에 발의 크기는 누에 발 위에 누에섶을 적당하게 펴여서 놓아 누에가 고치를 치는 장소를 한정하는 공간역할을 하는데 사람이 작업능률과 상관관계가 있다. 누에섶은 고치 지을 장소가 적당하면서 튼튼하

17) 누에 : 삼국유사(이병도 역) 삼국유사 권 제5 > 피은 제8 > 포산2성

18) 공상제도 : 조선왕조실록 태종 17권, 9년(1409 기축 / 명 영락(永樂) 7년) 3월 1일(갑진) 2번째기사

며, 보관하는 데에 많은 장소를 차지하지 않고 누에올리기와 고치 따기에 드는 노력이 적으며, 자리빼기 작업이 간단해야 함은 물론이고 누에고치의 불량률이 낮아야 한다.

새끼섶

누에발
(발위에 섶을 올림)

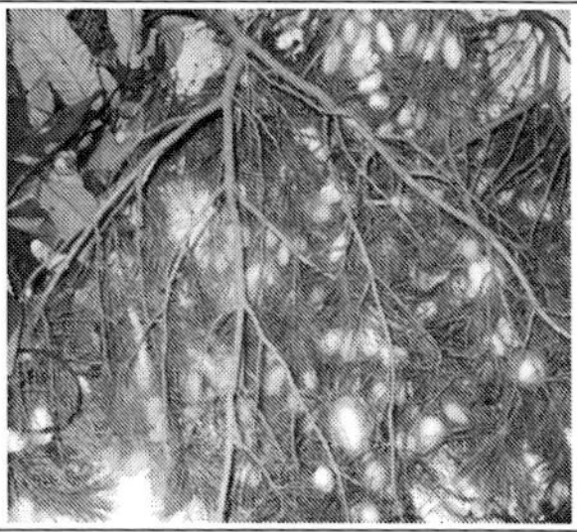
자연섶

<사진 6-6> 누에섶과 누에발

누에는 1년에 2~3회 정도 사육이 가능한 만큼 그 때의 농가에서는 누에섶이 많이 사용되었다. 봄이나 가을에 주로 사육을 하는데 누에섶의 수량이 많이 필요하다. 1개의 누에발에는 1개의 섶이 필요하게 만든다. 즉, 누에섶의 크기가 결정된다는 것이다. 누에섶의 크기도 누에 발의 크기에 맞추다 보니 보통은 일정하다. 볏짚으로 만드는 섶은 새끼섶과 발섶이 있는데 새끼섶이 많이 사용되었고 발섶은 짚으로 격자형 발을 만들어서 섶으로 사용한 것이다. 새끼섶의 만들기는 짚을 15~20cm 정도의 길이로 가지런히 잘라 새기의 중간 골에 한줌씩 끼워 넣어서 새끼의 골 따라 널려 나가면 섶이 된다. 그 길이가 200~220cm 정도 된다.

10. 다래끼

바구니보다 아가리가 좁고 바닥이 넓은 작은 바구니를 말한다. 다래끼를 지방에 따라 다라끼 · 다래키(강원) · 다락지(강원, 경기, 충남) · 영성(笭箵) 이라고도 하고 바닥은 보통 네모꼴이다. 다래끼를 만드는 재료는 대 · 싸리 · 고리버들 · 볏짚 · 칡덩굴 등으로 역어 만든다.

다래끼의 사용용도는 논 · 밭에 씨를 뿌릴 때나 비료를 줄 때에 이것에 담아서 뿌리기도 하고, 밤이나 도토리을 줍거나 산나물을 캐거나 밭에서 고추를 딸 때, 감자 · 고구마 · 옥수수 · 홍시 등을 거두어들일 때, 아이들이 냇가에서 물고기를 잡을 때도 쓰인다. 다래끼는 끈을 길게 달아서 어깨에 메거나 허리에 차고 사용하는 것이 보통이다.

다래끼와 바구니의 차이는 형태상으로 놓고 볼 때 다래끼는 밑이 거의 직사각형을 이루고 몸통이 길고 넓적하게 있는데 비하여 바구니는 밑이 장방형을 이루고 있고 몸통이 둥글다. 다래끼를 만들 때에는 소박하고 단아하게 만들고 바구니는 꽃이나 자연의 문양을 넣어 장식적인 것에 관심을 두고 만들기도 하다. 다래끼는 삿자리 만들 듯이 3가닥씩 보통 8날이 많으나 여러 개를 서로 어긋나게 하고 바구니는 광주리 만들 듯이 3가닥씩 보통 10날 이상을 중심에 겹치게 만든다. 수명은 5~7년 정도이다.

다래끼의 크기는 높이가 20~30cm 정도가 많고 가로세로가 약간 차이가 나며 25~35cm 정도가 보통이다. 물론 이보다 크거나 작은 것도 있을 수 있다. 다래끼는 저장과 운반의 기능을 가지고 있는 용구이다.

11. 달걀꾸러미

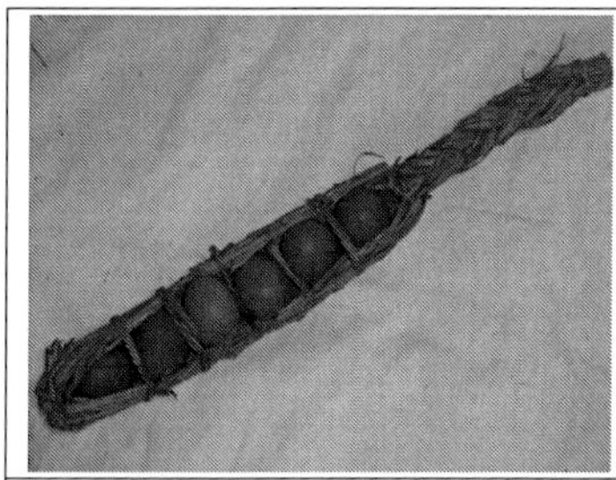

<사진 6-7> 달걀꾸러미

달걀을 3개 이상 짚으로 꾸린 것을 말한다. 계란꾸러미라고도 말한다. 달걀꾸러미는 10개 들이를 달걀 꾸러미라고 하는데 요즈음은 3개 이상 모양내기 좋은 것으로 만들어 대형마트 등에서 특별행사 때 꾸러미로 판매하기도 하다.

꾸러미의 재료는 볏짚으로 만든다. 꾸러미의 크기는 계란이 들어가는 수만큼 크기도 비례해서 커진다. 요즈음은 이를 대신하는 종이나 플라스틱으로 만든 계란 판이 나와서 짚으로 나온 계란꾸러미가 사라져 볼 수가 없고 다만, 지방자치단체의 축제 때 짚풀공예를 시연하는 코너에서나 볼 수 있을 정도다.

12. 닭둥우리

암탉이 알을 낳거나 알을 품어 부화하는 곳으로 볏짚으로 둥우리처럼 만든 사방이 터여 있는 보금자리를 말한다. 유사한 것이 닭어리다. 닭둥우리는 암탉이 주인이 되고 닭어리는 어미 암닭이나 병아리가 주인공이 된다는 점에서 차이가 있다. 닭둥우리의 재료는 주로 볏짚이고 닭어리의 재료는 싸리나 대나무, 가는 나무, 칡덩굴이다. 닭둥우리는 자연적인 요소가 많고 닭어리는 인공적인 요소가 많다. 닭둥우리는 조류의 둥지를 그대로 모방한 듯한 보금자리이고 닭어리는 사람이 인공적으로 닭이나 병아리들을 가두어 기르거나 이동에 필요한 용구로 사용된 것이다.

<사진 6-8> 닭둥우리

13. 닭어리[19]

병아리나 닭 따위를 가두어 기르기 위해 싸리나 대나무, 가는 나무, 칡덩굴, 새끼줄로 역어 만든 물건을 말한다.

도토리형	긴 계란형	바가지형

<사진 6-9> 닭어리 형태

닭어리는 모양과 재료가 다양하다. 이 다양성은 지역, 만든 이의 취향, 시기, 재료, 사용용도에 따라 필요한 형태의 닭어리가 제작 사용되었다고 볼 수 있다. 바닥은 평평하고 위는 둥글게 된 도토리형, 안

19) 닭어리 : 닭어리는 주로 병아리를 가두어 기르는데 쓰인다.

에 횃대를 설치한 약간 긴 계란형, 사각으로 된 격자형, 바닥없는 위 둥근 바가지형 등이 있다. 도토리형으로 바닥은 평평하고 위는 둥글게 된 것은 보통 많이 사용되는 닭어리다. 주로 싸리로 만들고 병아리와 어미를 한꺼번에 가두어 기르는데 사용되므로 일정한 기간에만 사용된다. 이는 족제비나 살쾡이의 침범으로부터 안전을 도모하기 위하여 사람과 가까운 처마에 매달아 놓기도 하였다. 약간 긴 계란형은 병아리들이 자라면 재료가 대나무로 만든 계란형 어리에 들어가게 되고 안에 2개의 나무를 가로 끼워 횃대를 삼고 횃대 위에서 잠을 자거나 쉬는 곳으로 이용되며 가운데에 네모진 구멍을 내어 입구를 만들어 거기서 닭으로 기르게 되어 진다. 격자형은 사각으로 되어 무게가 가벼운 대나무로 기둥으로 만들고 바닥이나 벽과 천정은 새끼로 만들어 사용한다. 주로 이동에 많이 사용되는 데 시장에 내다가 팔려가거나 닭장수가 지게에 지고 다니기에 편리하게 만든 것이다. 바가지형은 바닥없는 위 둥근 것으로 바닥이 없게 짜서 땅바닥에 엎어놓고 병아리를 가두기 위한 것이다. 바구니나 발채를 펴서 어리의 대용으로 쓰기도 했다. 병아리를 개나 고양이와 매 등의 피해를 막기 위해서 사용되었다.

14. 떰 치

떰치는 소·말·노쇠들의 등과 길마사이에 끼워 등이 아프지 않도록 방석역할을 하는 것이다. 재료는 볏짚이나 보릿짚 또는 천으로 만든다. 가축인 소·말·노쇠들의 등을 보호하기 위한 안정장치라고 볼 수 있다. 떰치의 크기는 길마의 크기에 맞추어 진다. 방앗간의 소가 끄는 우차나 말이 끄는 마차 등의 달구지를 끌거나 장터 등 먼거리를 다녀올 때 길마사이의 떰치는 매우 긴요한 용구였다. 떰치와 비슷한 것은 옹구가 있는데 사용의도는 소·말·노쇠들의 등을 보호하는 것이 비슷하고 차이점에 있어서 옹구는 새끼로 망태처럼 얽어 만든 농구의 한 가지이고 떰치는 멍석처럼 정교하게 엮은 것이고 옹구는 소의 길마 위에 나란하게 짜서 얹은 두 막대기에 걸쳐 거름 따위를 나르는 데에 주로 쓴다. 두 가지 다 만드는 재료는 물론 짚이다. 떰치의 역는 방법은 일자로 짜지 않고 곡선으로 짜는 것이 보통이다. 만드는 시기는 겨울에 미리 만들어 놓거나 일이 많을 때 만들지만 주로 볏짚이 나오고 일거리가 많은 가을이다.

15. 도래멍석

도래멍석은 짚으로 새끼날을 싸서 엮은 원형의 큰 자리를 말한다. 농작물을 말릴 때 주로 쓰는 것으로 재료는 볏짚과 바닷가에서는 자오락, 왕골, 싸리껍질 등이 재료로 사용된다.

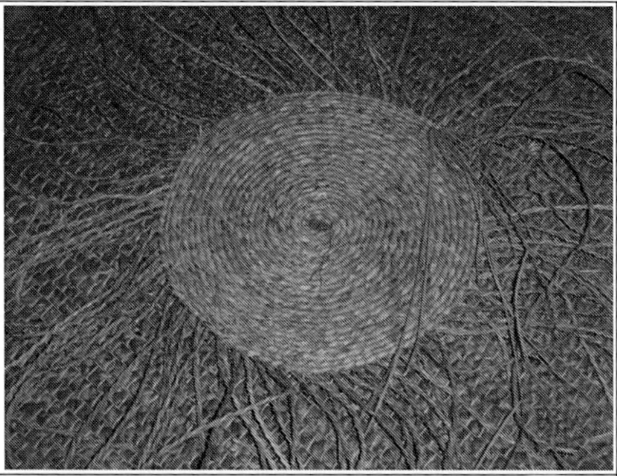

<사진 6-10> 도래멍석을 만드는 과정

비슷한 것은 멍석과 맷방석이 있다. 맷방석은 도래방석보다 작으면서 둥그렇게 역어 주위에 갓을 위로 조금 올린 짚으로 짠 둥근 방석이다. 도래멍석을 일부에서는 도래방석이라고도 하는 경우도 있는데 이는 잔치집에서 많은 사람들이 모여 앉을 때 자리의 용도로 사용할 경우에 도래방석이라 할 수 있을 것이다. 그러나 정식명칭은 도래멍석이라고 보아야 한다. 방석보다 큰 것이 멍석이고 멍석 자체의 용도가 농가의 곡식 등 농작물을 말리는 것과 마당에 깔아 손님이 앉아서 쉬는 자리의 용도와 윷놀이 등 민속놀이를 할 때 놀이판이 되기도 하기 때문이다. 도래멍석의 크기는 보통 지름이 150~180cm 정도다. 만드는 시간은 8~10일 정도 소요된다. 만들 때에는 원형으로 돌아가면서 결어나가야 한다. 도래멍석은 사각 멍석에 비하여 면적이 작은 편이기 때문에 농작물을 말리는 재료들은 주로 양적으로 많지 않은 곡식들이 주류를 이루는데 팥, 녹두, 수수, 콩 등의 곡식들이 이용되고 또 쉽게 말리고 거두어들이기 쉬운, 적은 양의 알곡을 주로 널었다.

16. 도리깨

도리깨는 보리·밀·콩·팥 기타 곡식의 이삭을 두드려서 알갱이를 떠는 데 쓰는 농기구를 말한다. 즉 탈곡 도구다. 유사한 용도로 사용되는 기구로는 홀깨(홀태)와 탈곡기가 있다.

도리깨에 대한 기원은 자세하지 않으나 박지원의 〈과농소초 課農小抄〉에 고려시대의 저명한 학자 이색이 중국 원(元)나라에 가서 도리깨를 연상하면서 시를 지었다는 사실을 기록한 것으로 보아 늦어도 고려말 14세기 훨씬 이전부터 있었던 것으로 추측된다. 도리깨는 과거 우리 탈곡기 중에서 발전한 도구였다. 도리깨를 콩 탈곡 작업에 이용하면 한 사람이 1일간의 작업능률을 8두(斗)까지, 보리일 경우에는 약 14두까지 제고할 수 있었다. 조선 후기 풍속화에 많이 나타나는 것으로 미루어 조선시대에도 매우 보편

적인 탈곡용구였음을 알 수 있다.[20]

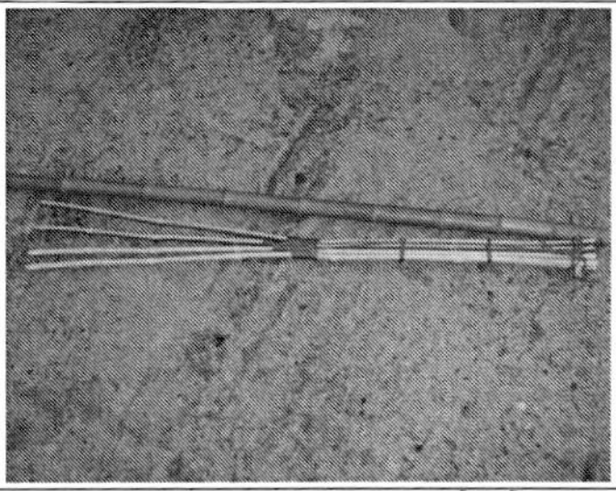

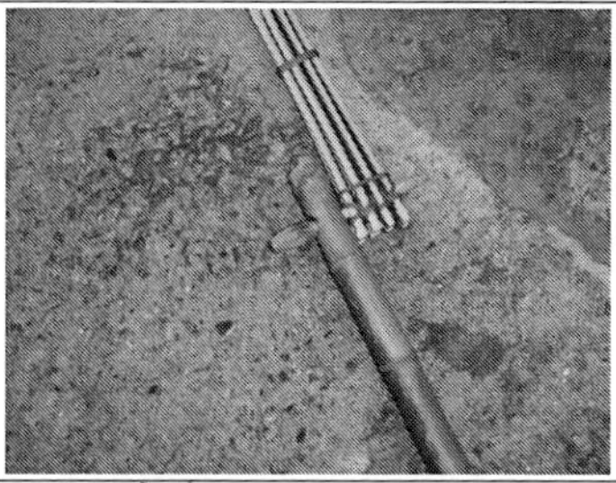

<사진 6-11> 도리깨

도리깨는 우리나라에서 사용된 것을 보면 조선 초기 〈농사직설 農事直說〉[21]에 도리깨를 이용해 살초(殺草)와 탈곡작업을 진행한다고 하였고, 또 조선왕조실록의 선조 46권, 26년(1593 계사 / 명 만력(萬曆) 21년) 12월 19일(무진)의 기록에 보면,

> **"우리나라는 농부를 군대로 삼는데 농부들은 모두 회편(回鞭)을 쓰고 있으니 반드시 이 것을 잘 사용할 것이므로 내가 전교한 바가 있었다. 그런데 이제 영상의 말을 들어보니 나의 생각과 부합한다."**[22]

고 나와 있는데 '회편'을 도리깨라고 하였다.

도리깨구조는 3부분으로 자루인 도리깨장부 · 도리깨꼭지 · 도리깨아들의 부분으로 이루어진다. 도리깨장부는 무게가 가벼운 주로 대를 많이 이용하는데 길이가 보통 3m이다. 도리깨꼭지는 한쪽에 지름이 큰 머리가 있어 이 도리깻장부 끝의 구멍에 끼워 도리깨아들을 잡아매게 된 작은 나무 핀을 말한다. 도리깨아들(열)은 닥나무 · 윤유리나무 · 물푸레나무 등 단단한 나무를 이용하여 3개로 납작하게 하여 타곡면적이 넓게 하여 쓰며 이 재료의 나무들은 단단하고 야무지고 갈라지지 않는다. 도리깨아들의 3개를 납작하게 묶는데 쓰이는 재료는 칡덩굴이나 삼, 가래나무껍질 등의 섬유질이 많은 질긴 성질의 재료가 사용되었다. 도리깨는 우리나라 민요로 사용되면서 도리깨 타작 소리로도 나오고 있다.

---

20) 다음 사이트 백과사전 도리깨 기원 참고.

21) 농사직설 : 조선 초기의 문신 정초(鄭招 : ?~1434)와 변효문(卞孝文 : 1396~?)이 엮은 농업기술서로서 12엽(葉) 1책으로 되어 있다. 1429년(세종 11)에 엮은이들이 세종의 명을 받아 각도 관찰사들에게 경험이 많은 농부들로부터 농업 기술을 듣게 하고, 이를 모아서 저술 · 간행한 것이다.

22) 조선왕조실록의 선조 46권, 26년(1593 계사 / 명 만력(萬曆) 21년) 12월 19일(무진).

"야, 보소, 또 타작하러 오이소.
예, 타작합시다.
타작 한번 합시다.
예, 한 마디 합니다이.
예.~~(이하 생략)"23)

위의 소리 내용을 살펴보면 도리깨의 사용에 관한 것으로 혼자서도 하지만 여럿이 어울려서 탈곡을 하였고 그기에는 소리가 함께하였다는 것이 된다. 탈곡 자체의 능률도 있었지만 여럿의 리듬과 어울림이 작업의 능률을 높이는 계기가 되는 것으로 보인다.

요즈음은 농가에서 간단한 곡식의 알곡을 털기 위해서 사용을 제법하고 있고, 장식소품이나 지방자치단체의 축제에 전시품으로 나오기도 하고 도리깨타작과정이 행사 프로그램에 일부가 되어 나오기도 하다.

17. 두투레방석

짚으로 둥글게 돌아가며 굵게 엮은 것으로 항아리 뚜껑으로 사용하거나 항아리 밑에 받침으로 사용하기도 하고 방석으로도 사용되는 것을 말한다. 비슷한 용구는 짚방석과 깔방석이 있다. 짚방석은 도투레방석과 같은 용도로 사용되고 남부 일부와 중부지방의 겨울 기후적 영향으로 짚방석이 고유명사화되어 두투레방석이 되었다. 깔방석은 쇠죽 끓이는 가마솥 아궁이 앞의 방석이나 부엌아궁이 앞의 방석, 모내기 모판에 모 찔 때 깔고 앉는 것이 깔방석이다. 두투레방석의 크기는 장독의 입구나 독 바닥의 크기와 같이 만들기 때문에 지름이 30~50cm 정도이고 두툼하게 되어있다. 그 이유는 겨울철에 눈과 어름으로부터 독의 방한에 대비하였고 손으로 잡거가 다루기가 좋은 두께로 사용의 신속성을 염두에 두고 쓰이기 때문이다. 용도는 땅에 묻는 김칫독의 뚜껑, 독받침, 쌀독뚜껑, 장시간 앉아서의 작업할 때 자리방석으로도 쓰였다. 두투레방석의 용도를 분류하면 생활에 해당되며 그 중에서도 건조·저장·주거에 해당되어 다양하게 쓰이고 있음을 나타내고 있다.

23) 김석명(1998), 「도리깨 타작소리」, 국악.

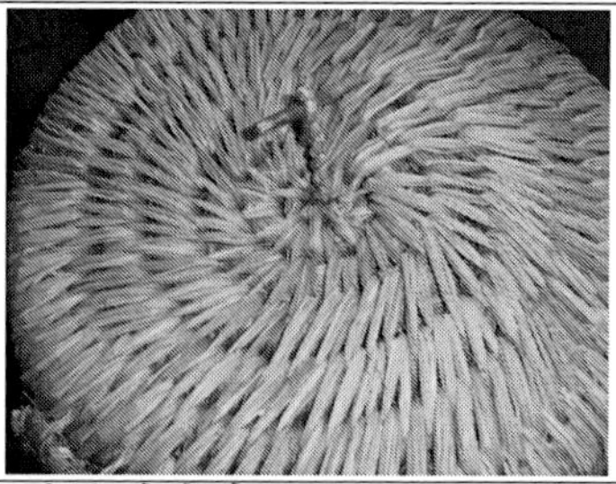

<사진 6-12> 두투레방석

18. 도롱이(우장)

짚이나 띠 같은 풀로 안은 엮고 겉은 줄거리로 드리워 비가 오면 어깨에 걸쳐 두르는 비옷을 말한다. 동의어로 녹사의. 사의(蓑衣)라고도 한다. 도롱이의 재료는 띠[茅草]나 그와 비슷한 풀, 볏짚·보릿짚·밀짚 등으로 만든다.

도롱이에 대한 문헌은 일찍이 〈고려사〉 권 제40 공민왕 갑진(벽토) 13년 봄 정월 임오(포4)에 나타나는데,

"대호군 김두(쇼4)가 서북면 채복사로 갔다가 돌아 왔다. 그때 군졸들은 추위에 떨고 굶주려 있었으며 도롱이를 몸에 두르고 지내었다."[24]

조선왕조실록에 56건이 나오고 그 중에서 국역이 53건이 태종 때부터 나타나고,

"각도로 하여금 사의(蓑義)를 바치라고 하고 인하여 연례(年例)로 삼았다."[25]

원문이 성종 때부터 3건이 나타나고 있다.

"요동 총병관 나웅 등이 청한 도롱이·후의 등을 사은사 편에 부치고 봉황성 지휘 유탁에게 흑마포를 주게 하다."[26]

24) <고려사>, 권 제40, 공민왕 갑진(벽토)13년 봄 정월 임오(포4)
25) 조선왕조실록 태종 25권, 13년(1413 계사 / 명 영락(永樂) 11년) 6월 28일(을해)
26) 조선왕조실록 成宗 297卷, 25年(1494 甲寅 / 명 홍치(弘治) 7年) 12月 7日(壬戌)

위의 내용을 보아 도롱이는 많이 사용되는 생활의 민구임을 보여주고 있다.

도롱이를 만들 때 섬틀을 이용하여 6~8개의 날줄을 넣어서 만드는 것이 보통이며 안과 밖의 형태가 다르다. 안쪽은 재료를 정교하게 이어 엮고, 우장을 입고 나서 흘러내림을 방지하기 위하여 안쪽에서 잡아매는 줄이 장치되어 있다. 거죽은 풀이나 짚의 줄거리를 아래로 성기게 드리워서 빗물이 겉으로만 흘러내리고 안으로는 삐쳐 스미지 않게 만든다. 비 오는 날 외출을 하거나 들일이나 밭일 등을 할 때 어깨·허리에 걸치고 머리에는 삿갓을 쓴다. 도롱이가 바람이 강하거나 추위가 심한 곳은 방한구로도 이용되었다. 도롱이의 크기는 사용하는 이의 신체의 차이에서 크기가 결정된다. 따라서 어린이가 사용하는 작은 도롱이도 있다는 것이다. 도롱이의 이름은 지방에 따라 도랭이·두랭이·도롱옷·드렁이·도링이·되렝이 우장 등의 약간의 차이가 있으나 모양은 비슷하였다.

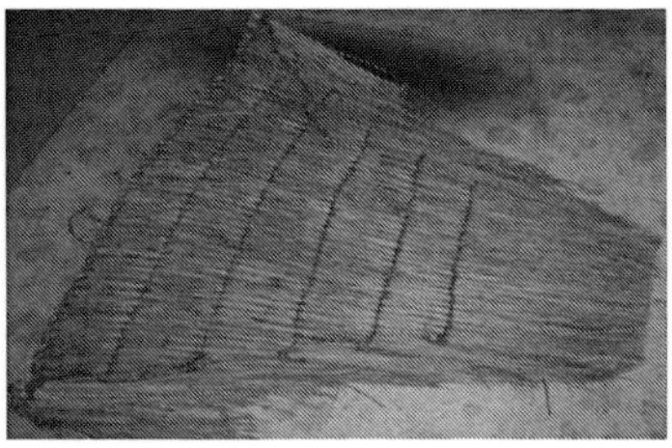

<사진 6-13> 도롱이(우장)

19. 돗자리

왕골이나 골풀의 줄기를 잘게 쪼개서 친 자리를 말한다. 동의어로 석자(席子). 인석(茵席)이 있다. 돗자리의 재료는 왕골이나 골풀, 부들, 밀짚, 보릿짚, 볏짚이 있다. 용도는 자리다. 이런 자리는 재질이나 제조 기술과 만드는 지역에 따라 용어가 다양하다. 왕골껍질이나 부들로 짚을 싸서 엮은 돗자리인 기직(지즑)자리, 밀짚으로 만드는 밀짚자리, 볏짚으로 만드는 짚자리, 왕골이나 부들 따위로 엮어 만든 초석, 경기 강화의 화문석, 용 문양이 새겨져 있는 전라남도 보성의 용문석, 호랑이 문양이 들어간 호문석(虎紋席), 갈대로 만든 삿자리(갈자리), 부들로 만든 포석(蒲席), 별다르게 꽃무늬를 놓은 별문석(別紋席), 난초 문양이 들어간 난초석(蘭草席), 굴피자리, 그물처럼 만든 망석(網席) 등이다. 멍석도 자리의 기능을 한다.

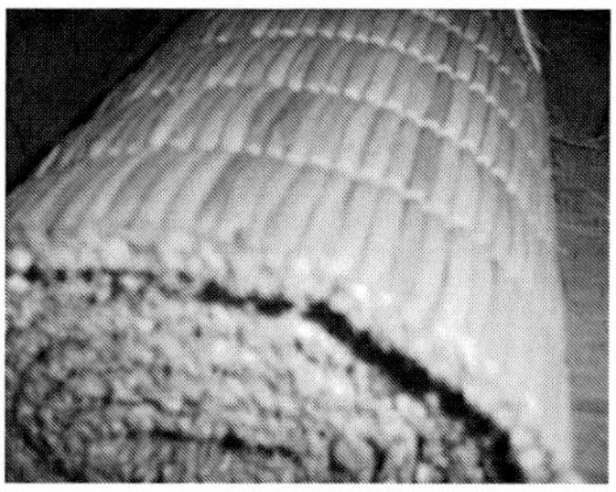

부들자리로 짠 돗자리	짚자리 짜는 틀
<사진 6-14> 돗자리	

돗자리는 조선왕조실록에 보면 태종 때부터 많은 기록이 나와 있고 돗자리의 재료인 왕골은 삼국사기에 처음 나타난 것으로 보아 삼국시대부터 사용된 것으로 추정되고 조선왕조실록에는 태조 때부터 나타나고 있다. 유사한 것은 자리가 있다. 재료는 같은 왕골이지만 제조기술에 따라 돗자리와 자리로 구분하는데 돗자리는 가마니틀처럼 돗틀에 날을 건 후 바디질이 필요하여 날이 속으로 감춰지고 자리는 실을 고드랫돌에 감아 가로장목에 왕골을 넣어 날이 밖으로 노출되면서 엮어 만든다. 강화도의 화문석은 자리이고 돗자리는 영·호남의 농가 부업으로 많이 생산한다. 그러나 요즈음의 돗자리는 베트남이나 중국에서 수입하여 사용하는 추세다.

20. 동고리

고리버들로 동글납작하게 만든 작은 고리다. 보통 지름 35~50cm 정도다. 유사한 것이 모양이 네모인 모집과 크기가 큰 것인 고리가 있다. 이것은 지역에 따라서 당적, 떡강주리, 떡고리, 전라도강주리가 있다. 재료는 고리버들로 7월경 채취하거나 물오른 시기를 놓친 경우는 삶아 벗긴 뒤 하얀 속대로 만든다. 동고리의 용도는 담는 그릇이고 저장에 해당하며 특히 결혼할 때 3합이라 하여 동고리 3개를 혼수용으로 지참하여 예(禮)를 표하는 용도로 사용하였다. 유사한 5합이 있는데 대나무로 결은 것에 종이를 바른 5개를 말한다. 동고리는 바구니보다는 고급스럽다. 뚜껑이 있고 겉 표면이 매끈하고 색깔도 탐스러운 것과 담는 내용물도 실외보다는 실내에 두는 쌀이나 떡, 옷, 귀중품 등의 것이 다른 담는 용구보다 더 많다는 것에 기인한다고 보인다.

21. 똬리

짐을 일 때에 머리 위에 짐을 괴는 고리 모양의 물건을 말한다. 똬리는 신체 머리 부분의 안전과 짐의 고정을 위하여 짚이나 헝겊을 틀어서 만든다. 즉 자동차나 오토바이 및 자전거가 없었던 과거에는 효율적인 운반을 위하여 똬리가 필요한 것이다. 물동이를 머리에 이는 머리와 물동이 사이에 괴는 곳에도 쓰이고 논밭에 새참을 내어 갈 때에도 똬리가 필요하였다. 똬리는 지역에 따라 또아리 · 또바리 · 또개미 · 또가리 · 따바리 등의 이름도 있다. 중국에서의 똬리는 한서열전 동방삭의, 반고, 안대회 편역 p359에는 '구수(窶數)'라고 나오는데 물건을 일 때 머리에 얹어서 받치는 것으로 나온다.

장식용 똬리

부들로 만든 똬리

색동천으로 돌린 똬리

<사진 6-15> 똬리

똬리의 재료는 짚이나 헝겊 · 왕골 · 골풀 · 죽순껍질 · 삼 · 띠 · 부들 등이 있다. 만들 때에는 재료와 크기를 먼저 구상하고 고리부분과 끈 부분을 나눌 수가 있다. 고리부분은 짚이나 기타 여러 재료로 작은 고리와 큰고리를 만들어 연결한 다음 짚이나 부들 등으로 겉을 싸면서 엮어 나간다. 고리의 마감부분에 삼이나 짚으로 끈을 달아내어 머리에 얹어 끝을 입으로 물게 한다. 이는 물건을 머리에 일 때 똬리가 머리에서 떨어져도 바로 잡아서 끼워 넣을 수 있게 하기 위한 장치가 된다.

22. 둥구니신

둥구니신은 눈위에서 미끄러움을 방지하고 방한을 위해 볏짚으로 만든 목이 긴 장화형신을 말한다. 즉 설화다. 눈 오는 날 미끄러움을 방지하고 발의 방한을 위해 짚신과는 달리 목이 높은 장화같이 짚으로 만든 신발이다. 재료는 볏짚이 대부분이다. 눈이 많은 경우에는 설화 외에도 설피를 사용한다. 산간

지방에서 눈에 빠지지 않게 하거나 미끄러움을 방지하기 위하여 신 위에 덧신을 신발로 신는다.

눈 오는 날은 일반적인 신발이나 목이 낮은 신발은 길이 미끄럽고 눈이 녹아 신발 안에 물기가 차이이고 하면 발에 동상이 우려된다. 이에 대한 미끄러움을 방지하고 발의 방한을 위해 짚으로 두껍게 만든 장화 모양의 방한화이다. 둥구니신의 형태는 장화처럼 목이 길고 바닥이 편편하고 신의 코 부분이 뾰족하지 않고 타원형이다. 유사한 용어로 둥구미신과 멱신, 둥그니신 등이 사용되고 있다. 사용 대상은 서민층의 남·여가 다 신었다. 둥구니신이 눈 올 때 신는 신발이라면 비올 때 신는 진신과 마른날 신는 마른신이 있다.

〈사진 6-16〉 둥구니신

23. 둥구미

둥구미는 곡식이나 채소를 담기위해 짚풀로 둥글고 깊게 결어 만든 그릇을 말한다. 멱둥구미라고도 한다. 짚풀으로 만든 바구니라고 보면 된다. 둥구미는 겹둥구미와 외둥구미가 있다. 겹둥구미는 곱고 정교하게 이중으로 벽을 만든 것이다. 외둥구미는 겹둥구미에 비하여 한번에 약간 굵게 결어나가서 마무리를 한다. 둥구미의 재료는 볏짚이 대부분이나 지역의 특성상 제주 같은 경우는 신서란이 있고 괴산이나 강화도 같이 왕골을 재배하는 곳은 그 지역의 짚풀재료를 활용하고 보통 왕골과 모시와 싸리껍질를 사용하여 둥구미의 문양과 색을 넣는데 재료로 활용하였다. 또 각이 진 모서리나 에음에는 천이나 나이론 줄을 사용하기도 한다. 둥구미는 운반과 저장의 기능이 있다. 곡식이나 채소를 담고 머리에 이거나 들어서 운반하며, 수수나 녹두 같은 작물을 비롯한 소량의 곡물을 소중하게 담아서 보관하는데 요긴하게 사용한다.

<table>
<tr><td></td><td></td></tr>
<tr><td>짚과 비사리를 섞어 만든 겹둥구미</td><td>왕골과 피나무껍질을 섞어 만든 겹둥구미</td></tr>
<tr><td colspan="2"><사진 6-17> 둥구미</td></tr>
</table>

둥구미 용구의 크기는 지역별로 특별한 크기의 기준은 없고 필요한 농가에서 직접 만들어 썼기 때문에 사용자의 형편에 따라서 한 두 되에서 말 들이 까지 다양한 편이고 혼자서 간편하게 들고 일을 볼 수 있을 정도의 크기다.

요즈음, 둥구미에 대하여 사용하는 곳은 많은 편은 아니지만 아직도 일부 사용되고 있어 그 사용빈도와 사용처에의 희귀성으로 인하여 신문기사까지 나오기도 했다.

"최근 충북 괴산군 소수면 소암리 명덕마을의 노인회원들은 다음달 미국에 수출할 짚 공예품인 둥구미를 만드느라 하루가 짧다.

이 노인회는 2005년 말 미국의 호텔업계에 장식품 등을 수출하는 괴산출신의 한수출업자로부터 둥구미 주문을 받아 지난해 3월 처음으로 200여 개를 납품했다.

채소나 곡식을 담는 용기로 사용됐던 전통 짚 공예품인 둥구미가 객실 내 장식품으로 미국 호텔업계에서 좋은 반응을 얻자 이 수출업자는 지난해 12월 330개를 다시 제작 의뢰했고 앞으로 2-3년간 더 납품해 달라는 구두계약까지 했다.

둘레 20㎝, 높이 15㎝ 정도 크기의 둥구미 1개를 짚으로 엮기 위해서는 1명이 아침부터 오후 늦게까지 꼬박 일을 해야 완성할 수 있는 힘든 작업이지만 다음달까지 납품을 끝내기 위해 70-80대 노인회원 4-5명이 매일 마을회관에 나와 하루종일 일을 하고 있다.

올해 수출할 둥구미 수출가격은 1개당 2만 7천원 선으로 전체 가격이 900만원 정도에 불과하지만 노인들이 소일거리로 만드는 것 치고는 적지 않은 금액이다. 특히 국내에서도 점차 설 자리를 잃어가고 있는 짚 공예품이 미국까지 수출된다는 생각에 노인회원들은 기쁜 마음으로 작업을 하고 있다.

이 노인회가 짚 공예품을 만들기 시작한 것은 1996년부터.

노인회는 소일거리가 없어 장기. 바둑이나 화투로 시간을 보내는 겨울철에 전통공예품을 만들자고 의견을 모아 노인들이 매일 마을회관에 나와 짚신, 멍석, 둥구미, 삼태기, 짚 가방 등을 만들어 내고 있다."[27]

24. 등 태

등태는 짐을 질 때 등을 보호하기 위하여 짚 따위로 엮어서 등에 괴는 물건으로 주로 지게나 물지게에 많이 사용된다. 등태의 재료는 볏짚과 삼이나 피나무껍질이 재료로서 사용된다. 피나무 껍질이나 삼은 주로 마모가 심한 모서리나 돌출부위와 접촉이 많은 부분에 사용된다.

등태의 사용이 되는 곳은 지게와 물지게에 많이 사용된다. 또 제방이나 둑 공사에서 돌을 나를 때 사용하는 돌짐 등태도 있는데 돌짐 등태는 나무 등의 다른 재료가 없이 등태만 어께에 걸쳐 등을 보호는 등태이다. 등태의 크기는 사람체형에 따라 다르지만 일반적으로 6줄의 씨줄이 들어가서 그 폭의 좁거나 넓기에 따라 크기가 결정된다.

등태를 만들기 위해서는 자리틀이 필요하기도 하고 틀이 없이 가볍게 짤 수도 있다. 등태의 구분은 운반에 사용되는 용구에 해당된다고 할 것이다. 유사한 말로 등받이가 있고 사람의 신체와 용구사이에 괸다는 차원에서는 똬리와 같은 용도라고 보아도 될 것이다. 단지, 똬리는 머리이고 등태는 등이라는 신체의 부위가 다르고 신체의 보호라는 용도로 사용된다는 점에서 공통점이 있다.

		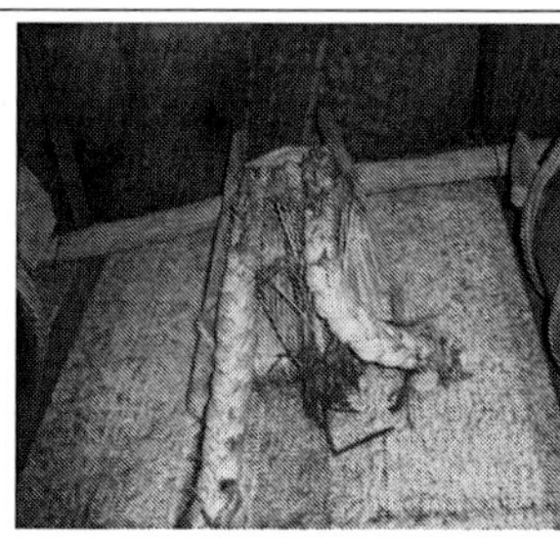
지게에 사용된 등태	등태	물지게 등태

<사진 6-18> 등태

27) 동아일보 2007-02-20일, '괴산 명덕노인회 짚공예품 미국 수출' 경제면 기사

25. 망태기

<사진 6-19> 망태기

망태기는 꼴이나 감자 따위를 나르기 위해 가는 새끼나 노를 엮어서 만든 그릇을 말한다. 망태기의 재료는 짚이나 모시껍질과 왕골, 비사리, 칡덩굴, 가래나무껍질 등이다. 이렇게 재료의 종류가 다른 것은 색깔이 다른 것으로 만들 수 있다는 것이다. 짚은 누런색이고 모시는 갈색이며 왕골은 흰색이고 싸리 껍질인 비사리도 갈색이다. 이유는 용구의 모양새를 좋게 하기 위해서이다. 망태·구럭·깔망태·망탁이라고도 한다. 비슷한 용도로 사용되고 있는 것으로 주루막이 강원도 지역에서 많이 사용되고 있다. 망태기의 기원은 오래전 신석기시대부터이다.

동아일보의 기사에 의하면,

> **"국립김해박물관은 15일 비봉리 유적 발굴 과정에서 나온 망태기는 두 가닥의 날줄로 씨줄을 꼰 '꼬아뜨기 기법'으로 제작됐으며, 이는 기원전 5000년까지 거슬러 올라갈 수 있는 신석기시대의 편물(編物) 기술을 알려주는 최초의 유물이라고 밝혔다."**[28]

망태기종류는 담는 내용물에 따라 심마니망태기, 꼴망태기 등이 있고 망태기의 상태에 따라 외줄망태기, 양줄망태기 등이 있다. 유형은 곡물이나 감자를 나르거나 처마밑에 매달아서 저장하는 기능을 한다. 크기는 넓이 50~60cm, 높이 40~50cm 정도 되고 무게는 0.8~1kg 정도 된다. 망태기의 만등기는 새끼줄로 씨줄 날줄이 있고 잘 마모되는 부분은 섬유질이 강한 가래나무 껍질로 역어 만들기도 한다. 만

28) 동아일보 2005-04-15일 '짚으로 만든 망태기 7,000년 전에도 있었다…신석기유적지서 출토' 사회면

드는데 필요한 시간은 잘 만드는 사람은 하루에 4~6개 정도 만든다. 망태기 활용에 있어서 과거에는 꼴이나 고구마나 과일과 곡식을 담았고 지금은 시골에서는 아직도 사용하기도 하지만 도시에서의 장식용으로 사용하는 경우가 더 많다.

26. 멍 석

멍석은 주로 손님을 행사 마당에 앉히거나 곡식을 널어 말리는 데 쓰는 짚으로 새끼 날을 싸서 엮은 큰 자리를 말한다. 1861년(철종 12) 김형수(金逈洙)가 역저(譯著)한 월령식농서(月令式農書). 1책 31장. 필사본《월여농가(月餘農歌)》에는 관도점이라 표기되어 있고 사용 지방에 따라 덕석 · 턱성 · 덕서기 · 터서기라고도 한다. 재료는 짚이 대부분이고 지역과 사용용도에 따라 띠나 왕골로도 사용하였고 멍석 중간에 짚과 색이 다른 가래나무껍질 등을 사용하여 문양을 넣기도 하였다. '멍석을 깔아준다'의 말이 있는데 이는 어떤 일을 할 수 있게 자리나, 상황을 만들어 주는 것을 멍석을 펴 준다라는 뜻입니다.

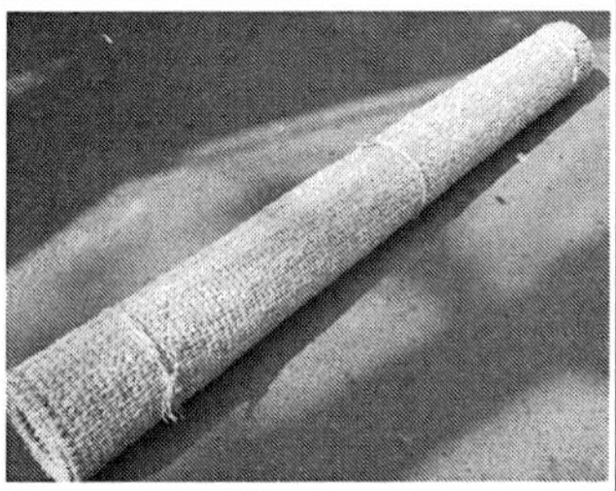	
갓 짠 4각 멍석(덥석) 출처, 저자 촬영	처마 밑의 맷방석 출처, 저자촬영.
<사진 6-20> 멍석	

'멍석'이라는 용어가 사용된 때는 조선왕조실록에 1개의 검색이 나타나는데,

> **"훈련 도감 제조로 있을 적에는 2~3일 간격으로 매번 노자(奴子)를 보내어 쌀 3~4석과 적두(赤豆)와 대두(大豆) 2~3석을 가져갔는데 계속해서 이렇게 가져다 썼으며, 한번은 새로 난 밀 15석을 가져간 적도 있었다. 낭청 박자우(朴子羽)가 마침 도감의 공사(公事) 때문에 덕형의 집엘 갔더니 밀을 짊어진 자가 덕형의 집으로 들어왔는데, 뜰에다 멍석을 펴고 이를 말리더라고 하였다."**[29]

29) 조선왕족실록 선조 121권, 33년(1600 경자 / 명 만력(萬曆) 28년) 1월 29일(갑술) 5번째기사

한 것이 처음으로 보이며 실제로 멍석이 사용된 때는 삼국시대보다 이전부터 사용되었다고 볼 수 있습니다. 이는 추석의 유래추석의 기원이나 유래에 대해서는 고대로부터 전해져 왔고 추석의 놀이 중에는 소놀이가 있었다. 소놀이는 추석날 차례를 마치고 난 뒤 상쇠의 선도에 따라 한바탕 신나게 풍물을 울리며 어우러져 놀다가 소놀이가 시작된다. 두 사람이 허리를 굽히고 그 위에 멍석을 뒤집어 씌우며 뒷사람은 큰 새끼줄로 꼬리를 달고, 앞사람은 막대기 두 개로 뿔을 만들어 소의 시늉을 한다.

크기는 세로 2m, 가로 3m가 많은 것이 요즈음의 추세이고 또 세로 1.5m, 가로 2m도 있고 필요 용도에 따라 크기가 달라진다. 건물의 구조에 따라 각이 진 멍석도 만들기도 한다. 예전에는 대개 세로 210㎝, 가로 350㎝ 정도이며 한 닢을 짜는 데 1주일쯤 걸린다. 요즈음 2x3m 짜는데 공예인의 성향에 따라 다르지만 날줄 330cm 길이 약 125줄~135줄을 놓고 만드는 시간은 예전 사람의 솜씨에 비해 능숙도가 떨어져 13일 이상 소요된다. 물론 새끼줄 까는 소요시간이 2일 정도 잡아야 한다. 3미터 멍석길이인데 330cm의 날줄을 까는 이유는 테두리 에음 즉, 마감작업(구밥이라고도 함)에 새끼줄이 더 소요된다. 지역에 따라 귀에 손잡이를 두기도 한다. 보관은 말아서 처마 밑에 달아 매달아서 두기도 하고 서늘한 곳간에 차곡차곡 쌓아두기도 한다. 또 말아서 세워두기도 하다.

멍석의 기능은 4가지로 나눌 수 있는데 자리, 채벌, 놀이, 건조이다. 멍석의 자리 기능은 큰 잔치나 상을 당했을 때 손님을 모시기 위하여 마당에 깔며, 가난한 집에서는 장판 대신 방바닥에 깔기도 하였다. 멍석의 기능 중에 채벌은 멍석말이를 말한다. 채벌의 멍석말이는 권세 있는 집안에서 사사로이 사람을 멍석에 말아 놓고 몽둥이로 때리던 형벌이지만 중앙이나 관청의 멍석말이는 1769년 오늘 영조가 국법으로 난장형(亂杖刑)을 금지시켰습니다. 난장형은 형리들이 죄수 또는 취조대상자를 형틀에 묶어놓고 무차별 매타작을 하는 것을 가리킵니다. 난장 중에는 피점난장이라 하여 몸에 거적을 덮고 여럿이 무차별로 때리는 멍석말이를 말합니다.

멍석의 기능 중에 놀이는 멍석을 깔아 놓고 민속놀이를 하는데 주로 윷놀이가 이에 해당된다. 물론 가마니도 윷놀이판으로 사용하기도 한다. 멍석바닥에 윷이 놀이로 던져서 떨지는 지점도 이용되고 멍석바닥에 숯으로 그림을 그려 윷말을 써는 윷판으로도 사용된다. 멍석의 기능 중에서 건조의 기능은 예전에는 대표적인 기능에 해당되었다고 할 것이다. 지금처럼 곡식이나 벼를 탈곡과 동시에 얻을 수 있는 시기가 아니던 예전에는 여러 공정의 손길이 있었는데 그중에 벼나 곡식을 수확하고 탈곡하여 멍석에 말리는 과정이 꼭 있었던 것이다. 건조의 대상이 되는 것은 벼, 보리, 밀, 수수, 콩, 고추 등 다양하였고 맑고 햇빛이 좋은 날 멍석이 사용되었다. 멍석의 보관에 있어서는 멍석이 볏짚으로 만들었고 멍석의 기능에 건조가 있는 것처럼 건조는 말리기 위해서 사용되기 때문에 비를 맞히거나 물에 젖어서는 안 되고 그늘지고 건조한 곳에 보관하여야 오래 동안 사용이 가능하고 길면 30년을 넘게 사용하기도 한다. 처마 밑이나 뒤안간 쪽의 그늘막에 주로 보관을 하였다.

요즈음에 멍석의 활용도는 다양하다. 먼저 생활의 활용과 문화행사의 활용으로 나누어 볼 수 있다. 생활용품으로 사용되는 곳은 숯불찜질방, 골프장, 민속주점의 실내 인테리어 등에 사용되며 문화행사에 사용되는 경우, 각 시도 지역별 박물관과 전통한옥체험관, 각 지방의 축제에 전통체험부스에 자리와 인테리어 기능으로서 주로 이용되고 있다.

27. 멱서리[30]

멱서리는 짚으로 날을 촘촘하게 결어서 주로 곡식을 담기 위한 볏섬 크기로 만든 그릇을 말한다. 유사용어는 멕, 멩텡이, 멱대기, 멱다리, 멱꾸리, 멱사리가 있다. 섬은 짚을 촘촘하지 않아도 되지만 멱서리는 촘촘하게 짜야 된다. 따라서 섬에는 벼를 담는다 것이 통례이고 멱서리에는 낟알도 많이 담지만 주로 탈곡한 쌀이나 콩이나 팥 등의 곡식을 담았다. 물론 여기서도 팥, 콩, 녹두 등의 잡곡을 담을 둥구미도 있다. 또 멱서리가 되려면 크기가 볏섬크기는 되어야 할 것이다. 크기가 작다면 둥구미가 될 것이기 때문이다. 섬은 한 차례 밖에 쓰지 못하지만 멱서리는 몇 년은 거뜬히 사용가능하다. 바닥은 보통 네모꼴로 되어있다.

멱서리 유래는 삼국시대부터 사용하지 않았나하는 추측뿐이고 「고려도경」 권 32 기사 3의 '멱서리'라는 기록에는 "바닥에다 흙으로 대를 쌓았는데 그 높이가 두 자[尺]쯤 되며 풀을 엮어 멱서리[苫]을 만들어 그 속에 미곡 한 섬씩을 담아 쌓아 올렸는데, 그 높이가 두어 길[丈]이나 되어 담장 밖으로 솟아 있다."[31]는 점에서 고려시대에는 짚풀민구가 성행하였음을 알 수 있고 오랜 기록 역사를 가지고 있다. 또, 조선왕조실록에 의하면 멱서리 관련 기록이 중종과 영조 때의 2건이 나타나는데 먼저, 중종 때는

> **"날씨가 매우 춥다. 여러 곳의 입직 군사(入直軍士)에게 공석(空石)을 지급하라."**[32]

그리고 영조 때의

> **"병조 판서 홍상한(洪象漢)이 지난번에 각 고을에서 꼴을 쌓아 두는 일로 대조(大朝)께 우러러 품(稟)하고 제도(諸道)에 행회(行會)하였습니다. 그러나 들으니, 각 고을에서 이 영(令)을 빙자하여 볏짚[藁草]을 민결(民結)대로 바치게 하므로 민간에서 소란스러운 듯하다고 하였습니다. 청컨대 각 고을로 하여금 봄에 대여해 준 뒤에 관에서 쓰던 빈 멱서리[空石]를 그 쓰고 남은 대로 해마다 쌓아 두게 해서 급할 때를 대비하도록 하여 민폐(民弊)를 끼치지 말게 하소서."**

30) 고려도경 권 32 기사 3.
31)선화봉사고려도경 제16권, 관부(官府), 창름(倉廩).
32) 조선왕조실록, 중종 72권, 26년(1531 신묘 / 명 가정(嘉靖) 10년) 11월 11일(신유) 3번째기사.

고 나타나 있는데 여기서 공석(空石)이 빈 멱서리를 뜻한다.

용도는 농업에서 생산되는 알곡을 저장하는데 사용된다. 벼를 수확하고 탈곡한 뒤에 나오는 나락이나 콩, 팥, 수수, 보리, 조, 녹두 등을 멍석에 널어 말릴 때나 상방에 보관할 때 곡식을 담아 옮기거나 담는데 사용되는 용구이다.

멱서리의 활용도는 다른 짚풀용구에 비해 사용되는 빈도 거의 찾아보기 어렵다. 그 크기와 너무 커 보관이나 운반 등에 불편함이 따르기 때문이다. 그래서 멱서리는 충남아산 외암민속마을이나 박물관에서나 찾아볼 수 있다.

28. 맷방석

맷방석은 매통이나 맷돌을 쓸 때 밑에 까는 짚으로 전이 있게 만든 방석을 말한다. 일반적으로 멍석보다 작고 둥글게 만들어 밀, 보리, 녹두, 콩, 곶감, 곡식을 널어 말리거나 까는 방석으로도 쓴다. 맷방석의 전을 다른 말로 갓이라고도 한다.

재료는 볏짚으로 주로 만들지만 그령, 자오락, 신서란, 싸리껍질이 있다. 그령은 길가에 많이나고 자오락은 바닷가에서, 신서란은 우리나라의 제주도와 울릉도에 자생하고 있는데 매우 질긴 성질을 지니고 있다. 또 싸리껍질을 맷방석 중간중간에 간간히 넣어서 맵시를 좋게 하고 쉽게 닳지 않도록 만든 맷방석도 있다. 매통은 벼의 겉겨를 벗기는 농기구이고 맷돌은 곡식을 가는 데 쓰는 기구로 두 가지 다 돌려서 갈아 사용한다는 것이다. 맷방석의 유래는짚을 이용하여 공예를 시작한 이후로 보아야 될 것으로 보아 우리나라에 벼가 들어온 것이 대략 서기전 2, 3세기 무렵이므로 그 이후부터 만들었을 것으로 추정이 가능하다고 볼 수 있다. 유사용어로는 매판이 있다.

홑맷방석에서 맷돌을 갈고 있는 모습	겹맷방석	겹맷방석의 중간중간에 싸리껍질을 넣어 결어 맵시가 난다.
<사진 6-21> 맷방석		

용도는 매통이나 맷돌을 쓸 때 밑에 까는데 주로 사용된다. 또 담아두거나 말리는데도 사용된다. 크기는 도래방석보다는 작고 방석보다는 크다. 지름이 보통 60~80cm이고 갓의 높이가 8~15cm가 보통이고 종류는 짜는 방식에 따라서 홑맷방석과 겹맷방석이 있다.
만드는 방법은 짚으로 새끼를 꼰뒤 새끼끈을 서로 교차시켜 고리를 만들고 짚을 꼬아가며 고리의 중심선 사이사이에 끼워서 엮어 나가면 된다.

현재의 활용도는 백화점이나 마트에서의 과일이나 곡식을 진열하거나 전통민속적 모양새를 나타내고자 하는 곳과 각종행사에 전통체험부스에 자리를 차지한다.

29. 멜 빵

멜빵은 주로 짚으로 엮어서 짐을 어깨에 걸어 메는 끈을 말한다. 지역에 따라 강원도나 경상도에서는 걸빵이라고 하고 매친은 제주, 멜낀은 평북, 멜빵이는 평북에서 부르기도 한다. 재료는 짚풀 재료로서 활용되는 것 중에서 섬유질이 질긴 것으로 사용하여야 한다. 볏짚으로만 만들기도 하지만 볏짚과 섞어서 만들기도 하는데 섞어서 만들 때는 삼이나 피나무 껍질이나 신서란을 넣기도 한다. 사용용도는 지게의 멜빵으로 사용하는데 지게는 물지게와 일반지게, 돌지게가 있다. 크기는 폭이 5~8cm, 두께 2~4cm, 길이는 실제 보이는 부분은 50~70cm이나 뒤에 매여지는 부분이 만이 있다. 만들기는 3줄 땋기를 사용한다. 요즈음은 볏짚보다는 고무나 신소재 끈으로 많이 사용되고 있고 지게의 멜빵으로 사용되는 곳은 지게가 전통방식으로 사용되는 곳에서 주로 사용되고 있는 추세다.

30. 미투리

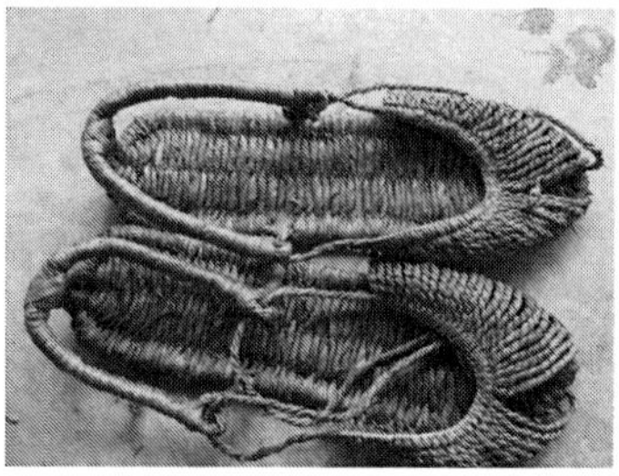	
삼으로 만든 미투리	피나무 껍질로 만든 미투리
<사진 6-22> 미투리	

미투리는 삼이나 모시, 노 따위로 날을 여섯 개로 삼은 신을 말한다. 따라서 재료가 삼이라 해도 날이 4개이면 짚신에 가깝다고 할 수 있다. 노는 실·삼껍질·헝겊·종이 등으로 가늘게 꼰 줄을 말한다. 재료는 삼, 닥, 모시, 가죽, 종이, 피나무껍질, 칡덩굴의 속껍질인 청올치, 무명실 등 다양하다. 마구, 마혜, 승혜, 청혜, 삼신이라고도 한다. 이 외에도 다양한 재료가 있다.[33] 한자어로는 구(屨)이며, 마혜(麻鞋)[34] ·망혜(芒鞵)[35]로 표기한다. 망혜는 성종 289권, 25년(1494 갑인 / 명 홍치(弘治) 7년) 4월 18일(병자) 4번째 기사에 나타나고 있다. 미투리의 유래는 인간의 신발 역사와 관계가 깊은 것으로 2천여 년 전 마한시대까지 거슬러 올라가고 통전(通典)》변방문(邊防門) 동이(東夷) 마한조에 '초리(草履)'가 나오고, 《진서(晋書)》사이전(四夷傳) 마한조에 초교(草蹻)가 나오는 것은 짚공예의 역사와 차이가 별로 없는 것이다.

미투리에 대한 문헌은 조선왕조실록에 총 11건의 문구가 나오고 있다.

대사헌 조계생(趙啓生) 등이 계하기를,

> **"옛날 선비는 미투리[麻鞋]를 신고 책을 끼고 걸어다니면서도 뜻을 겸손히 하고 학문에 힘썼사오나, 지금은 그렇지 아니하여 생원(生員)·생도(生徒)들이 책을 끼고서 걸어다니는 것을 수치스럽게 여겨, 모두 말을 타고 종을 시켜 책을 끼고 다니게 하며 아침에 갔다가 저녁에 돌아오니, 이 때문에 심지(心志)가 교오(驕傲)하고 학문하는 마음이 전일(專一)하지 못하와 국학(國學)이 허술해지니, 청컨대 말을 타고 다니는 것을 금하여 그들이 심지를 억제시키어 학업(學業)에 전심하게 하소서."**[36]

미투리는 짚신과 달라서 사용한 대상이 일반적으로 서민층도 사용하였고 제품이 다양한 무늬를 염색해 만든 것이나 섬새도가 좋은 것은 선비와 양반집 자녀들이 주로 신고다녀 것으로 보인다. 짚신은 날이 네 개이나 미투리는 날이 여섯 개로 촘촘하고 부드럽게 만든 것이 특징이다. 크기는 짚신과 같이 사

---

33) 인병선(2005). 『우리가 알아야 할 우리짚풀문화』 현암사. p245·336의 흩잎나무 및 난치나무와 양앳대가 있다고 하고 있다. 다만, 이 이름의 나무들이 국가생물종지식정시스템에서는 찾을 수가 없었다.

34) 마혜 : 성종 14권, 3년(1472 임진 / 명 성화(成化) 8년) 1월 22일(기미) 4번째기사
성균관(成均館)은 풍화(風化)의 근원[源]이니, 마땅히 검소(儉素)한 것을 돈독히 숭상하고, 삼가 수정(修整) 함을 신칙하여야 합니다. 옛적에 있던 유생(儒生)은 모두 마혜(麻鞋)를 신고, 기마(騎馬)가 있는 자가 없었는데, 근래에는 거의 모두가 살찐 말[肥馬]를 타고 아름다운 옷[美服]을 입고 있으며, 목화(木靴)나 가죽신[鞋]에 이르러서도 사대부(士大夫)와 다름이 없고, 한 사람도 책을 끼고서 다니는 자가 없습니다. 사속(士俗)이 옛과 같지 않으니, 직분이 이와 같이 된 연유를 학관(學官)으로 하여금 검찰하게 하여, 완악하게 가르침을 따르지 않는 자는 학교에서 내치는 한편 과거도 중지시키게 하소서.

35) 망혜 : 조선왕조 실록-왜놈들의 망혜(芒鞋) ·목기(木器)를 우리 나라 배 가운데에 남겨 두었는데, 신발은 몸에 딸린 물건이라 오히려 말할 만 하나, 목기는 표략(剽掠)할 만한 물건이 아니니, 어디에서 가져와 배 가운데 남겨두었겠습니까? 그 의심스러운 점의 둘째입니다.

36)미투리 : 세종 41권, 10년(1428 무신 / 명 선덕(善德) 3년) 9월 1일(경술) 3번째기사

람의 발 크기에 따라 다르며 종류는 재료에 따라 지역에 따라 성별과 연령에 따라 달리 불리는 경우가 있었다. 현재의 활용도는 주로 장식에 사용되는 것이 현 실정이다.

31. 밀짚모자

밀짚모자는 밀짚이나 보릿짚으로 위로 볼록하게 속이 비게 결어 만들고 아래로는 원형의 챙이 나온 여름 모자의 한 가지를 말한다. 재료는 밀짚, 보리짚, 띠 등으로 만들기도 하다. 주로 여름에 사용하고 따가운 햇볕을 가리어 시원함을 확보하기 위한 것이거나 얼굴을 보호하는데 그 역할을 한다. 크기는 머리 부분이 들어가는 곳과 챙이 나오는 부분으로 구분되어지는데 예전에 모자에는 영화상영이 끝난 필름을 테로 감아서 모자의 모양을 좋게 하였다. 그래서 영화의 오래된 자료가 없는지도 모른다. 밀짚모자를 지역에 따라 약간씩 달리 불리어지는데 평북에는 밀딮벙거지, 경남진주지역는 밒짚벙거지, 제주도에서는 밀찝페렝이, 함북에서는 초마재라고도 하였다. 여기서 벙거지는 조선시대 궁중 또는 양반집안의 군노(軍奴)나 하인배가 쓰던 모자를 말하고 페렝이는 패랭이를 말하는 것으로 보이는데 패랭이는 천인계급이나 상제(喪制)가 쓰던 모자를 말한다. 초마재는 밀짚모자의 함경북도 방언이다.

크기는 벙거지보다 클 뿐만 아니라 패랭이보다 더 크나 무게는 가볍다. 이는 만든 재질의 무게 때문에 차이가 난다. 요즈음도 밀짚모자의 활용도면에서는 매우 높고 좋은 편으로 대형마트나 철물점이나 건재상 또는 화분상회 등에 가면 쉽게 구할 수 있다. 활용도가 높기 때문에 외국에서 수입품이 대부분이고 실제로 만들어 사용하기는 쉽지 않다.

32. 바구니

대나무 · 등나무 · 버드나무 · 싸리나무 등을 가늘게 쪼개어 둥글게 결어 오목하게 만든 그릇을 말한다. 재료는 대나무와 등나무가 가장 많이 사용되는 편이다. 또 버드나무나 싸리나무와 으름덩굴과 댕댕이덩굴, 조릿대, 땅가시, 인동덩굴이 있고 요즈음은 철사나 합성수지가 재료로 사용되기도 한다. 재료에 사용될 수 있는 것은 어느 것을 사용하느냐에 따라 다양해진다. 유래는 단종 11권, 2년(1454 갑술 / 명 경태(景泰) 5년) 6월 5일(병술) 1번째 기사를 보면

"사인(舍人) 황효원(黃孝源)이 당상(堂上)의 의논을 가지고 아뢰기를,

세종(世宗)을 부묘(祔廟)할 때에 교방 가요(敎坊歌謠)을 올리니, 허후(許詡)가 정지시킬 것을 계청(啓請)하였습니다. 그때에 문종(文宗)이 전지(傳旨)하기를, '만일 희사(戱事)를 정지시킨다면, 산대(山臺)와 나례(儺禮)도 또한 희사인데, 어찌 홀로 교방 가요만 꺼릴 것인가? 그러나 대신의 말을 따르지 아니할 수 없다.' 하고, 드디어 명하여 정지시키었습니다. 신 등이 생각건대, 이것은 옛일이고, 또 《서경(書經)》에 '그 사녀(士女)가 흑색과 황색의 바구니에 담는다.' 하였으니, 이제 문종(文宗)을 부묘할 때에는, 교방 가요(敎坊歌謠)를 드리게 하소서."

중국의 바구니 역사는 위의 내용으로 볼 때, 《서경(書經)》에 '그 사녀(士女)가 흑색과 황색의 바구니에 담는다.'는 흑색과 황색의 바구니가 나타나는데 1454년의 이전인, 그러니까 서경은 공자가 요순 때부터 주나라 때까지의 정사에 관한 문서를 수집하여 편찬한 서적이기 때문에 서기전 15~20세기 때부터 바구니는 만들어 졌던 것으로 보인다. 우리의 바구니 역사는 4세기경 고구려에서 쌀을 쪄서 밥을 짓는 모습이 고분벽화에 등장하는 것으로 보여 이때는 당연히 사용되었고 뿐만 아니라 밥의 역사와 차이가 없는 선사시대부터 바구니를 사용하였다고 볼 수도 있을 것이다. 또 바구니에 대한 명칭도 약간씩 차이가 나는데 1527년(중종 22)에 간행된 훈몽자회에 '바고니'로 적혀 있고, 1779년(정조 3) 무렵의 한한청문감에는 '바구레'로 올라 있다. 한편 1827년(순조 27) 무렵에 출간된 임원경제지에는 '바군이'로 기록되어 있다.[37] 유사용어는 바구리, 바구미, 보금치, 소쿠리, 보금지라고 했다.

바구니는 여러 용도로 사용되었다. 조리, 보관, 운반, 건조 등로 구분할 수 있다. 보관에는 여름철 식생활에서 음식부패방지나 명절에 사용할 제사용품 보관을 하거나 고양이나 짐들과 가축에게로부터 생선을 보관하기도 한다. 또 옷이나 바느질그릇, 씨앗을 보관 등으로 보관에 대한 사용도 매우 넓은 편이였다.

<사진 6-23> 바구니

37) 야후 포털 사이트 바구니 참조

운반은 곡식 등을 나르는 데도 많이 사용하였고 파종 때에는 옆구리에 끼고 씨를 뿌리거나 곡식의 수확 때에는 알곡을 담아 나르기에도 사용되었다. 건조는 생선을 건조시키거나 고구마, 감을 깍아 말리고 젖은 곡식이나 보리를 삶아 찐 것을 바구니에 담아 살강위에 걸어서 식히기도 한다.

요즈음도 바구니의 활용도가 매우 풍부해서 마트에 가면 쉽게 구할 수가 있고 장식용으로 많이 사용되고 술에 관련된 장식과 꽃바구니 등 사용하는 영역이 다양하다.

33. 발채(바지게)

발채는 싸리나 대오리로 둥글넓적하게 조가비 모양으로 결어서 접었다 폈다 할 수 있게 만든 발채를 지게에 얹어서 짐을 싣는 제구를 말한다. 발채의 재료는 주로 싸리나 대오리, 조릿대(시누대)로 만든다.

발채의 다른 뜻이 있는데 말이나 소의 길마 위에 얹어서 벼나 보릿단 등을 운반할 때 쓰이는 농구도 있지만 여기서는 사람이 등에 지는 지게위에 얹어서 사용하는 발채에 대하여 기술을 한다. 지게에 발채를 얹은 것을 제주에서는 바재기라고 하고 경남 마산시 대마도 지역에는 지게를 '시케이' 또는 '지케이'라 부른다. 보통 지역에서는 바지게라고 한다. 발채는 '바소거리'나 '바소고리', '바소쿠리'라고도 한다.

〈사진 6-24〉 발채

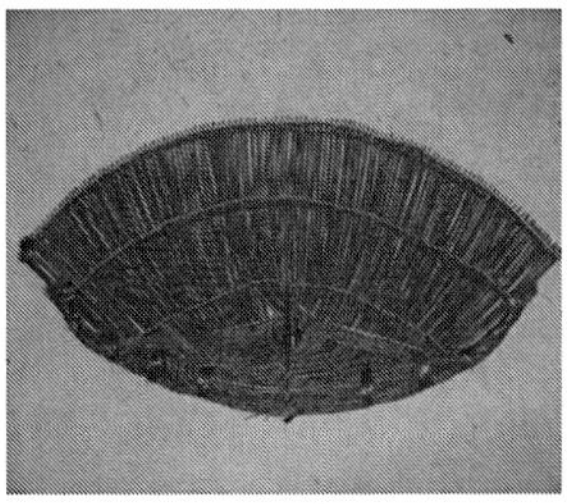

발채는 주로 운반에 사용되는데 무우나 고구마나 감자를 수확하여 나를 때 긴요하다. 예전에는 기윤기나 차가 없을 경우 짐을 등에 지고 다녀야 했는데 물건이 크지 않는 거름이나 나무를 운반하거나 장거리 시장에 내다팔 물건이나 구매해 올 때에도 많이 이용되었다. 크기는 길이가 80cm 정도이고 높이가 50cm 정도 된다. 물론 어린이와 어른의 차이에 따라 크기도 달랐다. 요즈음 사용되는 곳은 순수하게 운반으로 사용하는 경우도 있는데 이 경우 개량된 알루미늄 지게에 발채 얹어서 사용하는 것이 대부분이다. 발채는 전시의 용도로 사용되기도 한데 그림을 그릴 때 그림판을 놓는 틀인 이젤의 기능도 가능할 것이다. 차량이 많이 다니는 도로가나 백화점 등에서 좋은 장식으로 활용될 수 있을 것이다.

34. 발

〈사진 6-25〉 발

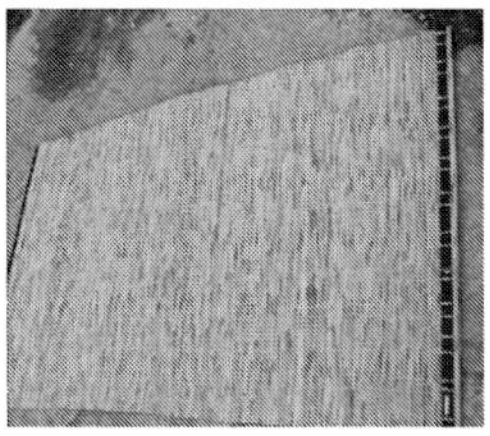

발은 대나무나 갈대를 줄로 엮거나, 줄 따위를 여러 개 나란히 늘어뜨려 가리는데 쓰는 막을 말한다. 발을 만드는 재료는 갈대, 억새(어욱), 싸리, 조릿대, 옥수수대, 대, 뻥쑥대, 뽕나무대 등 다양하다. 이 재료들은 일상생활에서 가까이에서 쉽게 구할 수 있고 일머리와 맞물려서 자연스럽게 만들고 적소에 활용하는 것이다. 발의 용도는 차양막, 시선막, 건조로 구분할 수 있다. 차양막은 계절적으로 다르게 사용되는데 여름에는 창문이나 대청에 쳐서 햇볕을 막고 바람은 통하게 하여 통풍이 잘되어 시원함을 확보하기 위한 것이고 겨울에는 한풍을 막아 따스함을 유지시켜주는 기능을 하게 된다. 시선막은 밖으로는 볼 수 있으나 외부로부터의 시선은 차단하거나 품위를 지키는 기능을 하게 한다. 발의 재료가 많이 있듯이 발의 용도도 다양한데 건조로 사용되는 것은 발의 상태가 주로 투박하고 거친 싸리나 뽕나무대발 등이 고추를 늘어 말리거나 각종 약초를 건조시키는데 사용되기도 하다. 발은 사람들의 삶의 질을 높이는 데 그 역할을 하기도 하였다. 발에도 좋은 문양을 넣어 양반가의 입지를 높이는 경우도 있었고 장소에 따라 방이나 대청에는 좋은 대발을 쳤고 부엌이나 행랑채에는 보통의 갈대발을 사용했다는 것이다. 크기는 길이 150cm, 폭 90cm가 많으나 필요에 따라 크기는 다양하다. 요즈음은 전시장에 배경디피로 사용하고 그 사용처는 많은 곳에서 이용되고 있는 현실이다.

35. 벌멍덕

벌멍덕은 짚이나 바가지로 만든 것으로 안에 꿀을 발라서 벌을 분봉할 때 사용하는 뚜껑을 말한다. 재료는 바가지나 합판과 볏짚 등이 있으나 여기서는 볏짚으로 만든 벌멍덕에 대하여 기술하고 한다. 벌멍덕의 기본 요건은 살아있는 벌을 유인하여 옮길 때와 지속적인 벌을 양봉상태에 있을 때 주로 사용한다는 것이다. 따라서 벌멍덕은 벌에게는 편안한 안식처의 역활을 지녀야 한다는 것이다. 또, 뚜껑의 역할을 하여야 한다는 것이다. 바가지형 또는 약간 원뿔형이다. 그리고 양봉의 도구이다.

크기는 지름이 25~30cm 정도가 대부분이다. 비가 올 때는 멍덕 위에 주저리를 올려 놓고 날씨가 추운 겨울에는 벌통을 천이나 짚으로 감아주기도 하다. 만드는 방법은 잘 추린 볏짚으로 꼰 새끼줄로 바가지 모양과 비슷 결어 만든다. 현재 활용도는 깊은 산중이 아니면 재래종의 벌을 볼 수가 없고 그 수가 급감하여 천연벌과 꿀이 매우 귀해진 것처럼 벌멍덕도 보기가 쉽지 않다고 할 것이다. 또 다른 짚풀용구는 각종 행사에도 찾아보기가 쉬운데 비해 벌멍덕은 전시 또는 짚풀공예 프로그램의 한 종류에 나와 있다는 것은 환상에 지나지 않는다고 할 것이다.

36. 베솔

베솔은 주로 솔새뿌리로 가지런히 묶어 만들어 베매기를 할 때 모시나 삼에 풀칠하는 솔을 말한다. 여기서 베메기는 삼베 제조 과정 중 잔털과 보풀이 이는 날실에 풀을 먹여 고르게 하는 작업을 말한다. 이렇게 작업을 하는 이유는 베를 짤 때 날올이 바디나 잉아의 걸리거나 마찰로 인해 끊어 떨어지는 일이 없도록 하고 삼베의질을 높이기 위함이다. 재료는 솔새뿌리와 솔새를 묶을 때 필요한 소나무뿌리가 재료이다. 물론 솔새뿌리를 가지런히 하기 위해서는 삼베를 이용하여 솔새를 감고 그 위에 소나무뿌리를 적당하게 쪼개어 감는다. 그 외에 창포뿌리, 억새뿌리로도 만들 수는 있을 것이나 창포나 억새뿌리 자체로는 솔의 기능을 하지 못할 것으로 보이는데 그 이유는 솔새뿌리처럼 단단하지 못하고 연하기 때문이다. 따라서 솔새뿌리에 창포뿌리나 억새뿌리를 약간 섞을 수는 있을 뿐이다.

베솔의 유래에 대해서는 삼베가 등장했던 시기 이후로 볼 수 있는데 삼의 재배가 BC 8000년 전부터 재배되기 시작하였고 삼베는 고조선 시대에 우리나라에 도입되어, 통일신라시대부터는 모시와 삼베로 분리 직조되었다고 한다.[38] 또 조선왕조실록에도 삼베에 대해서는 많은 기록이 나오고 있는데,

> **"여진(女眞) 검교 한성 윤(檢校漢城尹) 최야오내(崔也吾乃)와 호군(護軍) 동소로(童所老)에게 옷·갓·신을 하사하고, 또 동소로의 아내에게 명주·모시·삼베 각각 한 필씩을 하사하였다."**[39]

38)출처 : http://www.jinyoung.co.kr/dangam/jin-220.htm

39) 태종 11권, 6년(1406 병술 / 명 영락(永樂) 4년) 3월 18일(무신) 1번째기사

베솔

베틀

<사진 6-26> 베솔과 베솔이 쓰임이 필요한 베틀

따라서 구체적인 연대는 알 수 없지만 적어도 솥솔의 사용은 일찍이 사용하였다고 볼 수 있다.

베솔의 용도가 베매기를 할 때 실올에 풀을 고루 먹이고 실올들이 서로 붙지 않도록 하는데 쓰는 솔이며 삼베 또는 무명 등 피륙을 짜기 위한 과정의 일부이다. 이 과정은 삼베를 만드는 과정이다. 삼베가 되기 위해서는 논이나 밭에 삼 재배와 삼 채취, 가마에서 삼 삶기, 껍질 벗기기, 삼 째기, 삼 삼기, 물레 돌리기, 돌 것에 올리기, 베올 나르기, 베 메기, 꾸리 감기, 베짜기 과정을 거치게 된다. 크기는 길이가 25~30cm 정도로 손잡이부분과 솔부분으로 나누어지며 손잡이 부분은 손아귀에 딱 들어차는 느낌이고 단단하다. 솔부분은 가지런하면서 빳빳하며 한 가닥의 상태는 약간 꼬불꼬불하고 질기다. 만드는 방법은 몇 가닥씩 준비하여 모아 감고, 다시 모아 감은 것들을 여러 개의 모심을 만들고, 이 모심을 합쳐 삼베로 덮어 감아 그 위에 소나무뿌리나 끈으로 묶어주면 된다. 요즈음은 베솔을 사용하는 곳은 많지 않다. 그러나 아직도 지역별로 이용되는 곳이 있다. 경북 안동과 전남 보성이나 일부 지역에서 삼을 재배하는 곳과 삼베를 만드는 곳이나 박물관 전시장에서 볼 수 있는 정도다.

37. 베갯모(짚풀용구 측면)

베갯모는 밀짚이나 보릿짚으로 만든 베개의 양쪽 마구리의 꾸밈새를 말한다. 남자의 것은 네모지고, 여자의 것은 둥글다. 예전에는 베개를 만들 때 천이 귀하기 때문에 천으로 길게 만들어 왕겨나 조, 메밀과 같은 것을 이용하여 속을 넣고 봉한 뒤, 흰 호청을 만들어 겉을 둘렀다. 양쪽 베갯모는 밀짚이나 보릿짚으로 격자 모양으로 엮어서 모양을 예쁘게 하였다. 모양은 남자의 것은 네모지나 여자의 것은 원형이 있었고 테두리를 천으로 마감해야 베갯모를 사용할 수 있다. 크기는 지름 10~15cm 정도가 보통이다. 이 밀짚이나 보릿짚으로 만든 베갯모는 일반 서민들이 많이 이용하였다.

38. 복조리

〈사진 6-27〉 복조리

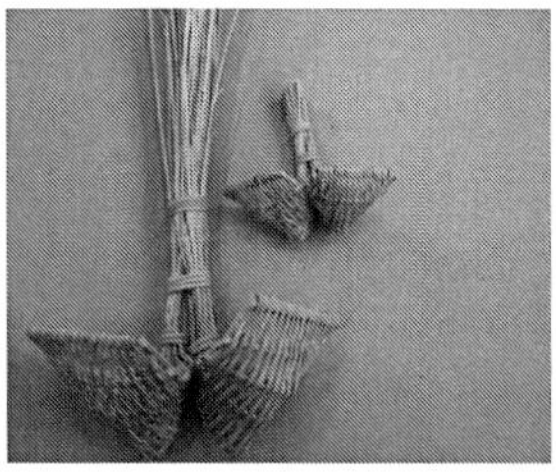

복조리는 조릿대로 엮어 섣달 그믐날 자정부터 설날 아침 사이에 벽에 걸어 두는 조리를 말한다. 복조리의 재료는 조릿대나 싸리가지, 대나무 등이 있다. 조릿대나 싸리나무의 채취시기를 잘 맞추어야 조리가 제대로 만들어지고, 그러하지 않을 경우 재료가 부서지거나 부러져서 조리로서의 기능을 하지 못하게 된다. 조리는 쌀을 이는데 사용하거나 물을 빼는 기구이다. 복조리는 조리에 복이 깃들어 있는 조리를 말한다. 이는 복을 일게 하고 필요 없는 악을 없앤다는 의미로 해석할 수 있다. 따라서 복조리의 조건이 필요한데 시간적인 조건이라고 할 수 있다. 그 시간은 섣달 그믐날 자정부터 설날 아침 사이를 말한다. 음력 12월 30일 24시(밤)부터 새해 12시(정오)까지를 말한다. 그러나 여기서는 설날 아침을 뜻하는 것은 아침 식사시간(10시) 까지를 뜻한 것으로 보아도 될 것이다. 보통은 조리를 먼저 일어나는 사람이 거둬 조심스럽고 경건한 마음으로 벽에 걸어둔다는 것이다. 재료가 한정된 것으로 볼 필요가 없다고 볼 수 있으며 돈으로 꼭 사야 할 필요도 없이 직접 만들어도 될 것이며 장소도 벽이 아니어도 정성이 필요한 곳이면 될 것이다. 복조리는 쌀 · 보리 · 밀 따위 주식 거리가 되는 곡식과 관련된 용구이기에 소중하게 취급되었다. 복조리와 같이 기원, 소원 등의 용도로 사용하는 것들로 짚풀용구이면서 집안에 두는 것이 몇 가지를 찾을 수 있는데 금줄, 갈퀴, 코뚜레다. 전국적으로 사용되면서 아기 탄생을 알리는 금줄이 있고, 1년 동안 복을 끌어 모은다는 의미의 전라도 · 경상도지방의 갈퀴가 있다. 또 부적은 보통 기간이 한정되어 있는데 비해 기간이 한정되지 않는 정신적 효능도가 높은 코뚜레가 있다. 코뚜레를 걸어둠으로서의 효능은 나쁜 기운을 물리치고 복과 부를 부르며 자손이 번성하고 매매성사가 잘 이루어지고 소처럼 나쁜 길로 빠지지 않고 성공의 길로 간다는 설이 있다.

섣달이 아닌 일상의 날에 만든 조리라도 그믐날 자정부터 정월 초하룻날 아침 사이에 조리장수가 복 많이 받으라고 소리치며 복조리를 집마당에 던져놓은 것을 구해서 벽에 걸어 두어도 복조리가 될 것이다. 그러나 일상의 평일에 조리를 구했다면 그냥 조리라고 하면 될 것이다. 크기는 조리의 날이 12cm 정도이고 길이는 30~32cm 정도이다. 요즈음은 초겨울만 되면 조리를 판매하는 사람들을 쉽게 찾아볼 수 있고, 복조리라며 다음해 정월 대보름 때까지 판매를 하는 것을 볼 수 있다. 크기와 모양과 색상도 전통적인 것에서 벗어나 작고 아기자기하고 색동인 외국에서 들어온 수입 조리도 많이 볼 수 있다. 또 재료도 철사나 합성수지로 만든 제품이 있다. 무엇보다 복조리는 그해의 복을 일어낸다는 소망을 담고 있다. 아직도 지방에서는 복조리를 겨울이면 만들고 있는 곳이 있는데 경남 산청 중산리 이정구, 전남화순 송단마을에 유연순, 경기도 안성에 박정수 등 이 외에도 각 지역별로 여러분들이 복조리를 만들고 있다.

39. 봇 줄

봇줄은 써레·쟁기 따위를 마소에게 메는 줄을 말한다. 쟁기줄이라고도 하고 제주도에서는 솜비줄[40]과 한줄이라고 한다. 봇줄과 유사한 것이 쟁기의 성에와 물추리막대를 연결하는 끈인 비잡이가 있고 가랫줄이 있다. 비잡이는 쟁기의 성에와 물추리 막대를 잇는 끈을 말하고 가랫줄은 가랫바닥의 양 옆에 맨 줄이다. 재료는 덩굴나무인 만목으로 한다. 만목의 종류 중에 다래, 으름, 오미자, 멀꿀 등의 중간부분을 비교적 다루기 쉬운 당해 년에 자란 것 중에서 실한 것을 선택하여야 한다. 만목의 굵기가 2~3cm 정도 되는 것을 7월이나 8월에 채취하여 막개나 망치로 부드럽게 하여 사용한다. 봇줄의 유래는 우리나라에서 쟁기를 처음 이용하기 시작한 것은 삼국시대부터이며 소를 이용한 것도 5세기 이후 본격적으로 시작되었다고 하니, 소를 이용한 쟁기의 사용도 이때부터이고 봇줄도 약간의 차이는 있을지라도 이때부터 가능했다고 볼 수 있다. 봇줄을 대용하는 것으로 양 나루채가 있다. 양나루채는 봇줄을 대신하여 소 멍에에 이르도록 길게 만든 것을 말한다. 봇줄은 보통 한번 만들면 10년 이상은 사용한다.

봇줄의 역할은 멍에의 양끝 턱진 곳에 매어 아래로 처지는 것을 막고 힘을 뒤 쟁기나 써레로 제대로 전달하기 위해, 물추리막대에 연결한 끈으로 소의 힘을 전달하는 역할을 한다. 요즈음도 산골 등에서 소를 이용한 경작지에는 소와 쟁기의 연결 역할을 봇줄은 당당히 담당하고 있다.

40. 부리망

부리망은 소를 부릴 때에 소가 곡식이나 풀을 뜯어먹지 못하게 하려고 새끼로 그물처럼 얽어서 만들어 소의 주둥이에 씌우는 망을 말한다. 부리망을 하는 경우는 소가 밭일이나 논일을 하거나 소가 이동을 할 때 주위에 곡식이나 채소 등을 뜯어먹지 못하도록 주둥이에 망을 씌워 소 주인은 소가 한 팔지

---

40) 솜비줄 : 인병선(2005). 『우리가 알아야 할 우리짚풀문화』 현암사. p517

말고 하고자 하는 일에만 열중하라는 뜻이다.

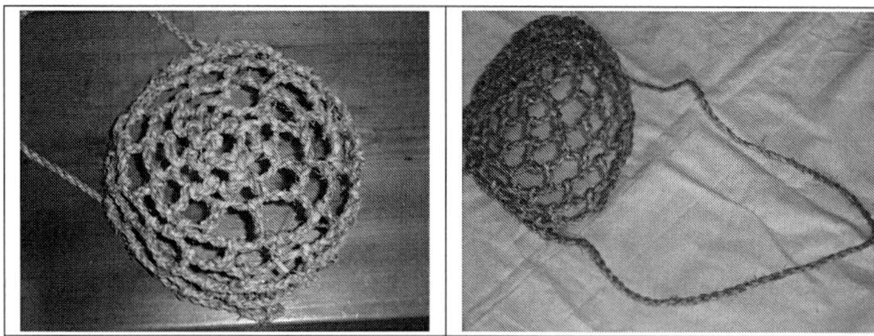

<사진 6-28> 부리망

재료는 주로 볏짚으로 꼰 새끼을 사용한다. 유사용어는 북한의 북부나 연변쪽은 꾸레미라고 했고, 다부제, 소머거리, 소마구리, 주둥망이, 소입멍, 쇠입마개 등 지역별 부르는 용어가 다양한 편이다. 부리망은 생활 용구 중에 가축을 사육하는 분야이다. 코뚜레와 부리망은 소를 제어하는데 그 기능을 한다. 코뚜레로 소의 힘을 조절하고 부리망은 소의 작물 횃손을 방지한다. 만들 때에는 둥근 원을 만들어 나선형 모양으로 성글게 엮어 내려가면서 그물망처럼 되어 주둥이가 들어가게 오목하게 만들어야 제대로 만든 것이다. 끈으로 줄이거나 늘려 크기조절이 가능하도록 하여야 한다. 요즈음은 부리망 안에 화분을 넣어서 걸어 시각적으로 부리망의 새로운 활용처를 볼 수 있었다.

41. 부 채

부채는 손으로 부쳐서 바람을 일게 하는 기구다. 한자로 선자(扇子)라고 한다. 부채의 재료는 대오리나 볏짚이 살이 되고 그 위에 종이나 천을 바른 것이다. 부채에 대한 문헌은 『고려사』·『고려도경(高麗圖經)』·『조선왕조실록』·『임하필기(林下筆記)』·『열하일기(熱河日記)』·『오주연문장전산고(五洲衍文長箋散稿)』·『지봉유설(芝峰類說)』·『주영편(晝永編)』·『열양세시기(洌陽歲時記)』·『계림지(鷄林志)』·『화계(畫繼)』·『춘풍당수필(春風堂隨筆)』·『남산묵담(南山墨談)』·『장해동집(張海東集)』 등 여러 문헌에도 보인다. 부채 종류 중 팔덕선은 『임하필기』에 나타나는데 황해도의 재령·신천 등지에서 짚으로 엮어 만든 둥근 부채이다. "주로 농부들이 사용하였고 팔덕이란 바람 맑은 덕, 습기를 제거하는 덕, 깔고 자는 덕, 값이 싼 덕, 짜기 쉬운 덕, 비를 피하는 덕, 햇볕을 가리는 덕, 독을 덮는 덕의 여덟 가지 덕을 말한 것이다."[41] 부채의 종류는 크게 접부채(접선摺扇)와 방구부채(둥근부채: 圓扇)가 있고 구체적으로 분류하면

41) 손세란(2003), 『생태환경적 관점에 의한 의상디자인 연구 : -보릿대 소재를 이용한 디자인을

백여 가지에 이른다. 부채에 관련된 풍속에는 글씨나 그림을 넣기도 하고 색깔에 따라 사용처가 달리 되는 풍속도 있다. 이제는 생활용품보다는 명맥만 이어가는 관광공예품의 하나로 생산되고 있는 실정이다.

42. 비(빗자루)

비는 살림제구의 하나로서 먼지나 쓰레기를 쓸어내는 데 쓰는 청소도구를 말한다. 재료는 짚, 띠, 억새, 대나무, 소나무 뿌리털, 솔가지, 동물의 꼬리털, 청올치, 싸리, 수수, 갈꽃(노화), 댑싸리 등 다양하다. 유사용어로 비짜락, 전라도의 비찌락, 충청의 비짜루, 경상도의 비짜리 따위로 부른다. 빗자루는 비의 옛말 '뷔'에다가 '자루'가 붙은 것이다.

빗자루의 종류는 사용하는 장소와 재료에 따라 구분하여 설명할 수 있다. 장소에 따라 구분하는 빗자루의 종류는 골목이나 마당에서 쓰는 마당비, 부엌에서 사용하는 부엌비, 대청마루에 사용하는 마루비, 방에서 쓰는 방비로 구분할 수 있다. 마당비는 굵고 억세며 길다. 그래서 서서 사용한다. 마당비의 재료는 대나무나 싸리가 주로 이용된다. 여기 묶어주는 재료는 새끼나 칡덩굴, 삼이 끈으로 많이 이용되었다. 방비는 부드럽고 작아 서지 않고 앉아도 사용이 가능하다. 부엌비나 마루비는 구조나 크기나 중간쯤이 된다고 할 것이다. 부엌비의 재료는 주로 댑싸리나 수수로 많이 사용하였고 방비는 수수, 억새, 갈꽃 등이 재료로 사용되었는데 손잡이부분이 뭉텅해서 자리개를 사용하여 단단히 묶어서 사용하였다. 그리고 오래동안 사용하려고 소금물이나 오줌물에 적셨다가 가마솥에 쪄서 묶기를 하였다. 싸리나 대는 길이가 길고 손잡이가 충분하지만 목이 짧은 노화는 보충재료는 장화, 부들, 볏짚, 질강폭, 나무막대 등이 쓰였다.[42)]

재료에 따라 구분되는 빗자루의 종류는 대비, 싸리비, 수수비, 노화비 등이 있다. 여기서 노화비는 열모심으로 만드는 맞춤비와 여덟모심으로 만드는 날림비가 있다. 모심은 묶음의 단위이다.

그리고 빗자루의 종류 중에서 특별하게도 사용하는 대상에 따라 풀비도 있다. 풀비는 문풍지 교환할 때나 주로 풀을 바를 목적으로 제작된 비를 말한다.

요즈음도 합성수지로 만든 제품이 많이 나오고 있지만 마트나 백화점에 가면 그 수요는 꾸준히 이어가고 있다.

중심으로-』, 이화여자대학교 석사학위논문, p55.

42)보충재료(빗목) : 인병선(2005). 『우리가 알아야 할 우리짚풀문화』 현암사. 307

43. 삿 갓

〈사진 6-30〉 삿갓

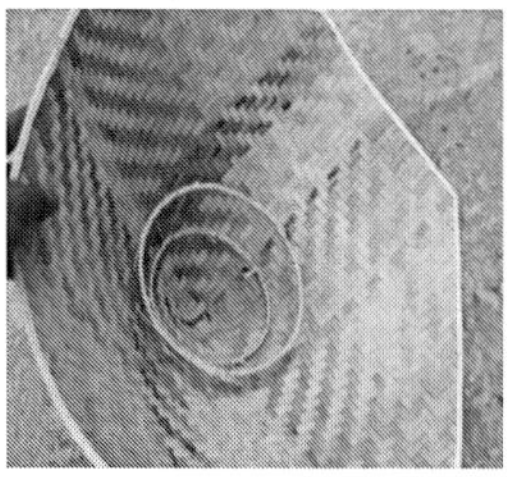

삿갓은 얇게 쪼갠 댓개비나 갈대를 엮어서 비나 눈 또는 햇볕을 피하기 위해 만든 갓을 말한다. 노립(蘆笠)·사립(笠)·두봉(斗篷)이라고도 한다. 한자어로는 개립(蓋笠)이라고 말한다. 그리고 삿갓과 도롱이를 묶어 사립(簑笠)이라고 부른다. 사립의 복장이면 아무리 비가 많이 와도 훌륭한 우의가 되고 자유스런 활동이 가능하게 되었던 것이다. 유사용어는 농립(農笠)·우립(雨笠)·야립이 있다. 노(蘆)는 갈대노자이다. 립(笠)은 갓립이고 두봉은 삿갓의 고전용어이다.

조선왕조실록에는 삿갓에 대한 자료가 수십 건에 관하여 기록되어 있는데,

> **"정승 조준(趙浚)이 조운흘과 더불어 교유가 있었는데, 손님을 전송하는 일로 인하여 한강(漢江)을 건넜다가 동렬(同列) 재상과 더불어 기악(妓樂)을 거느리고 주찬(酒饌)을 싸 가지고 가서 찾으니, 조운흘은 치의(緇衣)에 삿갓을 쓰고 지팡이를 짚고 문(門)까지 나와 길게 읍(揖)하고 맞이하여 모정(茅亭)에 이르러 좌정(坐定)하였다."**[43]

재료는 대나무의 얇게 쪼갠 대사리나 반으로 나눈 갈대, 종이, 부들 등으로 만든다. 재료가 주위에서 흔히 구할 수가 있었고 대나무삿갓은 대개 농부들과 외출이 잦고 한데서 일하는 사람들이 많이 많이 썼다.

삿갓의 종류는 농부들과 비나 햇볕을 가리는데 주로 사용했던 농립, 부녀자들이 외출시 사용했던 전모(氈帽)도 삿갓의 일종이며 지삿갓, 승려들이 사용했던 대삿갓, 아낙들이 잦은 외출할 때 쓰는 부녀삿갓, 세대삿갓은 여승들이 사용하였다. 삿갓에 대한 대중적인 인지도 높은 혜원 신윤복의 풍속화 '전모를 쓴 여인'과 방랑 시인 김병연의 속칭이 '김삿갓'이 우리의 머릿속에 삿갓이 문화적 측면에서 가까이 있음을 말해주고 있는 것이다. 크기는 어깨가 덮힐 정도의 크기로, 중앙이 콘의 형태를 가지고 있고 보통은 원형으로 되어 있으나 6각도 있었다. 삿갓의 끝부분에 마감을 천으로 두르기도 하였다. 그리고 여성

43) 삿갓 :조선왕조실록 태종 8권, 4년(1404 갑신 / 명 영락(永樂) 2년) 12월 5일(임신) 1번째기사

의 것은 더 크고 깊숙이 들어가 얼굴이 완전히 가려진 것으로 만들기도 하였다. 요즈음도 삿갓은 각종 행사에 종종 눈에 띄는 추세이다.

44. 삿자리

삿자리는 갈대의 줄기를 엮어서 만든 자리를 말한다. 갈자리, 노점(蘆簟), 의양(倚佯)이라고도 한다. 삿자리의 유래에 대하여는 고대 유적인 평양시 삼석구역 남경유적 제2기 4호 집터에서 바닥 한복판에 너비 1.7~2㎝ 정도로 날과 실을 격자로 엮은 삿자리를 깔았던 흔적이 나타났으며 석탄리유적과 북청군 토성리유적의 집터들에서도 삿자리나 멍석이 썩은 흔적이 발견된 것 등은 그것을 잘 보여 준다.[44]조선왕조실록에도 보면 삿자리에 대해 나오는데,

> **"이저(李佇)를 함주(咸州)에 안치하였으나, 경계가 이역(異域)과 맞닿아 변경(邊警)이 끊을 새가 없는데, 노예(奴隸)나 근수(根隨)되는 자가 적지 않으니, 이것들이 어찌 책중(簀中)의 시체 들이겠습니까? 원하건대, 전하는 춘추의 법을 몸받아 대의(大義)로 결단하여, 이거이·이저를 유사(攸司)에 내려 그 죄를 바루고, 가산을 적몰하여 뒷 사람을 징계하도록 하소서."**[45]

유래 위의 '책중(簀中)의 시체'라는 글이 나오는데, 사기(史記)의 범수(范雎)전에 보면, "삿자리로 말아 싸서 치간(廁間) 중(中)에 두었다." 하고, 그 주(注)에, "책(簀)은 갈대로 만든 삿자리를 말하며, 이를 써서 시체를 싼다."고 하였음. 곧 삿자리로 싸서 치간 가운데 둔 시체처럼 아무런 일을 할 수 없는 사람을 말한다고 기록되어 있다. 삿자리의 크기는 보통 240×180㎝ 정도이며 사람의 지위가 높음에 따라 삿자리를 차지하는 면적이 넓었고 방의 크기에 따라 삿자리의 수와 삿자리의 크기도 달라졌다. 지역별로는 안악, 재령, 신천, 봉산의 황해도와 경상도와 전라도가 유명하였고 황해도와 평안도는 네모, 경상도와 전라도는 원형을 위주로 생산하였다. 삿자리 만들기는 가늘게 쪼갠 갈을 날과 씨로 하여 엮어 삼베나 가마니를 짜는 방식과 비슷하다. 갈대는 7~8월에 것의 줄기를 활용하여야 하며 요즈음은 돗자리가 시중의 매장을 차지하고 있는 형편이다.

---

44) 출처 : http://www.krpia.co.kr

45) 삿자리: 태종 8권, 4년(1404 갑신 / 명 영락(永樂) 2년) 12월 7일(갑술) 2번째기사

45. 삼태기

삼태기는 짚이나 싸리 등으로 만들어 쓰레기·거름·흙·곡식 등을 담아 나르는 그릇을 말한다. 삼태미 · 꺼랭이 · 발소쿠리 · 짚소쿠리 · 어랭이라고도 한다. 재료는 짚이나 가는 싸리, 대오리, 댓가지, 칡덩굴, 새끼, 갈대 등이 재료가 된다. 재료 중 에음부분은 노간주나무, 물푸레나무, 회나무 등이 있다.

〈사진 6-30〉 삼태기

삼태기의 유래는 삼국시대 때부터 사용되었다는 것으로 나타나고 있다. 삼국유사에는 2건의 검색이 나타나고 있다.

> **"영이가 이미 나타났으므로 마침내 출가하여 이름을 바꾸어 惠空(혜공)이라 하였다. 항상 작은 절에 거주하면서 늘 미친 것 처럼 大醉(대취)하여 삼태기를 지고 거리로 가무하며 다닌 까닭에 號(호)를 負簣和尙(부궤화상)이라 하였다."**[46]
>
> **"我相(아상)을 가진 자가 어찌 나를 알아 보리요」하고 삼태기를 거꾸로 터니 개가 변하여 獅子寶座(사자보좌)가 되매 거기에 올라 앉아 放光(방광)하고 가버렸다."**[47]

조선시대 때에는 조선왕조실록에의 삼태기는 더 많은 문헌이 나온다. 곡식에 관련된 내용이 많고 한국 풍토에 맞는 조선 세종 때의 문신 정초 · 변효문 등이 1429년(세종 11) 편찬한 농사직설의 '분', 조선 고유의 농구가 갖는 기능과 장점을 기술한 해동농서의 '양람' · '삼', 우리나라의 4계절에 따르는 농사 절차와 민간의 풍속을 노래한 장편가사인 농가월령가의 '두'도 삼태기를 일컫는 말이고 그 시절 생활용구로서의 중요한 역할을 한 것으로 나타나고 있다.

삼태기는 운반에 필용한 용구이다. 이 운반에 사용되는 분야는 매우 다양한 편인데 부엌에서는 아궁의 재를 치는데 사용되고 마당에서는 쓰레기를 담아내어 버리고 헛간이나 마구간에서는 퇴비를 치우는

46)삼태기 : 삼국사기 · 삼국유사(이병도 역) 삼국유사 권 제4 > 의해 제5 > 2혜동진.
47)삼태기 : 삼국사기 · 삼국유사(이병도 역) 삼국유사 권 제4 > 의해 제5 > 자장정률.

데 사용되고 논밭에서는 씨앗이나 거름을 뿌리거나 감자나 고구마를 수확할 때 모으는 데도 사용되고 가을에 탈곡 때에는 나락이나 곡식을 퍼 담거나 나를 때 요긴하게 사용되고 또 씨앗이나 물건을 삼태기 안에 늘어 말리기도 하였던 것이다. 다만 싸리로 만든 삼태기의 경우 부엌의 재를 쳐 내기는 어렵다. 볏짚을 만든 삼태기에 비해 정밀함이 떨어지고 공간이 있어 바로 빠져나오기 때문이다. 볏짚삼태기를 만들 때에 고정대가 필요한 경우가 대부분이지만 싸리 삼태기는 고정대가 필요 없다. 삼태기의 종류는 재료에 따라 또는 사용하는 곳에 따라 구분할 수 있다. 볏짚으로 만든 삼태기, 싸리로 만든 싸리삼태기, 소똥이나 거름을 치우는 데 위주로 사용하는 거름삼태기 등으로 구분된다. 삼태기의 크기는 입이 45cm, 길이 50cm, 뒤 어름 높이 25cm 정도가 보통이다.

요즈음은 함석이나 플라스틱의 제품이 나와 있지만 그래도 전통적인 삼태기가 각종 지역축제에 전시품으로 단골메뉴로 등장하고 있는 추세이다.

46. 설 피

설피는 눈 위에 걸을 때 활동하기 쉽게 신바닥에 덧대어 신는 덧신을 말한다. 유사용어로 살피라고도 한다. 사냥꾼들이 겨울철에 신바닥에 덧대어 신는 것에서 유래되었다는 것으로 볼 수 있다. 설피는 눈이 많이 내리는 지역에서 겨울철에 눈에 빠짐을 방지하기 신발 위에 신고 다니는 덧신으로 재료는 다래덤불이나 노간주나무 또는 물푸레나무가 어름으로 사용되고 굴밤나무나 참나무로 발톱을 만들고 내로는 볏짚이나 삼, 겹쳐지는 부분은 다래덩굴이나 피나무 껍질이 재료가 되기도 한다. 여기서 발톱이 굿이 있을 필요는 없다. 설피는 보통 타원형이고 강원도나 함경도 등 눈이 많은 지역에서 주로 사용되었다. 눈이 많이 내리는 지역에서 겨울철에 보행할 때 사용하는 설피는 볼이 크고 넓어 걸음을 갈지자로 벌려가면서 걸어야 한다. 설피의 신기는 신발을 신은 채로 신어야 하며 짚신이나 미투리처럼 설피의 양쪽 끈을 발등에서 서로 교차시킨다. 그리고 설피바닥과 발등을 두르고 더 먼 거리를 갈 때는 발목까지 동여맬 수 있다. 설피의 크기는 보통 길이 32~36cm, 폭 20~25cm 정도이며 타원형이다. 설 설피 만들기는 나무재료를 아궁이 불에 대면서 천천히 힘을 주어 구부리거나 가마솥에 삶아서 힘을 주어 타원형으로 구부리고 이음부분을 겹치거나 양쪽으로 틈을 만들어 끼우기를 한다. 이음 부분은 다래덩굴이나 피나무 껍질로 단단히 동여맨다. 설피는 이동에 필요한 용구로 요즈음은 박물관 외에서는 찾아보기 쉽지 않다.

47. 수 질

수질은 상복을 입을 때에 짚에 삼을 감아 만든 것으로 머리에 두르는 테를 말한다. 유사용어로 수절과 건대가 있다. 수질의 재료는 삼, 볏짚, 부들 등이다. 수질에 대한 유래는 삼이 있고 상제제도가 있고부터 시작되었다고 볼 수 있을 것이다. 수질에 대한 조선왕조에는 많은 문헌이 나오고 있는데,

> **"예조에서 상제를 상정하였는데, 주상전의 상복은 무굴관·수질(首絰)【생마(生麻)를 씀.】· 의상대(衣裳帶)【생마(生麻)를 씀.】· 요질(腰絰)【생마(生麻)를 씀.】· 죽장(竹杖) · 관구(管屨)【백사혜(白絲鞋)로 대용(代用)함.】이고"**[48]
>
> **"삼가 고례를 상고하면, 소상(小祥)에는 연관을 쓰고 수질(首絰)을 버리며, 대상(大祥)에는 상복(喪服)을 벗고 담사(禫祀) 뒤에 길복(吉服)을 입는 것이니, 지금 국상에 문무 신료의 상복(喪服)을 전의 수판(受判)에 의하여 13일 소상(小祥)에 비로소 유각 백사모(有角白紗帽)를 쓰고, 25일 대상(大祥)에 효복(孝服)을 벗고 비로소 백의(白衣) · 오사모(烏紗帽)를 쓰되, 요질(腰絰)은 그대로 띠고, 27일 담사(禫祀) 뒤에 요질(腰絰)을 버리고 비로소 백의(白衣) · 백립(白笠) · 오사모(烏紗帽) · 흑각대(黑角帶)를 착용하여 3년을 마치고"**[49]

위의 내용을 보면 수질은 요질과 비슷한 기능을 하는데 수질은 머리에 요질은 허리에 찬다. 또 소공과 대공은 재료와 기간과 착용방법이 약간 다르다. 그런데 수질과 요질을 삼으로 만드는 이유는 삼베옷을 입는 뜻과 같이 상제의 효심이고 자식은 불효한 죄인이고 죄인이기에 거친 삼으로 만든 것을 착용하면서 반성을 한다는 뜻이다.

상제가 아버지나 할아버지 상인 참최(斬衰)일 경우에는 씨있는 삼으로 만들고, 자최(齊衰) 밑으로는 씨없는 삼으로 만든다. 수질의 착용 방법도 상주의 위치에 따라 다르고, 참최와 자최의 수질 굵기가 조금 차이가 난다.

요즈음은 수질과 삼베를 착용하지 않고 검은 양복으로 대신하고 있고 사극 드라마에서나 볼 수 있다.

---

48) 태종 15권, 8년(1408 무자 / 명 영락(永樂) 6년) 5월 25일(계유) 3번째기사
49) 조선왕조 태종실록 > 태종 8년(1408년) > 태종 8년 5월 > 태종 8년 5월 27일

48. 새끼(가는 손 새끼줄)

새끼는 무엇을 묶거나 동이는 데에 쓸 수 있게 짚으로 꼰 줄을 말한다. 초삭(草索), 고삭(藁索)이라고도 한다.

새끼유래는 최초의 흔적은 원삼국시대 회색 경질토기의 삿무늬토기에 이미 새끼가 사용되었다고 하며 삼국유사에도 1번의 자료가 나오는데,

> **"하루는 풀로 새끼를 꼬아가지고 영묘사에 들어가 금당과 좌우경루와 남문낭무에 둘러 매고 강사에 고하여 이 새끼줄을 3일 후에 끌러라 하였다. 剛司(강사)가 이상히 여겨 그의 말대로 하였더니 과연 3일 만에 선덕왕이 절에 오니 지귀—심화가 나와 그 탑을 태웠으나 오직 새끼로 맨 곳만은 화재를 면하였다."**[50]

새끼줄은 우리의 역사와 길고 밀접하게 이어져 왔다. 새끼줄은 조선시대를 거쳐 지금까지도 우리와 함께하고 있다. 새끼의 종류는 쓰임에 따라 유적지 발굴 조사의 유물 수습에 주로 사용되거나 짚풀용구의 기초 재료가 되는 가는 새끼가 있고 보통 새끼가 있다. 또 새끼가 꼬아지는 기구의 정도에 따라 자동기계새끼와 기계새끼, 손새끼가 있다.

〈사진 6-31〉 새끼줄들

가는 손새끼

금줄 용도의 왼새끼

기계새끼

굵기에 따라 가는 새끼, 중간 새끼, 굵은 새끼, 밧줄, 등으로 나눌 수 있다. 자동기계새끼는 굵은 새끼인 직경 14mm를 꼴 때 시간당 260m, 가는 새끼는 직경 6mm를 시간당 320m를 꼴 수 있다. 손새

50) 새끼 : 삼국사기 · 삼국유사(이병도 역) 삼국유사 권 제4 > 의해 제5 > 2혜동진

끼는 지경 15mm를 꼴 때 시간당 20~30m를 꼴 수 있고 가는 새끼도 그 정도가 가능하나 사람의 실력수준에 따라 달라진다.

새끼의 용도는 짚풀공예의 삼태기, 가마니, 멍석, 짚신 등 필수 기초재료로 사용되고 지붕이나 소고삐 등으로도 사용된다. 새끼의 유형은 포장을 원칙하고 그 후 운반, 저장을 위한 기본 포장인 것이다.

새끼를 꼬는 방법은 손바닥으로 하는 것과 기구로 하는 것과 기계로 하는 방법의 3가지가 된다. 손바닥으로 꼬는 법은 양손을 비벼서 하는데 오른손을 바깥쪽으로, 왼손을 안쪽으로 끌어당기면 일반적인 새끼이며 오른새끼가 되고, 반대로 꼬면 부정한 기운을 물리치고 금줄에 쓰이는 왼새끼가 된다. 기구로 하는 것은 주로 제주 성삼면 지역에서 많이 사용되었고 내륙에서는 담배농사를 짓는 충북 제천 등지에서 담배잎을 말릴 때, 새끼줄에 담배잎을 끼운다. 이때 이 새끼줄은 호랭이로 새끼와 새끼를 꼬아야 하기 때문에 호랭이로 꼬는 방법이 필요하였다. 기계로 하는 것은 요즈음도 전남 무안군 일로지역에는 많이 사용되고 있다. 합성수지 밧줄이나 벤딩이 자동으로 되는 노끈이 나오기 전까지 농촌이나 시골에서 늘 사용하던 포장재였고 지금도 실내인테리어나 전통초가집 지붕에는 새끼를 사용하고 있다.

49. 섬(볏섬)

나락이나 곡식 따위를 담기 위하여 짚으로 엮어 만든 그릇을 말한다. 섬은 담는 큰 그릇으로 일본에서 가마니가 들어오기 전에는 섬을 썼다. 섬의 재료는 볏짚으로 만들어 삼태기나 둥구미처럼 세밀하고 날을 촘촘하게 역은 것이 아니라 날 사이가 성기어 수수나 낱알이 작은 것은 담지 못했고 주로 보관을 위주로 사용하였다. 섬의 유래는 삼국유사에도 나타나는데,

> **"3년 4월에 왕이 卒本(졸본)에 거둥하여 시조묘에 제사하였다. 5월에 왕이 졸본에서 돌아오면서 경로 주읍의 빈궁한 자에게 한 사람에 한 섬씩의 곡식을 내렸다."**[51]
> **"또 (그를) 산 주인에게 몸값을 갚아 주고 양민이 되게 하였더니, 郎徒(낭도) 수천 명이 각기 곡식 한 섬씩을 내주었다. 大王[대왕: 제50대 定康王(정강왕)]이 듣고 또 벼 500석과 집 한 채를 下賜(하사)하고 다시 부역을 면제하니"**[52]

위의 내용의 사실로 보아 1섬과 1석의 같은 양의 단위이지만 '섬'은 작은 양의 것을 주로 사용하고 '석'은 많은 양의 것을 설명할 때 사용하는 것으로 보인다. 천석부자, 만석부자라는 옛말도 있는 것처럼

51) 삼국사기 · 삼국유사(이병도 역) 삼국사기 권 제19 > 고구려본기 제7 > 안장왕
52) 삼국사기 · 삼국유사(이병도 역) 삼국사기 권 제48 > 열전 제8 > 효녀 지은

천섬부자, 만섬부자라고는 잘 하지 않는다.

<사진 6-32> 섬

한 섬은 한 말의 열 배로 약 180리터에 해당한다. 비슷한 말로 한 석(石)이 있고 가마니보다는 담는 용량이 크다. 사실 섬의 크기는 날의 수로 결정한다. 보통 다섯날 섬과 일곱날 섬이 많이 쓰인다. 다섯날의 섬은 10말, 일곱 날 섬에는 15말의 곡식을 담을 수 있다. 탈곡한 나락이나 곡식을 담을 수 있는 용기로써 섬, 가마니, 멱서리, 둥구미(제주도의 부게, 멱둥구미), 대뒤주, 바구니, 광주리(저장성, 운반성), 다래끼(저장, 운반 : 바닥 사각), 동고리(결혼 떡강주리), 종다래끼(씨앗보관)를 들 수 있다. 만드는 방법은 새끼로 날을 삼고 짚으로 엮어 약간 사각이 되게 만들어 양끝을 안으로 넣어 마무리 한다. 섬과 가마니는 시장이나 이동에 주로 이동되었다. 멱서리는 저장에 주로 이용되었다. 섬의 현재 활용도는 그의 찾아볼 수가 없고 박물관 충남 아산시 외암마을 전시관에서 찾을 수 있다.

50. 쇠 신

쇠신은 소의 발굽이 상하는 것을 막기 위해 소발에 신기는 소의 짚신을 말한다. 재료는 볏짚이다. 옛날에는 비포장도로이고 전재산의 가치를 가진 소가 마차를 끌거나 무거운 짐을 싣고 다니는 것을 소의 입장에서 소발굽을 보호하기 위해 묶어 고정하는 것이다. 쇠신은 4짝이 1컬레라는 것과 앞의 굽이 뒤의 굽보다 더 높게 만든다는 것이다.53) 쇠신은 소가 농사에 함께하고 운반에 이용되었을 때부터 사용되지 않았나 생각한다. 쇠신은 사전에도 삼국유사나 조선왕조실록에도 문헌이 나오지 않지만 소를 사랑하는 마음이 인간에게 있었던 이상 일찍이 준비되었을 것이다. 크기는 어른 주먹만하고 10분 정도면 만

53)인병선(2005). 『우리가 알아야 할 우리짚풀문화』 현암사. p288

들 수 있다. 말에 신는 말신은 없다. 말은 말굽이 둥글기 때문이다.

51. 시루밑

시루밑은 곡물이나 쌀을 찔 때 시루 바닥에 까는 깔개를 말한다. 재료는 대나무 껍질, 왕골, 청올치, 볏짚, 삥숙대, 그랑, 짚, 삼껍질, 등 섬유질이 많고 질긴 재료를 이용한다. 유사용어로 시루방석이라고도 한다.[54]

〈사진 6-33〉 시루밑

시루밑 유래는 청동기시대 또는 초기 철기시대로 알려져 있는 것으로 주장하고 있는 것에 일반적 동조 추세이고 상고시대의 시루가 독특하게 바닥에 구멍이 있고 뾰족한 걸이가 달려있다는 것이다.[55] 이는 시루밑이 존재한다는 것의 결론을 추론이 가능하다.

시루밑의 역할은 시루 안에 쌀이나 다른 곡물가루 등의 내용물이 새지 않도록 하고 바닥에 있는 구멍을 통하여 올라오는 뜨거운 증기를 퍼지게 하여 내용물이 고루 쪄지게 하는 역할을 한다. 물론 여기에는 솔잎도 사용하는 경우도 있다.

시루밑을 보관할 때에는 벽이나 살강 옆 못을 박은 곳에 걸어 보관한다. 이런 경우 시루밑이 자체적으로 힘이 없기 때문에 시루밑을 엮을 때 낭창한 대오리를 중간중간에 넣어서 함께 짜서 뒤틀리거나 접쳐짐을 방지하고 원형을 유지하게 하였다. 살강은 그릇 등을 오려놓고 쓰기에 편리하도록 대나무로 발을 역은 것을 말한다.[56]

만드는 방법은 재료들을 먼저 새끼를 꼬아서, 그것을 가지고 만드는데 중심에서 원을 그리듯 밖으로 그물처럼 짜나가야 된다.

54) 시루방석 : 코리아비주얼스.(2005)한국의 문화유산. p104
55)시루밑 : 박록담・윤숙자,(1997)『우리의 부엌살림』 삶과 꿈, p74
56)살강 : 박록담・윤숙자,(1997)『우리의 부엌살림』 삶과 꿈, p15

52. 여치집

〈사진 6-34〉 여치집

여치집은 밀짚이나 보릿짚 등으로 만든 것으로 안에 여치 등의 곤충을 가두어 곤충의 소리를 듣거나 보기위해 만든 곤충집을 말한다. 재료는 밀짚, 보릿짚, 개밀 등 이 사용된다. 여치집의 유래는 우리조상들의 자연에서 찾는 정취를 즐긴다는 것에서 찾을 수 있고 자녀에게 대한 깊은 배려감에서도 찾을 수 있겠다. 곤충의 종류는 여치, 귀뚜라미, 베짱이, 매미 등 주로 잡음이 아니라 듣기 좋은 소리를 내는 곤충이 해당된다고 할 것이다. 여치를 서부 경남지역에서는 '낄끼리'라고도 부른다. 여치집을 두는 장소는 대청마루 기둥이나 마루 살강 옆 등 시야에서 잘 보이면서 소리도 잘 들리는 곳으로 머리보다 조금 높게 달아 매단다. 크기는 보통 높이 25~35cm정도이고 만드는 이의 의지에 따라 결정된다. 만드는 시기는 밀이나 보리타작이 끝나야 재료가 생기기 때문에 타작이 마치는 시기인 6월 중순 이후로 보면 된다. 여치집의 밑은 종이로 바르는 경우와 밑 자체에도 밀짚이나 보릿짚의 재료로 다 엮는 경우가 있다. 물론, 푸른 바랭이나 오이조각이나 부드러운 풀 등을 곤충의 먹이를 넣어주는 장치는 따로 만들거나 넓은 택하여 벌려서 먹이를 넣어 주는 곳이 있어야 한다. 만들기는 처음에는 열십자 형태로 기초를 놓고 시작하는 것이 보통이다. 사각의 크기는 보통 8~15cm정도의 사각을 정한 뒤 계속 돌려가며 안으로 약간씩 좁게 하여 만든다. 재료는 빨대처럼 속이 비어있는 구멍에 그 구멍보다 작은 것을 넣고 그 다음은 그것보다 큰 것으로 골라 넣기를 반복하면서 사각의 귀를 만들어 올리면 된다. 다 만든 상태는 안이 약간 보여야 하고 통풍이 잘 들어야 한다. 여치집 안은 곤충이 살아 있어야 하기 때문이다. 요즈음도 많은 축제에서 활용되고 초등학교나 유치원생의 체험에 많이 이용된다. 무엇보다 모양에 있어서 윤이 나고 보기가 좋다는 것에 공감을 많이 하고 있다.

53. 요 질

요질은 상복을 입을 때에 삼을 꼬아 만든 것으로 허리에 두르는 띠를 말한다.

요질의 재료는 삼, 볏짚, 부들 등이다. 요질에 대한 유래는 삼이 있고 상제제도가 있고 부터 시작되었다고 볼 수 있을 것이다. 요질에 대한 조선왕조실록에 나타나는데,

> **"전의(典儀) 한 사람이 당하의 동계(東階) 동남쪽에 서고, 찬자(贊者) 두 사람이 거기서 남쪽으로 조금 뒤에 서게 되는데, 모두 서향하고 북쪽을 위로 한다. 통례문이서 종관을 인도하여 자리에 나아가고, 지통례(知通禮)가 왕세자를 인도하여 위차에 들어서고, 전하는 변복을 끝내고 여를 타고 나오는데, 시위는 평시와 같게 한다. 주인은 상장(喪杖)도 놓고, 수질(首絰)·요질(腰絰)도 벗는다."**[57]

요질이 수질과 마찬가지로 상제의 효심이 매우 높음을 드러내고 있다는 것을 알 수 있다.요질의 크기는 수질보다는 크다. 허리에 두르기 때문에 길이에 있어 길다. 일반 새끼보다 훨씬 굵고 단단하게 엮은 것이다. 만드는 방법은 두 가닥의 삼을 꼬아 만드는데 착용과 비착용의 차이는 가족의 촌수에 의해 결정된다. 구체적인 내용은 짚풀민구의 종류에 '수질'에서 참고하면 될 것이다.

54. 용마름

용마름은 초가의 용마루나 흙담 위를 덮기 위해 짚을 'ㅅ'자형으로 틀어 엮은 덮개를 말한다. 지역에 따라 곱새, 용고새라고도 한다. 비슷한 용어로 용마루가 있는데 용마루는 장소적 의미이며 지붕 가운데 부분에 있는 가장 높은 수평 마루인 지붕의 꼭대기라는 뜻이다. 용마름은 지붕의 용마루를 덮는 것으로 사용하는 곳이 담장의 위나 지붕의 맨 위 꼭대기에 비나 눈이 들어오지 않게 하기 위해 덮는 것의 역할을 한다. 재료는 주로 볏짚이나 가끔 갈대, 조릿대도 있으나 드물게 사용한다. 유래는 초가집으로 지붕을 사용하던 때부터가 아닌가 한다. 크기는 보통 볏짚의 길이에 따라 정해지는데 이엉은 짚의 길이와 비례하지만 용마름은 볏짚을 3분의 1지점을 꺾어 엮기 때문에 폭의 길이가 보통 60~70cm이다. 속담에

---

57) 요질 : 조선왕조실록 세종 26권, 6년(1424 갑진 / 명 영락(永樂) 22년) 10월 7일(무신) 4번째기사

'늦바람이 용마름을 벗긴다'는 말이 있는데 늦게 시작한 일의 기세가 대단하다는 뜻이다. 용마름을 덮었다고 하여 지붕의 엮기를 끝난 것이 아니고 새끼를 처 단단히 묶어 바람의 피해를 막아야 한다. 용마름은 주기적으로 갈아주어야 한다. 보통 1년 내지 2년마다 지붕을 새로 엮어야 한다. 오래되면 볏짚이 썩기 때문이다. 용마름의 만들기는 추수가 끝나 햇짚이 나온 때에 가는 새끼를 중심으로 짚을 틀어 터진 갓처럼 만든다. 가지런히 추려진 짚을 틀 때, 새끼를 중심에 두고 왼쪽에서 튼 짚은 오른쪽으로, 오른쪽에서 튼 짚은 왼쪽으로 꺾어 서로 단단히 맞물려가면서 만든다. 1970년대 초 새마을 운동의 전개는 초가의 없어짐과 함께 용마름의 사라짐의 현상이 나타났고, 요즈음은 아산외암마을, 용인민속촌, 성주한개민속마을 등 일부 지역의 지붕이기 축제로 명맥을 이어 가고 있는 실정이다.

55. 이 엉

이엉은 초가의 지붕이나 담을 이기 위하여 짚이나 갈대 등으로 엮은 덮개를 말한다. 이엉은 지붕을 죽 돌려씌우는 것으로 이는 한국 서민가옥의 대표적인 지붕재료이다. 이엉의 주재료는 볏짚, 조릿대, 보릿짚, 억새, 갈대, 왕골, 창포, 삼의 속대 등이 있다. 유사용어로 영이나 이영이 있는데 북한에서는 이영으로 불리는 곳이 많다. 조선왕조실록에는 개초라는 용어가 나오는데 개초(蓋草)는 1년 내지 2년에 지붕의 낡은 것을 벗겨내고 새 이엉으로 잇는 것을 말한다. 따라서 개초는 작업과정이 이엉자체는 아니다. 그러나 그 개초에는 필히 이엉을 수반한 작업이다. 이엉의 유래는 조선왕조실록의 조선 초기 태종 때(태종 12년 11월)[58]부터 나타나는 것으로 보아 이전에도 이엉 사용이 일반화 된 것으로 보이며 현재의 초가는 삼국시대 이후 것으로 보인다.

초가는 원시시대 움집을 거쳐 신석기시시대에 이르러 지상주거 공간이 만들어지면서부터 그 역사가 시작되었다. 초기에는 볏짚이 아닌 억새풀이나 갈대 등 자연에서 쉽게 얻을 수 있는 것들을 이용해 이엉을 엮지 않고 지붕 위에 두텁게 깔아 나뭇가지 등으로 눌러 놓거나 칡넝쿨로 동여매어 바람에 날아가지 않게 하였을 것이다. 철기시대에 접어들어 벼 농사가 시작되면서 농사의 부산물인 볏짚을 이용하여 지붕을 이기 시작했을 것이다.

현재의 초가들은 삼국시대 이후 주거건축이 발달하면서 일반 서민과 가난한 농민들의 가옥으로 토담으로 된 오두막집과 앞퇴가 있는 목조 초가가 대중적으로 지어지기 시작했을 것으로 추측된다.[59]

58) "선공감(繕工監) 초완(草薍)을 어찌하여 국용은 헤아리지 아니하고 다 팔았느냐? 또 군자창(軍資倉)·광흥창(廣興倉)의 노적(露積)에 이엉을 입히는데, 사용한 것이 많아야 1천 속(束)에 불과한데, 어찌 그 숫자를 헤아리지 않고 드디어 농민으로 하여금 많이 베게 하였는가? 누문의 노대에 깔아야 할 돌도 1만 개이면 많을 터인데, 선군으로 하여금 3만 개씩이나 실어오게 하여 백성들을 수고롭게 함은 무슨 짓이냐? 이는 너희 사인들이 잘 살피지 아니한 소치(所致)로다."

59) http://kta.krpia.co.kr 한국의 전통건축. 초가삼간편

이엉의 종류는 재료에 그 이름을 붙여 사용하는 것이 보통이다. 예컨대, 갈대로 이엉을 만들면 갈대이엉이고 억새이엉은 억새로 만들고 다만, 볏짚으로 만든 것은 일반적으로 이엉이라고 한다. 초가 지붕을 이는 방법에는 박용하의 초가집 이야기에 보면 모양이 물고기의 비늘을 닮았다 하여 붙여진 비늘이엉법과 짚 뿌리쪽이 밖으로 나오지 않도록 덮는 방법인 사슬이엉법, 본적으로 사슬이엉과 같은데 이엉을 엮지 않고 띠새풀로 직접 이는 바 많이 쓰이는 기법인 흐른이엉의 3가지가 있다고 한다.

이엉을 만드는 방법은 한 움큼 정도의 짚을 새끼로 엮어서 만드는 경우와 처음 시작부분에만 새끼를 꼬고 그 이후에 한 움큼의 짚을 댈 때 바로 이전의 한 움큼 짚 중에서 몇 개의 을 필요한 만큼의 짚 7~10개를 아래와 위에서 따로 빼서 밑동에서 대략15cm 부분을 감아 엮고 마감 할 때 새끼를 꼬아 이엉이 풀어짐을 방지하면서 만드는 방법이 있다. 크기는 보통 볏짚의 경우 볏짚크기가 밑동부터 수냉이 끝부분까지의 길이로서 60~70cm가 보통이다.

현재 활용도는 용마름과 함께 같은 처지에 놓여 있고 옛것에 대한 시연이나 체험장에서나 볼 수 있다.

56. 자 리

자리는 왕골이나 골풀의 줄기를 잘게 쪼개서 매거나 치어서 앉거나 누울 수 있도록 바닥에 까는 물건을 말한다. 여기서 중요한 사실은 매는 것은 고드랫돌을 사용하여 만드는 것이고 치는 것은 바디를 사용하여 만든 자리를 말하며, 둘 다 주로 직사각형의 자리로 되어 있다.

재료는 왕골·부들·갈대가 주로 이용되었고 종류는 재료에 따라서 띠로 만들면 띠자리, 왕골로 만들면 왕골자리, 짚으로 만들면 짚자리, 갈대로 엮은 것은 삿자리, 부들로 만들면 부들자리 등으로 나눈다. 왕골이나 풀을 잘게 쪼개어서 친 것을 돗자리라고 한다. 또, 자리의 역할을 하는 것으로 가마니나 거적, 멍석도 있다. 같은 왕골을 사용하더라도 제조방법에 따라 돗자리와 자리로 구분하기도 한다. 유사한 것으로 돗자리가 있는데 날이 속으로 감춰지는 것이 돗자리고 날이 밖으로 노출되는 것이 자리라는 것에 차이점을 발견할 수 있겠다.

유래는 삼국사기에 자리에 대한 언급은 제법 있으나 짚자리에 대한 내용이 나오는데,

> **"이윽고 밤이 늦어지자 娘(낭)이 불러 가로되 내가 마침 불행히 산고가 있다. 바라건대 和尙(화상)은 짚자리를 준비해 달라 하였다. 부득이 불쌍히 여겨 아니 듣지 못하고 燭(촉)불을 은근히 밝히니 娘(낭)이 이미 해산하고 또 목욕하기를 청하였다."**[60]

60)짚자리 : 삼국유사(이병도 역) 제3 > 탑상 제4 > 남백월2성 노힐부득 달달박박

위의 내용으로 보아 짚자리 보다 더 나은 자리가 있다는 것을 암시할 수 있는 대목이다.

자리는 맨바닥에 그대로 앉는 것에의 격조를 찾기 위해서 주변에서 손쉽게 구할 수 있는 짚풀로 만든 것이다. 자리는 사용하기 쉽고 여름에는 시원한 민구의 깔개이다. 자리에 대해서는 현재 대중화된 제품으로 일반인이 잘 알고 있고 특별히 교육적, 학문적 가치의 정도가 현저히 높다고 보이지 않아 더 많은 내용에 대해서는 약하고자 한다. 요즈음 백화점이나 마트에 가면 늘 다양하게 찾아 볼 수 있다.

57. 제 웅

〈사진 6-35〉 제웅

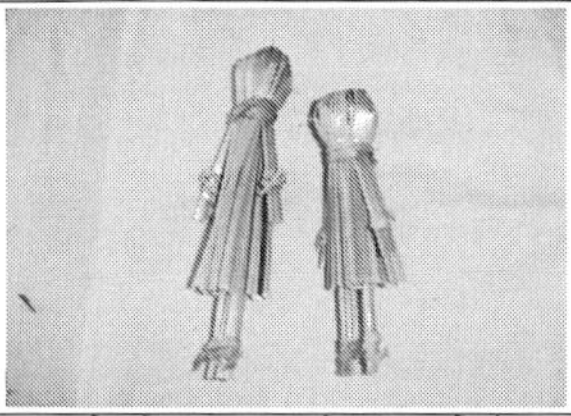

보릿짚으로 만든 제웅

제웅은 액막이로써 짚으로 사람의 형상을 만든 것을 말한다. 제용 ·처용(處容)이라고도 하고 지역에 따라 제주에서는 허재비[61]라고 하고 경기에서는 허애비[62]라고 하였다. 여기서 액막이는 닥쳐올 액(厄)을 막으려는 행위이다. 이 액막이는 연날리기·부럼깨기·달집태우기·창포머리감기도 이어 해당된다. 이러한 행위 중에서 음력 정월 14일 밤에 제웅을 만들어 9년에 한번씩 찾아오는 나후직성의 액년을 당하는 사람의 성명 또는 출생한 해의 간지(干支)를 적어서 삽짝 밖이나 다리밑에 버린다. 이럴 때 액년이 든 사람의 옷을 입히기도 한다. 나후직성을 제웅직성이라고도 하며제웅자는 11살부터 여자는 10살부터 9년마다 해당된다. 동네 아이들이 대보름날 초저녁에는 동네를 돌면서 삽짝에서 제웅달라고 소리지르기를 하기도 하여 그것을 다리밑에 버려주고 동전을 갖기도 하는 풍습이 있었다. 그러나 돈을 넣는 이유는 액운에게 노자를 주어 액운에게 멀습이떠나보내려는 의미돈을 넣고 한다.[63] 동전은 보통 홀수로 넣는데 이것은 제사상에도 홀수의 음식물을 올리는 것과 탑의 층이 홀인 것과 같은 맥락에서 홀의 수가 길하기 때문에 홀수를 사용한 것으로 추측되어 진다. 또 액막이 행위 중에서 귀신이 싫어하는 오감이 있는데 먼저, 눈의 시각은 노란색이나 빨간색이다. 귀의 청각에 싫어하는 것은 북이나 금속성소리·슬픈

61) 인병선(2005). 『우리가 알아야 할 우리짚풀문화』 현암사. p483

62) 1)의 책 p52

63) 1)의 책 P214

소리· 높은 음소리가 해당된다. 코의 후각은 강한 냄새로 마늘 등이고 혀의 미각은 매운 것과 신 것을 싫어하며 피부의 촉각은 뜨겁거나 아픈 것이 해당된다.

제웅의 재료는 주로 볏짚이고 요즈음은 보릿대나 밀짚으로도 만든다. 그리고 종이나 헌 옷도 필요한 경우가 있다.

제웅의 용도는 액막이로써 가정의 안영과 무탈을 기원하는 주술적의미를 담고 있다. 크기는 만드는 이의 생각에 따라 다르지만 보통 길이 20~30cm가 많다. 요즈음은 학생들이 손쉽게 배울 수 있는 짚풀 공예의 한 종류로 묶기와 꺾기 및 자르기를 하면 금방 끝난다. 물론 얼굴 형상을 매직 등으로 그리기도 하여야 한다.

58. 종다래끼

종다래끼는 짚이나 싸리로 만들어 씨를 뿌릴 때 사용하는 다래끼보다 작은 바구니를 말한다.
곡식을 담아 나르거나 씨를 뿌릴 때 사용하는 용구이기도 하다. 재료는 짚이나 싸리 또는 댕댕이덩굴, 오리버들이나 인동덩굴, 칡덩굴 등이 있다. 유사용어로 화종종두래미(충북)·종다래미(경남·강원)·조락바구리(제주)·종태기(경기)·종댕이(경기, 그러나 경상도지방이나 전라일부지역의 바구니를 칭한다.)·씨글메꾸리(강원)·종다리(강원)가 있다.

용도는 시골이나 농촌에서 냇가나 강에서 고기잡이를 할 때도 사용을 많이 한다. 논밭에 조·수수·콩·팥·감자·녹두 등을 심을 때 씨를 담기도 하고 산에서 고사리나 약초 등을 꺾거나 캐어서 담을 때도 사용된다. 들과 산으로 다니는 것에 편하게 양쪽에 끈을 달아 허리에 차거나 멜빵을 달아 어깨에 메기도 하였다. 크기는 보통 높이 25~30cm, 지름 30~35cm 정도이다. 종다래끼는 평소에는 논밭이나 산에서 이동하는 운반의 도구이고 겨울에는 처마밑에 씨앗을 고이 저장하는 기능을 동시에 하였다. 요즈음은 변형된 프라스틱 제품이 많이 나오고 실제 종다래끼는 축제장이나 박물관에 가야 볼 수 있다.

59. 주저리

주저리는 일정한 양의 볏짚의 수냉이 위 끝을 모아서 씌울 수 있도록 만든 덮개을 말한다. 경상도 일부지역에서는 우지지라고도 했다.

재료는 주로 볏짚이다. 가을에 수확이 끝나고 난 뒤 햇짚을 사용하는 경우가 대부분이다. 햇짚이어야 제대로 된 정성이 있다고 보았고 그때에는 대부분 새짚이 들판을 채우고 있는 시기이다. 볏짚의 밑동을 묶는 경우는 드물고 가늘고 묶기가 쉬운 이삭 부분을 묶어 준다.

사용처는 보관이 필요한 곳에 빗물이나 눈이 새어 보관하는 내용이 썩지 않도록 하거나 추위를 막고 보온을 유지하거나 부정을 막고 안영을 기원하는 덮개역할을 한다. 주저리의 변신이 있는데, 단순한 주저리의 중간 부분에 흰 한지를 둘려 매는 경우로써 주저리 자체에 신격을 부여 했다고 볼 수 있다. 늦가을에 벌통위에 주저리, 무를 땅에 묻고 얼지 않게 하기 위한 주저리, 장독간에 단지의 주저리, 가을들판의 볏가리를 위한 주저리, 탈곡이 끝난 뒤 볏짚을 한곳에 모은 짚가리에 필요한 주저리, 집안의 재복을 관장하는 업가리에도 짚주저리, 나무를 비에 젖지 않게 하기위한 나무덮게 주저리, 죄인을 압송할 때 씌우는 형구의 주저리, 겨울에 꽃나무나 김칫독 위에 덮어씌워 눈비를 가리며 추위를 막는 주저리 등 사용처는 많이 있다.

주저리의 중요도를 설명한 상징성의 속담이 있는데 '삼천석 볏가리도 우지지 하나가 제일', '벼 삼천석도 주저리가 없으면 말짱 헛것'[64]이라는 속담이 있다고 우리짚풀문화 저자 인병선님은 기술하고 있다. 여기서 우지지는 주저리의 경상도 용어이다. 용도는 저장·보관에 필요한 짚 민구이다. 크기는 사용용도와 장소에 따라 높이나 넓이가 다르지만 맨 꼭대기 끝은 볏짚의 길이에 펼쳐진 원뿔형 고깔의 크기로 보면 된다. 만들기는 매우 쉬운편인데 볏짚의 밑동이를 아래로하고 수냉이 부분을 위로하여 이삭부분을 동여 묶어 주면 된다. 요즈음 가을의 들판에 가면 농기계의 발달로 콤바인들로 탈곡하는 바람에 주저리의 보기는 어렵고 산골의 계단식 논둑이나 장독간의 장독대에서 가끔 볼 수가 있을 아름다운 풍경이다.

60. 짚 공

짚공은 볏짚이나 왕골로 새끼를 꼬아서 둥글게 엮어 만든 공을 말한다. 공의 안에는 지푸라기 등을 넣어 내용을 채워 둥글게 만든다. 재료는 볏짚이나 왕골, 삼 등이 될 수 있다.

짚공의 유래에 대해서는 삼국사기에 의하면,

> **"그후 열흘에 유신이 春秋公(춘추공)과 같이 정월오기일에 자기 집 앞에서 공을 차다가 【신라인은 蹴鞠(축국) 弄珠(농주)의 戲(희)라고 함】 일부러 春秋公(춘추공)의 옷을 밟아서 옷끈을 떨어트리고 청하기를 내 집에 들어가서 달자 하였다."**[65]

64) 인병선(2000). 『풀코스ㆍ짚문화 여행』 현암사. p30
65) 삼국사기ㆍ삼국유사(이병도 역) 삼국유사 권 제1 > 기이 제1 > 태종춘추공

신라시대에 돼지의 오줌보나 소의 방광이나 가축의 태에 공기를 불룩하게 넣거나, 털을 넣어 찼던 축국(蹴鞠)이라는 것이 있었고, 이 축국이 오늘날의 축구 놀이라고 예상된다. 크기는 요즈음의 축구공보다는 약간 작다. 지름이 18cm, 28cm가 보통 제작 요청 사이즈다.

〈사진 6-36〉 짚공

볏짚 짚공	왕골짚공	왕골 짚공

용도는 옛날식 축구 재현행사에 주로 사용된다.

만드는 방법은 어떤 방식이나 재료를 택하던 새끼로 꼰 뒤에 그것으로 외피를 만든 다음 속에 지푸라기 등의 내용물을 넣어 만들어야 한다. 소부리망과 같은 방식으로 만들 수도 있고 위의 사진처럼 다양하게 엮어 만들 수 있다. 2002년 월드컵 대회 이전에 제주도와 서울 등지에서 월드컵 개최 기념 축하 행사에 짚공이 사용되기도 하였다.

61. 짚 신

짚신은 볏짚으로 가는 새끼를 꼬아 날을 삼고 신총과 돌기총으로 울을 삼아 만든 신을 말한다. 망리(芒履)·망혜(芒鞋)·초혜(草鞋), 짚세기(북한 지역), 초리(草履)[66]라고도 한다. 유사한 것으로 미투리가 있다. 또 짚신은 곤충 등 생명 존귀함을 담은 '오합혜(五合鞋)'라고 부른다. 고전 서적에는 芒履가 8건, 草鞋가 1008건, 草鞋가 302건, 草履가 175건이 나타나고 있다.[67]이로 보아 짚신은 짚풀공예의 기본이고 역사가 깊다는 점을 알 수 있다.

짚신의 재료는 주로 짚으로 만들지만 삼이나 왕골, 부들, 피나무 껍질, 칡덩굴, 울로초[68](흑룡강성,

66) 전게서(前揭書) 29 공장(供張) 2 짚신(草屩).

67) 한국고전종합db, 2023년 기준.

68) 울로초 : 울로초의 짚신은 부드럽고, 지붕의 이엉으로도 많이 활용되었다. 늪지대나 진펄에서 자라고 사람들은 이 지역을 지나갈 때 울로초를 밟고 건너기도 한다.

요용성, 길림성지역에 많이 사용됨)도 사용하였다.

짚신의 종류는 왕골총백이, 부들총백이, 까라백이, 고운신, 막치기가 있다고 「짚풀문화」의 저자 인병선의 글에 나온다. 여기서 총백이는 짚신의 총의 재료를 나타내고 있고 까라벡이는 짚이다. 고운신은 여자용이고 막치기는 남자의 짚신이다. 짚신의 뒤갱기를 감는 재료는 볏짚보다는 다른 재료가 주로 사용되는데 피나무 껍질, 닥나무껍질, 옥수수껍질, 뽕나무껍질, 삼껍질, 싸리나무껍질, 가래나무껍질 등 다양하게 사용되었다. 이 같은 재료는 뒷갱기가 힘을 많이 받고 마찰도 심한 부위이기 때문이다. 짚으로 하면 약하고 쉽게 떨어지는 것을 방지하기 위하여 짚 보완용으로 뒷갱기를 감는데 사용된다. 짚신에는 신총, 앞갱기, 뒷갱기, 돌기총 2개(5cm), 도갱기(8cm), 바닥, 뒤축, 앞축 등 짚신의 부위에 따라 용어가 따로 있다.

짚신의 유래는 통전 변방문(邊防門) 동이(東夷) 마한조에 '초리(草履)'가 나오는데,

> **"磨典[마전:木器製造所(목기제조소)]은 경덕왕이 梓人房(재인방)으로 고쳤다가 후에 다시 전대로 하였다.**
> **鞜典(탑전)·靴典(화전: 신類(류)를 만드는 곳)**
> **打典(타전)**
> **麻履典(마리전: 草履(초리) 등을 만드는 곳)**
> **御龍省(어룡성: 국왕의 行幸(행행)을 맡는 곳)은 私臣[사신 :長官(장관)] 1명으로, 후일 애장왕 2년에 추가해서 두었다. 御伯郎(어백랑)은 2명, 경덕왕 9년에 奉御(봉어)로 고쳤고, 선덕왕 원년에 또 卿(경)으로 고쳤다가 얼마 후에 監(감)으로 고쳤다. 稚省(치성)이 14명이었다."**[69]

마전, 탑전, 타전, 마리전 등의 용어가 나오고 이 중에서 마리전이 초리 등을 만든 곳이라 하여 삼국시대부터 짚신을 만들어 신었다는 것을 알 수 있다.

짚신과 미투리의 차이는 짚신은 4줄의 날이고 미투리는 6줄의 날을 사용한다는 것에 큰 차이가 있다. 짚신과 고무신의 비교로 보면 재질이 짚과 고무이지만 보온적인 측면에서는 짚신이 더 따뜻했다. 짚신의 크기는 사람의 발 크기에 맞게 만들어 신는다. 짚신의 용도는 분류상 사람의 치장에 속하고 이동하는 수단에 이용되며 발 보호로 사용된다.

짚신 삼(만들기)을 때 다양한 용어가 있다. 고정줄, 짚모순, 부띠(허리띠), 짚신틀, 다리기, 토꼬지, 덩두렁 막개 등이 있는데 짚신을 만들려면 먼저 고정줄을 만들어야 한다. 고정줄은 건축물의 골격이 있는 것처럼 짚신에도 골격이 필요하고 짚신의 골격을 말한다. 고정줄은 길이가 150~180cm 정도이고 굵기는 짚의 날 수가 6개 정도를 사용하여 0.6~0.8cm가 보통이다. 이 줄은 반으로 접어야 하고 반으로 접

69) 삼국사기・삼국유사(이병도 역)삼국사기 권 제39, 잡지 제8, 직관 중.

으면 75~90cm가 되는데 신발의 길이가 26cm인 경우 뒤꿈치가 올라 있는 부분 도갱기(약 8cm)와 옆으로 돌기총[70](양쪽으로 5cm)가 있는 부분을 고려하면 적어도 46cm 이상은 필요하다고 할 것이다. 날줄은 튼튼하여야 하므로 재료로 짚뿐만 아니라 삼이나 닥나무껍질을 섞어서 꼬아 고정줄이 튼튼하게 하여야 한다. 요즈음은 짚 속에 나이론 줄을 넣어 사용하기도 한다. 고정줄은 짚신을 만들기 쉽게 하기 위하여 줄 다듬기를 하여야 한다. 이를 위하여 고정줄의 표면 상태를 칼이나 가위로 다듬고, 그 뒤에는 버린 짚북데기로 고정줄의 표면을 대고 몇 번의 왕복을 하여 줄의 표면 상태를 매끄럽게 하여야 한다. 이렇게 매끄럽게 함은 "나중에 짚신 다리기에 지장이 없게 하기 위함이다."[71] 짚신을 만들려면 짚 2개로 아주 가늘게 꼰 가는 새끼와 고정줄을 허리춤에 연결하여야 하는데 이때 고정줄을 반으로 접어 허리춤에 매고 나머지 두 고리는 양쪽 무릅을 구부린 곳에 끼워서 작업에 임한다. 고정줄은 양쪽 무릎에서 시작하여 양쪽 발바닥 중앙(장심), 양쪽 엄지발가락에 끼워가는 단계를 거치면서 작업을 하게 된다. 물론 짚신 짜는 틀을 사용하면 이 신체 부위의 과정은 없어진다. 짚신 만들기는 다른 짚풀용구 만들기보다 공정이 까다롭다. 짚을 추리고 새끼를 꼬고 허리에 줄을 매고 4줄로 날로 하여 양쪽에 가장자리에 총을 만들고 가는 새끼로 총과 돌기총을 꿰어 신골을 넣어 덩두렁막개로 두드려 부드럽고 보기 좋게 모양을 내어 만든다. 신골은 짚신의 크기와 모양을 낼 때 짚신의 안쪽에 넣어 사용하는 나무토막을 말한다. 신골의 종류는 앞골, 배족, 뒷골이 있다. 앞골은 짚신의 앞쪽에 사용하고 배족은 중앙에, 뒷골은 짚신의 뒤꿈치 부분에 넣어 사용한다. 짚신에 있어서 여자용은 곱거나 부드럽게 만들어 사용하였다. 현재 짚신의 활용은 역사물의 영상소품으로 사용되고 있고, 무좀이 있는 사람이 신발로 이용되고 있다. 또, 전통식 장례의 일환으로도 상가(喪家)의 상제가 짚신을 신는 경우도 있다. 그리고 지역자치단체의 각종 문화 축제 행사에 단골로 등장하기도 하다.

62. 채 반

채반은 싸리나 개나리 개비로 껍질을 벗겨 울이나 춤이 없이 둥글넓적하게 결어 만든 그릇을 말한다. 울이나 춤이 없이 둥글넓적하다는 것은 통풍이나 물이 잘 통하거나 빠지고 햇빛이 잘 들어오며 쉽게 담을 수 있는 장점이 있다. 채반의 동의어로 '잠박'이 있고 이 잠박은 누에 채반을 말하며 '채반' 이라고 하는 용어는 싸리채로 결었다고 해서 붙여진 이름이다. 재료는 싸리나 버드나무, 대나무, 뻥쑥대, 개나리, 등나무 등으로 만든다. 재료의 채취 시기는 7월에 농사일을 끝낸 다음이 좋다. 채반의 종류는 사용처에 따라 다양한데, 누에 칠 때 사용하는 누에채반, 질그릇채반, 주로 기름에 부친 전·빈대떡·누르미 등

70) 토꼬지 : 강원도 정선(부산광역시 감천동에 사는 이춘선도 토꼬지라고 하였음)에서는 돌기총을 토꼬지라고 하였다.

71) 이춘선은 '다리기'용어를 사용하였다. 인터뷰, 2005년 4월.

을 담는 전채반, 감자·호박·감·가지·고구마·무우·고사리 등을 말리는 일반 채반이 있다.

〈사진 6-37〉 채반

채반의 유래는 '한국고전종합DB'에는 297건의 기사[72]가 나타나고 있고 주로 '누에 蠶箔'에 대한 것이 대부분이고 조선왕조실록에는 1건의 기사는 성종에 가서야 나오는데,

> **"상공이 집구자·집광자를 거느리고 차례로 따라 잠실에 이른다. 상공이 뽕을 잠모(蠶母)에게 주고, 잠모가 뽕을 받아 실처럼 썰어서 내명부에게 주어 누에에게 뿌려 한 박(薄)[73]을 먹이고 나면 전빈이 내명부·외명부를 인도하여 각각 막차(幕次)로 돌아간다."**[74]

고 하였고 그 후에는 많은 문헌에 나타나고 있어 채반이 많이 사용되고 있음을 보여주고 있다고 할 것이다.

채반에 관련된 한국속담이 있는데,

> **"딸의 채반 재 넘어가고 며느리 채반 농 위에 있다."**[75]

고 하여 딸을 준 채반은 어느새 재를 넘어 제 시집으로 가고 있으나 며느리에게 준 채반은 제집 농짝 위에 그냥 남아 있다는 뜻으로, '며느리 살림은 제집 살림임'을 비겨 이르는 말이지만 결국, 채반은 모든 가정에서 사용되었다는 민구였다는 것을 엿 볼 수 있는 대목이다.

채반은 김남곤(2009)의 시집 "녹도꽃 한 채반"[76]이라는 시집도 있는 것처럼 근래의 우리 주변에서도 시선 좋은 용구라고 할 수 있겠다.

채반의 크기는 보통 대·중·소로 나뉜다. 대(大)에 해당하는 큰 것은 60~80cm도 있고 중(中)에 해당하는 것은 40~60cm 정도이고 소(小)에 해당하는 것은 20~40cm가 있다.

---

72) 검색일 2022년 12월 11일. 한국고전종합DB.
73) 박(薄) : 누에를 치는데 쓰는 채반. 곧 잠박(蠶箔).
74) 조선왕조실록 성종 77권, 8년(1477 정유 / 명 성화(成化) 13년) 윤2월 27일(을축) 4번째기사.
75) 한국속담사전 본문 '다'.
76) 김남곤(2009), 『녹두꽃 한 채반』, 신아출판사.

채반의 용도는 건조의 기능과 보관의 기능이 갖추어져 있다는 것이 특징이다. 건조는 산나물, 어류나 해산물, 물기를 빼기 위한 삶은 국수나 절인 배추, 고구마나 감을 썰어 늘 때에도 사용한다. 보관은 건조와 동시에 보관이 일어나는 기능을 한다. 요즈음은 플라스틱제품이 대부분이나 여전히 짚풀로 만든 채반도 엿볼 수 있다.

63. 키

키는 곡식 등을 까불러서 쭉정이나 지푸라기 또는 검불 등을 분리하여 골라내는 데 쓰는 도구를 말한다.

키의 재료는 버드나무가 가장 많이 사용되었다. 그 외에도 대나무, 싸리, 왕골, 청올치, 소나무뿌리와 같이 질기고 탄성이 강한 재료로 사용된다.

키의 유래는

> **"손노동으로 탈곡을 하거나 방아를 찧던 지난날 중요한 농사 도구의 하나로 쓰였다. 안악3호무덤의 벽화에 방아 찧는 모습과 함께 여인들이 키질하는 장면들이 그려진 것은 키가 오래 전부터 있었음을 알 수 있게 한다. 조선시대에는 백성들이 키를 만들어 관청에 바치기도 하였다."**[77]

그러나 "키는 아무나 만들어 사용하지 않았다. 짚풀용구를 잘 만든다하여도 키는 장에 가서 사서 쓰는 경우가 많았다. 백정이 주로 키를 만들어 팔았다."[78] 유사 용어는 지역에 다양하게 불린다. 경상남도 산청·거창·함양과 전라남도 구례·보성은 '챙이'라고 불리고 강원도 홍천·도계에서는 '치'라고 하였고 경상남도 영산·합천에서는 '칭', 제주에서는 '푸는체'라고 불렸다.

키의 사용을 3가지로 나눌 수 있는데, 키질 · 키내림 · 나비질로 구분할 수 있다. 키질은 키로 곡식 따위를 까부르는 일을 말한다. 곡물을 1되나 2되 정도 담고 까부르면 가벼운 쭉정이나 겨 같은 것은 키의 넓고 편편한 끝부분으로 나아가 떨어지거나 날아가게 되고 알곡이나 무거운 것은 안쪽에 좁고 우묵하게 된 곳에 모이게 하는 방법으로 바람이 불 때 하면 지푸라기의 날림이 좋고 일이 쉽게 진행된다. 키내림은 곡식을 키에 담아 높이 들고 좌우로 흔들어 알곡은 바로 떨어지고 티끌이나 지푸라기 등은 바람에 날려 보내기 위해 쏟아 내리는 일을 말한다. 키내림은 키질보다 바람의 영향을 더 많이 받는다. 나비질은 곡식의 검부러기나 먼지 따위를 날리고 알곡을 정미하기 위해 키로 부쳐 바람을 일으키는 일을 말한다.

---

77)한국민속대사전. 한국의 주생활. 키.

78) 인병선(2005). 『우리가 알아야 할 우리짚풀문화』 현암사. p394.

키의 만들기는 대나무나 버들 등의 재료를 물에 불려서 굵기와 길이에 따라 날대를 바닥뜨는 도구인 신창대 위에 놓고 삼끈으로 고정시킨 다음 하나 건너씩 씨대를 끼워 디딜대로 누르며 움직이지 못하게 신창대에 잡아매면서 엮고 마지막에 예음부분은 소나무나 미루나무를 얇게 두르고 칡끈으로 단단히 감쌌다.

키에 대한 우리나라의 풍습도 다양하다. 키의 사용에 있어서 민간에서는 오줌싸개 어린이에게 버릇을 고칠 요량으로 키를 씌워 다른 집으로 소금을 얻으러 보낸다. "다시는 오줌을 싸지 마라."하고 소리치며 소금까지 뿌리거나 키를 두드리며 창피를 주는 풍습이 있다. 또 경상남도지방에서는 키는 까부는 연장이므로 정초에 처음 서는 장에 가서는 키를 상인이 내어 놓지도 않고 고객이 사지도 않는다고 한다. 이는 복이 달아난다고 믿는 풍습 때문이다. 경상남도 합천에는 이사 갈 때 키에 터부가 있어 반드시 버리고 갔지만 제주도에서는 반드시 가지고 가는 것과는 대조를 이루는 풍습이 존재하였다. 요즈음의 키는 전통방식의 대나무 키가 있으나 보통 시중에 판매되는 것은 버들로 만든 것이지만 수입 제품이 대부분이고 장식으로 사용되는 작은 것들도 많이 나오고 있는 추세이다.

64. 통 발

통발은 가는 댓살이나 싸리 등으로 엮어서 통과 같이 만들어 들어간 고기가 빠져나오지 못하게 만든 고기잡이 기구를 말한다. 여기서 통발은 수산 어업의 전문용어대역사전에 나오는 '어획을 목적으로 수산동물의 생식장소에 설치하여 수산동물을 유치시켜 잡는 어구'에 대한 것이 아니라 짚풀로 만든 통발에 대한 국한된 내용을 설명하고자 한다. 우리나라는 3면이 바다이고 강과 내가 많아 통발에 대한 기록은 조선왕조신록에 25건 등 총 605건의 기사가 나타나고 있다.[79] 통발은 유교의 기본 경전인 사서삼경의 시경[80]에도 나타나는데,

"魚麗于罶 물고기 통발에 걸렸으니
魴鱧 방어와 가물치이다.
君子有酒 군자 술 있으니
多且旨 많고 또 맛있다.
魚麗于罶 물고기 통발에 걸렸으니
鰋鯉 메기와 잉어이다."[81]

---

79) 2023년 1월 10일 한국고전종합DB.

80) 시경 : 시경에 수록된 시들은 크게 풍(風), 아(雅), 송(頌)으로 나누어지며 아는 다시 소아(小雅)와 대아(大雅)로 구분된다.

와 같이 나타나 통발은 많은 종류의 물고기와 함께 인간의 식생활에 기여하여 왔다고 볼 수 있다.

통발의 동의어는 어전(漁筌)이다. 설통발이 있는데 상류에서 내려오는 물고기를 잡으려고 거꾸로 놓은 통발을 말하고 준말은 '설통'이라 한다. 통발과 비슷한 기구로 '어리'가 있기도 하다. 통발의 재료는 대나무 가지나 싸리, 버드나무 가지, 칡넝쿨의 속대 등이 된다. 통발의 종류는 물고기를 잡는 장소에 따라 바다사용 통발이 있고 내나 강에 사용하는 민물사용 통발이 있다. 바다에 사용되는 통발은 문어통발, 새우통발, 게통발, 붕장어통발, 골뱅이통발이 있고 민물에 사용하는 통발은 뱀장어 통발, 미꾸라지 통발, 피라미 통발, 뱀통발, 메기통발 등 무엇을 잡느냐에 따라 통발의 이름이 붙여지곤 한다. 그러나 물고기를 무엇을 잡을 것인과에 따라 통발의 형태가 약간 다르다. 예를 들어 뱀장어통발은 일반 통발에 비하여 길이가 약간 길다 보면 되는데 장어통발은 장어를 미끼로 유인하여 함정에 빠트려 잡는 어로기구로 길이가 40cm 정도이고 직경이 15cm로 약간 훌쭉하고 긴 원통형이고 다른 것은 원통형 또는 구형으로 그 크기는 30~90cm 정도가 보통이다. 통발의 입구는 좁게 엮어 만들어져 있으며 반대쪽은 막혀 있지만 뒤쪽 끝은 자유로이 묶고 풀 수 있어 잡은 고기를 쉽게 꺼낼 수 있도록 만들어야 한다. 설치할 때 물의 흐름이나 등으로 유실에 대비하여 고정시키는 장치를 하여야 할 것이다.

요즈음은 그물로 된 것이 많고 모양이 비슷한 것이 술을 거르는 용수가 있고 비슷한 용도로 사용되는 것이 강에서 뱀장어 잡을 때 된장 넣고 사용하는 가마니가 있다.

65. 패랭이

패랭이는 댓개비 따위로 엮어 만들어 신분이 낮은 사람이나 상제가 쓰던 갓을 말한다. 조선시대 천인계급이나 상제가 쓰던 갓으로 이 책에서 패랭이는 짚풀공예 재료로 사용되는 것만을 대상으로 한다. 재료는 대나무(대나무)·밀대나 보릿대·버들로 만들기도 한다. 고리패랭이는 고리버들로 만든 것을 말한다. 유사용어로는 갓, 관모, 입자, 평량립, 평량자, 폐양자, 차양자, 흑립, 초립, 방립, 대우, 양태 등이 있다. 패랭이의 유래를 살펴보면 고려시대부터 사용되었으며 방립(方笠)에서 갓(黑笠)으로 진행되는 중간 단계의 과도기에 해당한다. 처음에는 서민들뿐만 아니라 사대부층 등 많은 사람들에게 통용되다가, 좀 더 고급 관모(冠帽)인 흑립(黑笠)이 나온 뒤에는 상인(喪人)이나 신분이 낮은 역졸·보부상·천직(賤職)에 있는 사람들이 주로 사용하였다.

81)사서삼경. 시경. 小雅 > 鹿鳴之什 >어리

〈사진 6-38〉 패랭이

패랭이

여기서 역졸은 흑칠한 것을 썼고, 보부상들은 패랭이 위에 목화송이나 가화(假花)를 꽂고 끈을 매달아 머리에 고정시켰다. 조선시대의 패랭이에 대한 문헌이 나오는데,

> **"예조가 멸대모(篾大帽)를 금할 것은 계청(啓請)하니, 전교하기를,**
> **'이렇게 써서 팔도에 보내면 모를 수도 있을 것이니, 곧바로 평량자(平涼子)[82]라고 써서 보내라. 명을 어긴 자는 엄중히 다스리라는 것도 아울러 언급하라.' 하였다. 이에 앞서 조정에서 중국 제도에 따라 하인들은 다 소모자(小帽子)를 쓰게 하고 입자(笠子)를 쓰는 것을 금할 것을 의논하였으나, 마침내 시행하지 못하였다."[83]**

고 나타나 패랭이가 권력자가 특정 신분을 묶는데 이용되기도 한 것을 볼 수 있다.

패랭이는 조선 초기에 흑립이 양반층의 전유물이 되면서 역졸(驛卒), 보부상(褓負商), 백정 등의 천한 층이 착용하거나 상복(喪服)으로서 상주(喪主)가 외출시에 두건 위에 쓰게 되었다.

패랭이의 용도는 햇빛을 가려 더위를 피하는 모자이고 용모를 통하여 자신의 역할을 나타내는 용도로 사용되었고 이는 곧 신분을 나타내는 것이기도 하다.

크기는 높이가 약 15cm이고 테의 지름이 30cm 정도다. 보관은 주로 마루 위에나 쉽게 손이 닿는 기둥의 걸이에 걸어두고 외출할 사용하였다. 만드는 방법은 가늘게 오린 댓가지로 성글게 엮어 만들어 사용하였다. 요즈음도 패랭이는 시장에 가서 조금만 관심을 가지고 보면 눈에 쉽게 들어온다.

66. 화 승

화승(火繩)은 불이 붙은 상태로 유지하는 데 쓰는 끈을 말한다. 화승의 재료는 주로 대의 속살을 꼬아

82) 평량자 : 패랭이
83) 조선왕조실록 선조 45권, 26년(1593 계사 / 명 만력(萬曆) 21년) 윤11월 22일(임인) 9번째

만들거나 억새의 보송보송한 이삭 부분, 볏짚 등이 사용된다. 화승은 다른 말로 화심이라고도 한다. 화승은 조선왕조실록이나 고문서에도 112건이 나타나고 있으나[84] 이는 무기에 불붙이는 화약을 터뜨리기 위해 종이로 만든 화승(火繩)으로 설명되고 있지만 본 도서에서는 우리 선조들의 일상생활에 사용되었던 짚풀민구로서의 끈을 말한다. 불을 보관하거나 운반할 때 주로 사용되었던 화승이 화약심지보다는 더 일찍부터 사용되었다는 것이다. 용도는 화약심지, 불을 오랫동안 보관하고 운반하는 불씨로 사용된다. 즉 요즈음의 라이터 역할을 한다는 것이다.

크기는 보통 지름 3cm, 길이 1m 정도이다. 만드는 방법은 대살이나 억새이삭을 적당한 크기로 모아서 칡껍질이나 삼껍질로 돌려가면서 길게 만든다. 요즈음 보기가 쉽지 않고 축제장이나 박물관에 가야 볼 수 있다.

◆ 이 책에서 지금까지 언급되지 않았던 민구의 종류는 몇 가지만 나열을 해보면 다음과 같은 것들도 있다. 당고리, 목이 긴 짚신인 둥구니신, 죽부인, 징채, 용수, 여치, 업왕가리, 터주가리, 밧줄, 팔랑게비, 문살, 멜빵 흙솔 등이 있다.

84) 2023년 1월 10일 한국고전종합DB.

Ⅶ. 활성화 방안

1. 활성화 모형
2. 짚풀공예 가치 창출
3. 법제화
4. 수익 창출 모델 개발

1. 활성화 모형

짚풀공예의 활성화를 위해서는 앞에서 살펴본 짚풀공예가 쇠퇴한 원인을 재고·개선하여 짚풀공예가 성행했던 시절로 되돌리는 것도 궁여지책일지 모른다. 실현 가능성이 없다. 짚풀공예의 활성화 방안을 짚어보는 이유는 활성화의 궁극적인 해결책은 되지 않더라도, 선대들의 짚풀 생활을 현대인들이 짚풀공예 문화를 향유하고 짚풀공예에 대한 인식 제고, 추후 지속적인 발전 방향을 제시하는 기초 자료로 활용하는 것에 의의를 두고자 한다.

짚풀공예는 공예의 기초이고 우리 선민의 생활이고 뿌리 공예이고 미래세대에 전수할 유산이기 때문에 짚풀공예의 활성화를 위한 법제화 요구에 적극적인 관심을 가져야 할 것이다. 한 장원(2006)은 공예 관련 활성화 방안으로 "디자인 개발 지원, 공예 인증제 도입, 공예 클러스터 조성, 전자상거래 시스템 구축, 공예 관련 우수 인력 양성, 제작 추적 이력 시스템(RFID) 도입[1)]"을 제안하였다. 짚풀공예의 발전에도 관련성이 되는 부분도 있지만 짚풀공예가 일반 공예에 비하여 관심도가 낮다고 여겨지기에 접목하기에는 쉽지 않을 것이다. 그 이유로, 첫째로 짚풀 공예작품은 공예대전에서 높은 점수나 성과를 보상받지 못하고 있다는 점이다. 일반 공예대전에 참가하면 누구나 입상은 쉽지 않지만 짚풀 공예로는 더욱 수상이 힘들다. 대학교에서 짚풀공예 전공자가 없고 학과도 없다. 따라서 공예 대전 심사위원들의 전공과 학과는 미술이나 일반공예학과 교수들이다. 짚풀공예에 대한 이해도가 낮다. 심사위원들은 학교 제자나 전공 관련분야의 관심이 더 높게 드러날 수 있기 때문으로 여겨진다.

두 번째로 짚풀공예 관련 규모가 있는 축제가 아산시 외암민속마을에서 개최되는 '짚풀문화제'가 유일하다는 점도 더욱 아쉬운 대목이다. 짚풀공예가 대부분 지역축제의 부속 프로그램으로 자리하고 있는 것이 짚풀공예의 현주소다.

세 번째로, 필요인력에 대한 양성 프로그램 개발이나 정부 지원사업 등도 찾아보기 어렵다. 전국 단위의 국가인정 사단법인도 출범 못하고 있는 실정으로 자격증 과정도 없다. 뿌리공예에 대한 관심도가 있어야 가능할 것이다. 짚풀공예는 우리의 역사성이 고스란히 담겨있는 민속 생활이다. 선민들의 생활이면서 현재까지도 그 맥과 풍습을 이어 왔기 때문이다.

짚풀공예의 활성화는 짚풀공예에 대하여 연세 드신 어르신뿐만 아니라 남녀노소가 관심이 있어야 한다. 국가나 관련 기관의 관심이 필요하고 산업 및 상업적 관심도 고조되어야 활성화가 될 것이다. 이러한 것들이 짚풀공예에서는 기대하기 쉬운 대목이 아니다.

---

1) 한 장원(2006), 『공예문화상품의 산업화 방안 연구』, 중앙대학교 디자인학과 박사학위논문, p200.

[표 7-1] 짚풀공예 활성화 모형

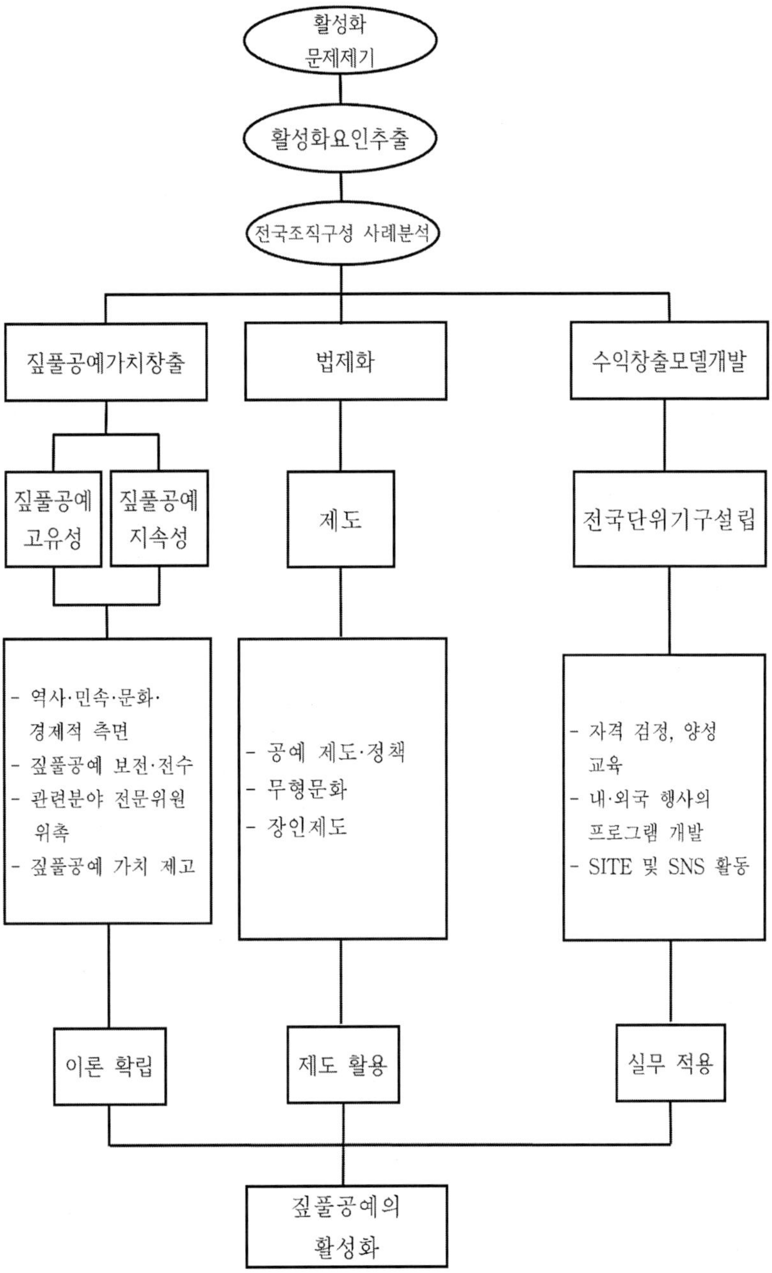

짚풀공예의 활성화를 위해서는 활성화 문제 제기, 활성화 요인추출, 전국조직구성, 사례분석으로 이어져야 할 것이다. 그러나 사례분석 부분은 질적 분석과 양적 분석의 결과로 도출된 정책적 함의에 대한 것이 없고, '짚풀공예협회'라는 전국단위의 국가인정 조직도 구성되지 않았다. 이에 따라 '짚풀공예 대전'의 사례분석을 샘플링할 이력도 없다. 따라서 사례분석은 추후 과제로 남겨 둔다.

짚풀공예 활성화와 관련되어 있는 다양하고 여러 제언이 있을 수 있으나 체계 정립을 위하여 현실적인 '[표 7-1] 짚풀공예 활성화 모형'을 제시하였다. 구조적 활성화 모형은 3가지 축이다. 짚풀공예 가치창출, 법제화, 수익창출모델개발로 이어지는 모형을 제시하고자 한다.

2. 짚풀공예 가치 창출

짚풀공예 가치 창출은 짚풀공예의 고유성과 지속성에 관한 것이다. 짚풀공예의 고유성과 지속성에 대한 주요 요인을 추출하면 '[표 7-2] 짚풀공예의 활성화 추진 방향'이 어느 정도 제시된다. 이 내용은 역사·민속적 측면, 문화적 측면, 경제적 측면, 제도·구조적 측면과 보전과 전수, 전통·민속공예 가치의 제고로 나누어서 살펴볼 수 있다.

[표 7-2] 짚풀공예의 가치 창출

활성화 추진 방향	내용
역사·민속적 측면	-역사, 민속, 미술, 공예에 대한 교육적 효과 및 확장. -우리 유산에 대한 유지와 계승 발전을 위한 역사·민속 문헌 고찰. -우리 민족이 수많은 외세침략에도 견딜 수 있었던 것은 짚풀 활동으로 인해, 피난 생활이 가능하였다는 역사적 정통성 확보. -짚풀공예 관련 역사·민속적 측면의 학술 교류.
문화적 측면	-국가나 지방의 문화 발전. -국민의 문화 향유의 다변화 및 참여 문화 다양화. -전통문화의 계승 발전. -삶의 질 향상. -노인의 정서 및 정신건강 문제 개선. -짚풀공예 관련 다양한 콘텐츠 개발 및 보급. -짚풀공예는 현재와 미래의 항구적인 가치 창출.

	-작가의 무형문화재로서의 보존 및 육성에 대한 접근. -초중고등학교 전통 문화교육으로 도입. -지역축제 일환 행사. -작품 전시 활동 활성화로 외국과 국제교류.
경제적 측면	-외래 관광객의 볼거리 살거리 증가로 지역 경제 활성화. -짚풀공예 캐릭터 개발、지역 문화개발 효과. -짚풀공예 산업 정착. -짚풀공예 관련 종사자 복리 후생(보험) 정책 강화 -관광 진흥 효과. -SNS 등 다양한 미디어 매체를 통한 활성화와 이벤트 개발, 협찬 및 수익 창출.
짚풀공예 보전·전수	-우리 역사와 함께한 민속공예인 짚풀공예를 보전하고 후세에게 전수하여야 하는 책무. -협회와 국가 및 지자체는 보전과 전수를 위한 교육시설을 지역별 짚풀공예박물관 건립 및 운영.
짚풀공예 가치 제고	-미술, 역사, 공예학과 출신 박사 또는 교수. -관련법률 담당 변호사. -협회에서 인정하는 짚풀공예 전문가, 미술·공예 전문가 등. -전문위원 위촉하여 내·외 우호적 조직 구성 및 활용. -전통·민속공예의 진부성 탈피. -전통·민속공예의 인식 제고. -전통·민속공예와 현대 또는 미래산업과 융합.

1) 역사 · 민속적 측면

짚풀공예의 가치 창출의 역사·민속적 측면에서 짚풀공예에 관련된 우리나라 역사, 민속에 대한 교육적 효과 및 확장, 짚풀공예 관련 우리 유산에 대한 유지와 계승 발전, 역사적 정통성 확보, 남·북의 짚풀 관련 학술 교류, 비슷한 짚풀문화를 가진 관련국과의 국제학술교류를 제시할 수 있다.

2) 문화적 측면

문화적 측면에 있어서는 문화적 측면에 있어서는 "지역의 과거 유 · 무형 자산으로 머물러 있는 '공예'를 현재와 미래의 항구적인 가치로 이어가기 위하여 인식의 전환을 촉구하는 방법론으로 공예의 제도"[2)]

처럼 짚풀공예도 공예의 일부라는 점에서 먼저 인식의 전환이 요구된다. 국가나 지방의 문화 발전, 국민의 문화 향유 다변화 및 참여 문화 다양화, 전통문화의 계승 발전, 삶의 질 향상, 역사교육, 체험교육 분야의 확장, 짚풀공예 관련 다양한 콘텐츠 개발 및 보급, 무형문화재로서의 보존 및 육성, 학교에서 전통 문화교육으로의 도입, 지역축제 일환 행사 등에 관하여 현재와 미래의 항구적인 가치로 제시할 수 있어야 한다. 이 중에서 지역축제의 일환 행사만 살펴보더라도 짚풀 공예인들이 원하고 규모가 있는 '짚풀공예 대전'의 활성화는 처음부터 바로 이루기가 쉽지 않다. 지금 바로 실행이 가능한 전국 각 지역 축제 내에 짚풀공예 프로그램을 권장 사업으로 도입하여 일반인들이 짚풀공예에 대한 접근성을 높이는 것도 한 방법이 될 것이다.

3) 경제적 측면

경제적 측면은 수익 창출 모델개발에 이론적인 근거를 지양하는 부분으로 해석할 수 있다. 지양점의 구체적인 영역은 외래 관광객의 볼거리 살거리 증가로 지역 경제 활성화, 짚풀공예 캐릭터 개발·지역문화개발 효과, 짚풀공예 산업 정착, 짚풀공예 관련 종사자 복리 후생(보험) 정책 강화, 관광 진흥 효과, 전시·SNS 등 다양한 미디어 매체를 통한 활성화와 이벤트 개발, 협찬 및 수익 창출이 관심 영역이고 지양점으로 주목해야 한다.

경제적 측면에서 다양한 발전 방향이 있지만 특히, 짚풀공예 관련 종사자 복리 후생(보험) 정책 강화 부분을 눈여겨보아야 할 것이다. 현재 짚풀공예 관련 종사자는 문화원, 청년회의소, 로터리클럽, 숲해설사, 각종 보존회 등에서 종사하면서 짚풀공예 관련 업무를 임시방편으로 겸업하는 경우도 있다. 짚풀공예 관련업으로만 전문적인 직업을 가지고 종사하는 이는 극소수다는 점에서 실제적인 관심 분야이다. 또, 관광 진흥 효과, 전시 등 다양한 미디어 매체를 통한 활성화와 이벤트도 요구된다. 특히, 짚풀공예 전시 활동은 개인과 단체로 구분되어 설명할 수 있다. 개인은 지역에서의 활동에서 탈피하여 세계로 나가서 우리의 짚풀문화를 알리는 계기가 마련될 수도 있다. 우리나라의 공예문화산업 진흥법 시행령 제15조는 지역특화 공예품의 육성에 대하여 전시회나 박람회, 지역축제와 연계한 판매, 지역 관광자원과 연계한 판매에 대하여 제시하고 있다.[3] 이를 바탕으로 한국짚풀공예협회 공예작가들의 2021년~2022년 개인 전시현황을 살펴보면 다음과 같다.

---

2) 윤희봉(2022), 『한국 현대 공예제도 연구』, 홍익대학교 대학원 박사학위논문, p188.
3) 공예문화산업 진흥법 시행령[시행 2022. 2. 18.] [대통령령 제32447호, 2022. 2. 17., 타법개정]. 제15조(지역특화 공예품의 육성) 법 제18조제1항에서 "대통령령으로 정하는 사항"이란 다음 각 호의 사항을 말한다.
 1. 지역 공예전시회 또는 박람회에의 참여
 2. 지역축제와 연계한 판매
 3. 지역 관광자원과 연계한 판매

[표 7-3] 한국짚풀공예협회 회원의 2021년~2022년 개인 전시회 현황(가나다 순서)

성명	기간	장소	비고
권민수	2021.08.04.~2021.09.02	부산광역시 에코센터	공동:전혜경, 임철민
김이랑	2022.07.26.~2022.07.31	모랫골만지작스튜디오	
김현숙	2021.08.04.~2021.08.10	부천문화원	초대:김준환,민경환
민경안	2021.11.01~2021.11.30	김포문화원전시관	
박종찬	2022.02.~2022.05	강감찬도시농업센터	
양해용·이준희	2022.03.22.~2022.05.08	옥천전통문화체험관	
이충경	2022.11.15.~2022.12.11	외암마을 전시관	

개인이 아닌 단체의 전시도 각 지역의 농업기술센터나 지방자치단체에서 전시회를 개최하고 있었다.

4) 짚풀공예 보전 · 전수

우리 역사와 함께한 민속공예인 짚풀공예를 보전하고 후세에게 전수하여야 하는 책무, 협회와 국가 및 지자체는 보전과 전수를 위한 교육시설을 지역별 짚풀공예박물관 건립 및 운영에 대한 고민이 필요하다. 문화체육관광부나 지방자치단체 및 정부 기관 등은 짚풀공예를 학교나 정부 기관에 전통 문화교육의 일환으로 도입하여 학교 미술 교과, 기관의 동아리 등 선택적 짚풀공예 활동의 장려가 요구되고 학생들과 일반 시민의 체험활동과 수업 장려를 통하여서도 짚풀공예의 보전과 전수가 필요하고 이로 말미암아 짚풀공예 활성화가 이루어질 수 있도록 하여야 할 것이다. 또, 지역별로 짚풀공예 체험 시설 구역을 정하여 시설의 부지 매입에 관한 것, 건물의 건축 및 시설의 이용에 대해서는 규제와 예산의 지원, 세금 등의 혜택을 부여하여야 할 것이다. 나아가 짚풀공예 관련 시설의 현대화, 산업화 정착을 통하여 짚풀공예의 보전과 전수가 자연스럽게 이루어지게 하여야 한다. 그리고 짚풀공예가 활성화와 관광 진흥 효과로 거듭날 수 있는 지원이 요구된다.

5) 짚풀공예 가치 제고

짚풀공예 가치제고는 전문가 자문위원 위촉과 짚풀공예의 가치제고로 나누어 볼 수 있다. 전문가 자문위원 위촉은 짚풀공예인의 권익확보와 짚풀 관련 제도 해석과 사업 확장, 법률자문 등 미술, 역사, 공예학과 출신 박사 또는 교수, 관련법률 담당 변호사와 협회에서 인정하는 짚풀공예 전문가, 미술·공예 전문가 등 전문위원을 위촉하여 내 · 외 우호적 조직 구성 및 활용의 전문화를 하자는 취지다.

짚풀공예의 가치 제고는 짚풀공예의 진부성 탈피 및 인식 제고, 짚풀공예와 현대 또는 미래산업과 융합이 필요하다는 점을 제시한 것이다.

6) 정리

짚풀공예의 고유성과 지속성은 역사·민속·문화·경제적 측면, 짚풀공예 보전·전수, 관련분야 전문위원 위촉, 짚풀공예 가치 제고를 통하여 짚풀공예의 발전과 공예인들에게 자긍심을 갖게 함은 물론, 후세에게 물려줄 확고한 유산이 될 것이다.

3. 법제화

짚풀공예는 오랜 전통과 문화와 민속적 가치를 지닌 짚풀공예가 한국의 공예로서 체계화되고 활성화되기 위해서는 사람들이 지속적인 관심과 연구 그리고 장기적인 제도적 지원이 필요할 것이다. 짚풀공예의 법제화는 소외되어있는 짚풀공예가 우리 사회에 접근하기 위한 것으로서 '공예 제도·정책', 기록될 수 있지만 만질 수 없는 문화인 '무형문화', 짚풀 공예인이 관심을 가질 만한 '장인제도'로 나누어 설명하고자 한다.

1) 공예 제도·정책

우리나라의 공예는 문화재로서의 인식 제고와 공예품의 상품성·경제성이 형성되며 현재에 이르고 있다. 공예의 발달사는 한국공예시범소(KHDC) 설립개요에 나타나듯이 공예인들에게 공예품의 상품성과 경제성 위주의 정책임을 알 수 있다. "광복 이후 한국 사회에 현대적 개념의 산업디자인 시스템을 도입하고, 현대 디자인의 원형을 형성하는 데 가장 결정적인 역할을 했던 곳은 1957년 미국의 원조로 설립된 한국공예시범소(KHDC)다. 공예시범소의 설립목적은 당시 산업시설이 거의 없는 한국 사회에 소규모 가내 공업제품, 전통공예품에 대하여 디자인, 품질, 기능을 해외 시장에 수출할 수 있도록 지원하는 데 있다. 이를 통해 농업경제 중심 사회에 산업력을 길러 주고 가난을 극복시키고자 했다." 그러나 점진적으로 한국공예에 대한 인식은 "전통공예에 대해 국가가 추진하는 정책은 문화재적 가치, 예술적 가치, 산업적 가치, 정보적 가치를 실현하고 이를 활성화하기 위한 목적으로 이루어지고 있다.[4)]" 물론, 20세기 전반에 조선미술전람회 공예부가 만들어지고, 최근에는 현대공예에 대한 2015년 공예문화산업진흥법이 제정으로 공예문화 진흥의 근간을 찾을 수 있다.

4) 위주영(2010). 『한국 전통공예정책의 문제점과 발전방안』, 전남대대학원 박사학위논문.

[표 7-4] 한국공예시범소(KHDC) 설립개요[5)]

스폰스	OCE(경제조정국) ICA(계획번호 89-23-293) 상공부, 대한공예협회
계약자	'Smith, Scherr & McDermott' industrial design
위치	공예시범소: 서울특별시 중고 태평로2가 306번지
취지	1. 공예인들에게 기술, 디자인 지원 2. 생산제품을 위한 국내 및 외국 시장 발굴 지원 3. 제품 및 비즈니스 진행에 대한 조언 4. 공예인들의 수입 증가

공예에 대한 공예인에 대한 마음 자세도 중요하지만 이를 적용하는 지자체나 국가에서는 "공예가 어떻게 도시 전체에 생산적으로 기여할 수 있을지 고민해야 하며, 공공기관의 행정에서도 문화, 교육, 도시개발, 산업, 관광 등 여러 분야가 협력할 수 있는 체제를 마련해야 하고"[6)] 우리 조상의 생활문화인 짚풀공예에 대하여도 머리를 맞대고 협력한다면 창의성과 지속가능성이 이어지고 공예인과 지역발전이 마련될 것이다. 나아가 공공기관이 시행하고 있는 제도적 측면과 정책적 측면을 살펴보면 짚풀공예의 실상에 다가가고 발전 방향도 모색될 수 있을 것이다.

(1) 공예의 일부분인 짚풀공예의 제도적 측면에서 "공예문화산업진흥법 제3조는 (국가와 지방자치단체의 책무) ①국가와 지방자치단체는 공예문화산업의 진흥을 위하여 필요한 정책을 수립·시행하여야 한다. ②국가와 지방자치단체는 우리나라 공예의 우수성을 널리 알리고, 공예문화산업의 발전과 확산을 위한 방안을 마련하여야 한다."[7)] 이로 보아 공예의 진흥을 위한 정책 수립과 시행이 요구되며 발전과 확산방안이 요구되고 있음을 알 수 있다. 전통공예의 발전 방향에 대하여 이수희는 "제도적 측면에서 국내, 외 사례에서는 전통공예산업에 대한 독립적인 법률 및 시행령 제정, 지원기관 및 주무부처의 일원화, 명장 및 장제도의 확대, 전문인력 양성 기관의 확대, 재정지원책의 다양화가 예비항목으로 도출되었고 이 중 1, 2순위로 선택된 비율이 가장 높았던 항목은 전통공예산업에 대한 독립적인 법률 및 시행령 제정(76.5%)과 지원기관 및 주무부처의 일원화(47.1%)로 나타났다."[8)]이로 보아 짚풀공예도 전통공예의 일부분이라는 점에서 크게 벗어나지 않을 것이다.

공예문화산업진흥 기본계획을 5년마다 수립하고 공예문화산업진흥위원회를 구성하여 기본계획 및 시행계획수립 정책에 대한 평가 및 자문 등에 관여, 정기적인 실태조사, 공예품의 품질향상 및 기술개발,

5) 출처, 김종균(2007), 「1957년부터 1959년까지 한국공예시범소(KHDC)의 활동과 성과」, 『디자인학연구』, 제69호.
6) 윤희봉(2022), 『한국 현대 공예제도 연구』, 홍익대학교 대학원 박사학위논문, p187.
7) 공예문화산업 진흥법-법률 제13299호 신규제정 2015. 05. 18. [제3조][변경]
8) 이수희(2020), 「전통공예산업의 활성화방안에 관한 연구 - 제도적·정책적 측면을 중심으로 -」 한국기초조형학회.

전문인력 양성에 대한 내용을 제5조에서 규정하고 있다.[9]여기서 전문인력 양성을 위한 한국전통문화대학교가 설립되어 있으나 짚풀공예와는 거리가 멀다. 또한, 한국공예 · 디자인문화진흥원 산하에 공예산업팀도 짚풀공예의 활성화에 기대할 수 있는 부서라고 보기 어렵다.

또 다른 법이지만, 중소기업진흥 및 제품 구매 촉진에 관한 법률 제45조는 산업자원부 장관과 지방단체의 장은 법 제40조 규정[10]에 의하여 관할지역 안의 민속공예산업을 영위하는 중소기업자의 경영안정을 위하여 지원이 필요하다고 인정할 때에는 다음 각호의 지원을 할 수 있다.

① 경영안정을 위한 소요자금

② 제품의 판로확보

③ 제품개발 품질향상 및 개발 전 제품의 상품화.[11]

'전통공예품 관광상품 개발 자금 융자'의 경우는 5천만 원을 연 3%의 저금리로 지원해 주지만 정부 지정 은행인 산업은행을 통해서만 융자가 가능하기 때문에 다른 은행에 기존 담보가 있으면 융자가 불가능하다.[12]민속공예업을 하는 업체는 행정적 절차를 이행하면 공예품 개발 자금을 융자할 수 있지만 현실은 이런 제도가 있는지도 모르고 짚풀 공예인은 주로 사업체를 운영하기보다는 개인으로 활동하는 경우가 대부분으로 융자 등 지원제도와는 거리가 멀다.

(2) 짚풀공예의 정책적 측면에서 전국지자체별 '공예품 전시 판매장 건립 및 운영', '공예 관련 지역 축제 및 행사 지원', '관광기념품, 공예품 공모전 개최', '신제품 개발 지원 및 판로지원' 등의 형식으로 이루어지고 있으나.[13] 지방자치단체의 관심도와 경제 규모에 따라 차이가 있다. 전통공예의 발전방향에 대하여 이수희는 "정책적 측면에서는 11개 예비항목 중에서 개발과 생산, 판매 단계를 고려한 지원책 마련(88.2%), 선도공예기업 성장 지원, 융자 및 세제혜택 확대(76.5%), 행정담당부처 일원화를 통한 중장기 계획 수립(64.7%), 박람회 개최 등 직거래시장의 활성화(47.1%)가 가장 높은 비율로 나타난 항목이었다."[14] 중요도가 생산, 판매 단계를 고려한 지원이고 다음이 융자 및 세제혜택 확대와 담당부처의 일원화도 요구하고 있는 것으로 나타나고 있다. 그러나 짚풀공예의 가장 현실적인 문제점은 소규모 수

---

9) 공예문화산업 진흥법 제5조.

10) 제40조: 민속공예산업에 대한 지원에서 정부와 지방자치 단체는 민속공예산업을 영위하는 중소기업자의 경영안정을 도모하기 위하여 대통령이 정하는 바에 따라 필요한 지원을 할 수 있다.

11) 추원교(1999), 「한국공예의 육성정책」, 한국공예논총.

12) 전은정(2006), 「옻칠공예의 지역 특화를 통한 활성화 방안 연구」, 중앙대학교 대학원 석사학위논문.

13) 문화체육관광부(2010), 「전통문화 산업 실태조사 종합육성계획수립을 위한 기초연구 -전통 문화산업 분류기준연구-」, p10.

14) 이수희(2020), 「전통공예산업의 활성화방안에 관한 연구 - 제도적.정책적 측면을 중심으로 -」 한국기초조형학회.

공업으로 인해 영세성이 부족하고 제대로 된 판매나 홍보가 있을 수 없다는 것이다. 짚풀 공예인은 지역축제의 일부 부스에서 경제활동을 영위하고 있는 수준이다. 실상은 지방자치단체의 축제의 프로그램 속에 '짚풀공예'나 '짚풀' 용어를 사용하는 곳이 극소수로 여겨지기 때문이다. [표 7-5] 아산시 외암민속마을 '짚풀문화제'내의 짚풀관련 프로그램을 보면 주요 내용은 공연, 전시 · 재현, 체험, 기타 행사로 나누어지는데 그 중에 체험에 관한 내용이다. 체험이 짚풀관련 프로그램으로 채워져 있음을 알 수 있다. 정책적인 부분은 장인제도와 관련이 있어 구체적으로는 후술하겠다.

[표 7-5] 아산시 외암민속마을 '짚풀문화제'내의 짚풀관련 프로그램

1. 체험(짚풀놀이 한마당), 10.20~10.22 - 짚풀미로찾기 - 전통 벼베기 문화체험(10.20~10.22) - 도롱이 입고 동네한바퀴 - 짚풀 여치집 방향제 만들기 - 아산시 짚풀공예 경연대회(사전모집) - 새끼꼬기 경연, 멍석짜기 경연(10.21) 2. 체험(짚풀문화체험장), 10.21~10.22 - 대형도래명석짜기 - 대형짚자리 역기 체험 - 가마니짜기 체험 - 새끼줄꼬기 체험 - 짚풀소품 만들기 체험(유료) - 짚풀공예 작품전시 판매(유료) - 새끼줄 소원 움집 꾸미기 체험

2) 무형문화

무형문화재는 전통적 공연·예술, 공예 · 미술 등에 관한 전통기술, 한의약과 농경·어로 등에 관한 전통지식, 구전 전통 및 표현, 의식주 등 전통적 생활관습, 민간신앙 등 사회적 의식(儀式), 전통적 놀이·축제 및 기예·무예다. 이는 "기존의 무형문화재가 주로 기 · 예능을 지칭하는 것이었다면, 2015년 무형문화재 진흥법은 지식, 구전, 관습 등이 포함되도록 확대되었다."[15]이를 짚풀공예 제도의 맥락에서 살펴보면,

15) 윤희봉(2022), 『한국 현대 공예제도 연구』, 홍익대학교 대학원 박사학위논문.

농경에 관한 전통 지식, 전통적 생활관습, 공예에 관한 전통 기술이 무형문화적 유산의 범주에 관련이 있다할 것이다.

문화재보호법에는 무형문화재의 정의와 원칙, '무형문화재의 유형', '무형문화재 지정 및 전승자 인정', 중요무형문화재의 보호 및 육성에 관한 몇 개의 조항만 있을 뿐, 무형문화재에 대한 조항 자체는 많지 않았다.[16] 무형문화재에 대한 사전적 의미로는 형태로 헤아릴 수 없는 문화적 소산으로서 역사상 또는 예술상 가치가 높은 것이다.[17]

무형유산법령과 협약을 살펴보면, 전통공예에 대한 한국의 제도는 근거 법률에 따라 서로 상이한 정책이 시행되고 있다. 「문화재보호법」과 「무형문화재법」의 적용 대상이 되는 전통공예는 법에 따라 엄격한 보호와 후대 계승을 목표로 설정하여 운영 중이고, 산업진흥을 위한 별도의 다양한 제도와 정책 사업이 동시에 이루어지는 이중적인 구조를 가지고 있다.[18] 「무형문화재법」 제2조 2항의 정의에 "보유자"란 제17조 제1항 또는 제32조 제2항에 따라 인정되어 무형문화재의 기능. 예능 등을 대통령령으로 정하는 바에 따라 전형대로 체득, 실현할 수 있는 사람을 말한다.[19] 특히 한국은 문화재보호법 개정(1999.1.29.)을 거쳐 원형보존주의를 기본원칙으로 짚풀공예도 기능을 원형대로 정확히 체득 보존하고 이를 그대로 실현할 수 있는 자'다. '고도로 체득하고 있는 자'로 규정한 일본은 중립적인 관점에서 기록의 작성, 전승자의 양성 등 보다 폭넓은 방법으로 운영되고 있다.[20]

(1) 본고에서는 짚풀공예를 설명하는 입장에서 재료와 기술에 따라 우리나라의 무형문화재의 종목을 13개 분류로 구분하여 짚풀공예, 금속공예, 도자공예, 목공예, 칠공예, 죽세공예, 염직공예, 복식공예, 피모골각공예, 한지공예, 옥석공예, 악기공예, 채화공예로 나누었다.[21]

짚풀공예에 대하여는 좀 더 구체적으로 살펴보고자 한다. 문화재청에서는 짚풀공예 중 예술적으로나 학술적으로 가치가 높은 지정 종목에 대하여 국가무형문화재로 지정하여 보호하고 있다.

---

16) 정상우(2015), 「무형문화유산 독립입법의 의의와 향후 과제」, 『2015년 무형유산학회 제1회 학술심포지엄: 무형문화재 보전 및 진흥에 관한 법률의 비판적 검토』, 무형유산학회, p10～11.

17) 김선영(2007), 『시・도지정 무형문화재 제도의 운영방안』, 중앙대학교 박사학위논문, p20.

18) 이원태(2016), 「한국 전통공예문화산업의 정책 현황과 무형문화재 정책 방향」, 『2016 무형유산 국제컨퍼런스-전통공예 정책현황과 활성화 방안』, 국립무형유산원, pp.23～33.

19) 무형문화재법 제2조.

20) 박계리(2016), 「동아시아 무형문화유산 보호제도와 유네스코 협약」, 『미술사논단』 34 (한국미술연구소, pp.298～299.

21) 박선영(2007)은 『시・도지정 무형문화재 제도의 운영방안』, 중앙대학교 박사학위논문, p23에는 공예부분의 무형문화재의 종류를 도자공예, 피모공예, 금속공예, 골각공예, 나전칠공공예, 제지공예, 목공예, 건축공예, 지물공예, 직물공예, 염색공예, 옥석공예, 수・매듭공예, 복식공예, 악기공예, 초고공예, 죽공예, 무구공예의 18개로 분류하고 있다. 또한 짚풀공예를 '초고공예'로 기술하고 있다.

[표 7-6] 짚풀공예 지정종목과 장인(2019.12 기준)

지정 주최	지정번호	보유자	종목명	지정일	전수 조교	이수자
제주	제8호	홍달표	정동벌립장	1986.04.10		
국가	제103호	이상재	완초장	1996.05.01	유선옥·양인숙	9
충남	제31호	백길자	홍성댕댕이장	2009.09.20	김성환	
서울	제29호	최헌열(명예)	등메장	2002.05.06		
	제16호	한순자	초고장	2006.12.31		
대전	제16호	양중규	초고장	2007.03.23		
인천	제17호	한명자	완초장	2008.12.10		
전남	제55호[22]	임채지	초고장	2013.12.19		

위 짚풀공예 지정 종목은 총 8건이 무형문화재로 지정되어 있다. 내용들을 살펴보면 국가의 제103호 완초장 지정이 1건이고 지방무형문화재가 7건으로 나타나고 있다.[23] 지방에서 지정한 무형문화재가 더 많은 수의 지정 종목으로 인정받고 있음을 알 수 있다. 또, 중요 특징은 짚풀재료에 따른 종목명이 결정된다는 점이다. 따라서 공예인은 특정 짚풀재료 1가지를 주목할 필요가 있겠다. 물론, 장인의 공예 창작 능력은 학술적·예술적 가치가 높은 것이 당연할 것이다. 아쉬운 점은 짚풀공예가 타 공예보다 무형문화재 지정 수가 8건으로 가장 적다는 점이다. 관심이 필요한 부분이다.

(2) 타 공예

금속공예는 2019년 12월 기준 27종목으로 국가지정 무형문화재가 9종목이고 지방무형문화재가 18종목이다.

도자공예는 2019년 12월 19종목으로 기준국가지정 무형문화재가 4종목이고 지방무형문화재가 15종목이다.

목공예는 2019년 12월 기준 25종목으로 국가지정 무형문화재가 6종목이고 지방무형문화재가 19종목이다.

칠공예는 2019년 12월 기준 24종목으로 국가지정 무형문화재가 3종목이고 지방무형문화재가 21종목

22) 지방무형문화재, 전남 제55호 초고장 2013년 12월 31일 지정된 임채지 무형문화재는 장경희(2017)의 논문에 제시되지 않은 내용으로 저자의 연구에 의하여 추가되었다. 임채지는 사)미성짚풀공예문화원(2011년 5월 설립)을 운영중이다.

23) 장경희(2017), 『무형문화재의 이해』, 솔과학, p165에는 짚풀공예 지정 종목이 총 7건이 무형문화제로 지정되어 있다고 기술하고 있다.

이다.

죽세공예는 2019년 12월 기준 19종목으로 국가지정 무형문화재가 9종목이고 지방무형문화재가 12종목이다. 다른 공예에 비하여 국가 지정무형문화재가 많음을 알 수 있다.

염직공예는 2019년 12월 기준 11종목으로 국가지정 무형문화재가 5종목이고 지방무형문화재가 6종목이다. 염직공예도 국가지정 무형문화재비율이 지방지정 무형문화재보다 높게 나타나고 있다.

복식공예는 2019년 12월 기준 15종목으로 국가지정 무형문화재가 5종목이고 지방무형문화재가 10종목이다.

피모골각공예는 2019년 12월 기준 22종목으로 국가지정 무형문화재가 6종목이고 지방무형문화재가 16종목이다.

한지공예는 2019년 12월 기준 15종목으로 국가지정 무형문화재가 4종목이고 지방무형문화재가 9종목이다. 한지공예의 색다른 특징은 전북의 지정번호 제10호와 경북의 지정번호 제23호다. 전북의 지정번호 제10호는 종목명 '태극선' 지정일 1993년 6월 10일과 같은 10호 종목명 '단선' 지정일 2010년 3월 12일이고, 경북의 지정번호 제23호는 종목명 '청송한지장' 지정일 1995년 6월 30일과 종목명 '문경한지장' 2005.7월 28일이 지정되었다는 점이다. 보통 한 지정번호에 한 종목이었다. 이를 달리한다는 점에서 눈여겨볼 필요가 있다.

옥석공예는 2019년 12월 기준 11종목으로 국가지정 무형문화재가 2종목이고 지방무형문화재가 9종목이다.

악기공예는 2019년 12월 기준 9종목으로 국가지정 무형문화재가 1종목이고 지방무형문화재가 8종목이다.

채화공예는 2019년 12월 기준 14종목으로 국가지정 무형문화재가 3종목이고 지방무형문화재가 11종목이다.

이같이 무형문화재는 국가지정문화재와 시도 지정문화재가 있고, 국가지정문화재는 유형문화재는 국보와 보물이 되고 무형문화재는 중요문형문화재가 된다.

시도 지정문화재는 유형문화재와 무형문화재가 있다.

[표 7-7] 국가지정문화재와 시도지정문화재 비교[24]

구분	문화재				문화재 자료
종류	유형문화재	무형문화재	기념물	민속자료	
국가지정	국보·보물	중요무형문화재	사적명승천연기념물	중요민속자료	-
시도지정	유형문화재	무형문화재	기념물	민속자료	문화재 자료

무형문화제 보유자에게는 기본적으로 60만 원에서 100만 원의 지원금이 지급되고 있다. 그러나 이 지원금은 공예가의 생계유지를 위한 것으로 공예제품 생산을 위한 자재 구입으로는 들어가지 않는다.

3) 장인제도

공예문화 산업진흥법 제18조는 "국가 또는 지방자치단체는 지역특화 공예품의 생산을 업으로 하거나 하려는 자에 대하여 지역특화 공예품의 생산 및 개발, 전문판매점의 설치·운영, 수출 촉진, 그 밖에 대통령령으로 정하는 사항에 대하여 필요한 경비를 지원할 수 있다."[25]

전시회와 짚풀공예 축제 및 공예대전의 비용은 2015년 5월 18일에 제정된 공예문화산업 진흥법 제18조에서 관련이 있다고 여겨진다. 공예문화산업진흥법에는 국가나 지방자치단체가 지원할 수도 있다. '지원한다'의 강제조항이 아니기에 공예문화 진흥법을 짚풀공예에 관련하여 지원 여부는 짚풀공예인이나 짚풀공예협회회원의 의지와는 거리가 멀지만 조금씩 나아지고 있다. 일반 공예에 비하여 소외되어있는 짚풀공예에 대하여 조금씩 관심을 가지는 지방자치단체가 있다. 해당 지방자치단체는 축제 형식으로 지원하는 경우와 짚풀 공예인을 지원하는 형식이 있다.

첫 번째로, 축제 형식으로 지원하는 방식은 축제 전체를 '짚풀' 자체 주가 된 경우와 축제의 일부에 '짚풀 관련 프로그램'으로 참여하는 형식이 있다.

축제 전체가 '짚풀'관련 행사가 주를 이루는 곳은 충청남도 아산시 외암민속마을과 경기도 시흥시가 있다. 아산시의 '짚풀문화재'는 주최가 아산시이고 주관이 사)외암민속마을보존회로 '짚풀'관련 축제이다.

24) 박동석 역음 · 정문교 감수(2005), 『문화재보호법』, p501
25) 공예문화산업 진흥법[시행 2015. 11. 19.] [법률 제13299호, 2015. 5. 18., 제정] 제18조.

출처, 2023.10, 26, 저자 촬영.

<사진 7-1> 짚풀이 주가 된 아산시 외암민속마을 '짚풀문화제' 안내 리플릿

"외암마을은 2000년 1월 7일에 문화재보호법에 의한 국가지정 문화재로 승격되어 중요민속자료 236호로 지정되었다. 송악면 외암1리 중에서설화리 지역을 제외한 약 20만 7천 8백여 제곱미터(약 62,800여 평)이 문화재로 지정된 것이다."[26] 이로 말미암아 외망민속마을의 짚풀문화재 관련 행사는 주가 짚풀관련 프로그램이고 다른 프로그램이 부속 프로그램으로 운영되고 있어 명실상부한 짚풀공예 축제로 자리매김하고 있다. 시흥시의 공예대전은 주최가 시흥시 주최이고 시흥 향토민속보존회에서 주관하는 '호조벌사랑 전국짚풀공예대전'으로 성장하고 있다. 전자는 축제이고 후자는 공예대전이다. 2곳 다 짚풀이 주가 된 행사라 할 수 있겠다.

26) 김예슬(2014), 『민속마을 축제를 통한 전통의 지속가능한 전승방안 연구 : 외암민속마을 짚풀문화제를 중심으로』, 중앙대학교 석사학위논문, p8.

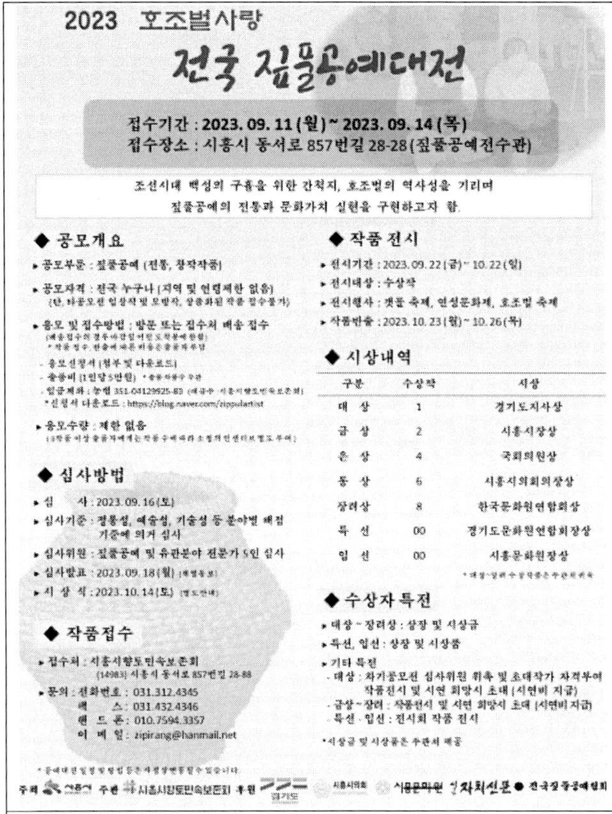

출처, 김수연 2023. 9, 11

<사진 7-2> 시흥의 짚풀공예대전

축제의 일부에 '짚풀 관련 프로그램'으로 참여하는 형식은 마산 '만날제'축제, 부산 '어방축제', 제주성읍의 '정의고을 전통민속재현축제', 부천의 '복사골 예술제' 등 전국 각 지역단체에서 실시하는 축제 내용에 들어있는 여러 프로그램 중의 하나를 짚풀 관련 프로그램을 취하는 형식이다. 짚풀공예가 프로그램 일부분으로 부스 1~3개를 활용하여 짚풀 공예품을 전시하거나 만들기 종목들로 일반 시민들의 참여형 프로그램이 주를 이루고 있다. 축제의 다양성과 조상의 지혜를 배운다는 측면에서 전국의 많은 축제에 활용되어야 할 것이다.

두 번째로, 짚풀 공예인을 지원하는 형식은 해당 지방 자체 단체의 관심도에 따라 '장인제도'의 근거로 공예인에게 지원이 결정되는 형식이다. 이와 관련된 형식의 해당 지방자치단체는 강원도 양구군, 경기도 가평군이 공예인을 직접 지원하였거나 지원하고 있는 것으로 나타나고[27], 부산광역시 기장군도 군

27) 가평군 장인 선정 및 지원에 관한 조례

(제정) 2016.11.16 조례 제2587호
(일부개정) 2017.09.25 조례 제2635호

의회에 '장인 선정 및 지원에 관한 조례'가 검토하고 있는 것으로 파악되고 있다. 이 지원 형식은 각지

(일부개정) 2018.04.11 조례 제2676호
(일무개정) 2018.11.05 조례 제27이1호
(일부개정) 2018.12.31 조례 제2712호

제1조(목적) 이 조례는 지역의 전통기술자 및 숙련기술자 중 우수한 사람을 장인(匠人)으로 선정하여 긍지와 자부심을 가지고 전통문화 계승 및 산업발전에 이바지할 수 있도록 우대하고 지원하는데 필요한 사항을 규정함을 목적으로 한다.

제2조(정의) 이 조례에서 사용하는 용어의 뜻은 다음과 같다.
1. "숙련기술자"라 함은 생산 · 제조 및 서비스 분야 등에서 숙련된 기술을 가지고 가평군(이하 -군"라한다) 내의 산업현장에 종사하는 사람을 말한다.
2. "전통기술자"라 함은 건축, 음악, 무용, 공예, 놀이, 음식 제조, 연극 등 전동기술을 습득 및 체득하여 구현활 수 있는 사람을 말한다. <개정 2017.9.25.>
3. "장인"이라 함은 장인정신이 투철하고 그 분야의 최고 수준의 기술인으로서 산업현장에 장기간 종사하여 기술 발전에 크게 공헌한 사람 중에서 이 조례에 따라 가평군 장인(이하 " 장인"이라 한다)으로 선정된 사람을 말한다.

제3조(장인의 선정) ① 가평군수(이하 "군수" 라 한다)는 지역의 전통기술자 및 숙련기술자 중 우수한 사람을 가평군 장인심사위원회(이하 "위원회"라 한다)의 심의를 거쳐 장인으로 선정한다. <개정 2018.12.31.>
② 장인의 선정은 매년 2명 이내로 한다. 다만, 심사 결과 적격자가 없는 경우에는 선정하지 아니할 수 있다. <개정 2018.12.31.>
③ 군수는 매년 장인 선정계획을 수립 · 공고하여야 한다.

제4조(장인의 자격요건) 장인은 다음 각 호의 요건을 모두 갖춘 사람이 선정된다.
1. 같은 분야 및 직종의 산업현장에서 15년 이상 종사한 사람 <개정 2018.12.31.>
2. 지역 숙련기술 발전이나 숙련기술자 지위 향상에 크게 이바지하였다고 인정되는 사람
3. 전통적으로 내려오는 방식과 기술 등을 활용하거나 공정 · 품질개선실적이 인정되는 사람 <개정 2017.9.25.>
4. 사회 기여도 등이 남보다 뛰어난 사람 <개정 2017.9.25.>
5. 같은 분야의 장인 및 대한민국 명장에 선정된 경력이 없는 사람

제5조(장인의 추천) 다음 각 호의 사람은 장인을 추천할 수 있다.
1. 담당관, 과 · 소장 및 읍 · 면장 <개정 2017.9.25.> <개정 2018.4.11.>
2. 군 관내 기업체의 장
3. 군 단위 업종별 협회의 장

제6조(예우 및 지원) ① 군수는 장인으로 선정된 사람에 대하여 장인 증서를 수여하고 기술 장려금을 지급할 수 있다. <개정 2018.12.31.>
② 군수는 제1항에 따른 기술 장려금을 매년 240만 원씩 2년간 지급한다. 다만, 지급 당시 지역 내 산업현장 및 현업에 종사하지 않을 경우에는 지급을 중단한다. <신설 2018.12.31.>
③ 군수는 군 주관 각종 교육 · 훈련 시 강사로 초빙할 수 있다. <개정 2018.12.31.>
④ 군수는 기술인 단체의 기술전승 등 기술보급 사업에 장인이 참여할 수 있도록 지원할 수 있다. <개정 2018.12.31.>

제7조(위원회의 설치 및 구성) ① 장인의 선정에 관한 사항을 심의하기 위하여 위원회를 둔다.

② 위원회는 위원장, 부위원장 각 1명을 포함한 10명 이내의 위원으로 구성하되, 위원장은 부군수가 되고, 부위원장은 위원 중에서 서로 뽑는다. <개정 2018.11.5.>
③ 당연직 위원은 기획감사담당관, 자치행정과장, 일자리경제과장, 문화체육과장, 농업기술센터소장으로 한다. <개정 2017.9.25.> <개정 2018.4.11.>
④ 위촉직 위원은 다음 각 호의 어느 하나에 해당하는 사람 중에서 성별을 고려하여 군수가 지명 또는 위촉하되, 어느 한 성(性)이 10분의 6을 넘지 아니하도록 하여야 하며, 해당 연도 장인의 선정이 끝나면 해촉된다. <개정 2017.9.25.> <개정 2018.11.5.>
1. 가평군의회 의장의 추천을 받은 군의회 의원 <개정 2018.12.31.>
2. 관련분야에 풍부한 경험과 식견을 갖춘 사람
3. 기관·단체 대표 또는 임직원
4. 그 밖에 군수가 필요하다고 인정하는 사람
⑤ 위원장은 위원회를 대표하고 위원회의 사무를 총괄하며, 위원장이 부득이한 사유로 직무를 수행할 수 없을 때에는 부위원장이 그 직무를 대행한다. <개정 2017.9.25.>
⑥ 위원회의 사무처리를 위하여 간사 1명을 두되, 간사는 일자리 업무 담당 팀장이 된다.
⑦ 그 밖에 위원회 운영에 관하여 이 조례에 규정하지 아니한 사항은 위원회의 의결을 거쳐 위원장이 정한다. <개정 2018.12.31.>

제8조(회의) ① 위원장은 위원회의 회의를 소집하며, 그 의장이 된다.
② 위원회의 회의는 재적 위원 과반수의 출석으로 개의하고, 출석위원 과반수의 찬성으로 의결한다.

제9조(장인의 임무) ① 장인은 군민들에게 모범이 될 수 있도록 노력하여야 하며, 장인의 품위를 유지하여야 한다.
② 장인은 자신이 보유한 기술을 더욱 연마하고 지역산업 발전에 기여하며, 기술 전수와 지역사회 환원 등을 위해 노력하여야 한다.

제10조(장인 선정 취소) ① 군수는 장인으로 선정된 사람이 다음 각호의 어느 하나에 해당하는 경우에는 위원회의 의결을 거쳐 선정을 취소할 수 있다.
1. 거짓이나 부정한 방법으로 장인으로 선정된 경우
2. 제9조 제1항에 따른 품위 유지 의무를 위반한 경우
3. 제1항에 따라 선정을 취소할 경우 미리 해당 장인에게 의견 제출의 기회를 주어야 한다. <개정 2018.12.31.>

제11조(수당 등) 회의에 출석한 위촉직 위원에 대해서는 예산의 범위에서 수당과 여비 등의 실비를 지급할 수 있다. <개정 2018.12.31.>

제12조(시행규칙) 이 조례의 시행에 필요한 사항은 규칙으로 정한다.
부칙 <2016.11.16.>

역별로 선정 발표가 있고 그에 따른 예산도 집행되고 있다. 그 지원은 지역별로 지원금액과 기간이 예산 범위 내에서 지원되는 것으로 나타나고 있다. 따라서 지방자치 단체가 스스로 짚풀 공예인을 찾아 '장인제도'를 활용하여 지원하지 않는다는 점에서 공예인 스스로 노력하거나 가칭 '한국짚풀공예협회'에서 노력이 요구된다. 협회는 각 지역의 위원장이나 활동이 많은 공예인에게 1차적으로 일괄 지원하도록 해당 지방자치단체에 '장인제도' 초안이나 자료를 보내고 의뢰를 하여야 할 것이다.[28] 2차적으로 각 지방에 활동하고 있는 공예인에게 그 혜택이 돌아가게 하고, 3차적으로는 지속 지원이 가능한 제도를 마련하여야 할 것이다. 짚풀 공예인은 안정적인 사회활동 보장이 되어야 하고, 조직의 직원은 독립된 짚풀 관련 조직원으로서의 신분과 직업으로 활동이 보장되어야 할 것이다. 이에 대하여 '한국짚풀공예협회'는 짚풀 공예인의 교육과 기술을 배양하고 그 경력이나 자격 등을 서류로 보증하여야 한다. 또, 국가나 지방자치단체에서 관심을 가지도록 '한국짚풀공예협회'에서 짚풀공예인에 대한 정보를 제공하고 '장인제도'의 혜택을 받을 수 있도록 지방 자체 단체에 입안을 위한 노력을 하여야 한다.

이 조례는 공포한 날부터 시행한다.
부칙 <2017.9.25.>
이 조례는 공포한 날부터 시행한다.

부칙 <2018.4.11, 가평군 행정기구 및 정원 조례(제2676호)>
제1조(시행일) 이 조례는 공포한 날부터 시행한다.
제2조(적용례) 이 조례에 따른 최초 정기인사발령일부터 적용한다.
제7조(다른 조례의 개정) 가평군 장인 선정 및 지원에 관한 조례 일부를 다음과 같이 개정한다.
제7조제3항 중 "기획감사실장" 을 "기획감사담당관"으로, "경제과장"을 "일자리경제과장"으로 한다.
[58] 가평군 장인 선정 및 지원에 관한 조례 일부를 다음과 같이 개정한다.
제5조제1호 중 "실 · 과 · 소장"을 "담당관, 과 · 소장"으로 한다.
부칙 <2018.11.5, 가평군 민원 서류 감축 등을 위한 일괄 개정조례>
이 조례는 공포한 날부터 시행한다.
부칙 <2018.12.31.>
제1조(시행일) 이 조례는 공포한 날부터 시행한다.
제2조(경과조치) 제6조 제2항의 개정 규정은 이 조례 시행 전 선정된 장인에 대해서도 적용한다.

28) 서정희씨의 인터뷰에 의하면 해당 "지방자치단체에 '장인제도'에 대하여 설명과 서류를 제출하여도 관심이 없으니 아무런 소용이 없다"고 하였다. 인터뷰 23년 11월 1일.

4. 수익 창출 모델 개발

짚풀공예의 활성화에 수익 창출 모델 개발을 제시하는 것은 짚풀공예의 발전을 위해서다. 짚풀공예에 대한 시민들의 관심 정도가 높은 편이라고 보기 어려운 현실에서 당장 실현 가능성이 있고 지속성이 있는 모델 개발이 요구되고 있다. 수익 창출 모델 개발에는 전국단위 기구 설립이 요구되고 있다. 전국단위의 기구는 자격 과정 개설 · 양성교육과 내 · 외국 행사 프로그램 개발, Site 및 SNS 활동, 블러그 활동을 살펴볼 것이다.

1) 전국단위 기구 설립

기구 중 전국적인 조직은 담보되고 정체된 일원들의 여망을 엮는 데 경제적, 정책적, 제도적 성과가 개인 공예인에 비하여 높다고 할 것이다. 크래스너는 심각한 위기가 발생할 때 제도변화가 초래될 수 있는 가능성이 높아진다고 주장하였다. 기구가 있으므로 변화의 가능성과 역동성은 성과와 가까워질 수 있다고 여겨지기에 짚풀공예협회를 만들어 변화를 꾀하여야 할 것이다. 수익 창출의 기초는 수익을 창출해 줄 공예품의 소비자가 있어야 하고 소비자를 응대할 전국단위의 기구 조직이 유리하다할 것이다. 전국 단위의 기구 설립은 일원화된 사단법인 조직(협회) 구성이다. 이 기구는 시기를 달리하는 전국적 대전 및 축제 개최, 지역별 장인 인력 구축 및 지원이다. 조직을 구성하여 기구를 설립하고 이는 전국적 협회가 될 것이다. 조직의 수준에 대하여 "개혁 정책 및 제도변화의 시도들이 제도 배열 단위들의 조직화 수준과 강도에 영향을 끼쳐 실질적 힘의 역관계로서 담보되었을 때 그 성과가 구체화된다."[29] 또, 기구(협회)는 산재해 있는 짚풀 공예인에게 그 구성원으로서의 의무와 혜택이 공정하게 돌아갈 수 있게 지원하고 보증하여야 한다. 이 기구는 자격과정 개설 · 양성교육, 내 · 외국 행사 프로그램 개발, Site 및 SNS 활동 지원과 전국 각 지역별로 장인 인력을 구축하고 짚풀공예 대전과 전시 및 각 행사를 정기적으로 준비하고 개최하여야 할 것이다.

2) 자격과정 개설 · 양성교육

자격과정 개설 · 양성 교육은 일반시민들과 짚풀 공예인의 교육이다. 자격과정과 양성교육은 공예인과 일반인이 협회에서 정한 기준에 따른 교육과 연수를 시켜서 이수를 하거나 합격하는 등 부합한 자를 자격증을 주는 제도이다. 자격과정은 일반인과정과 공예인과정을 나눌 수 있다. 일반인은 기본교육과 자격

29) 김신명(1999), 『韓國 産業化과정에서의 金融政策:제도변화의 정치경제』, 연세대학교 박사학위논문, 논문초록.

검정을 거쳐 일정수준 이상이 되었을 때 협회에서 인정하는 것이고 공예인의 자격과정은 오랜 경력과 이력이 보증되는 어르신을 위한 과정으로 일정 시간의 연수 교육이나 절차를 마련하거나 협회에서 인정해 주는 절차를 거치면 자격을 주는 과정으로 이해하면 된다.

양성교육은 일반인과 공예인의 양성교육이 있다. 일반인의 양성교육은 초중고 등의 학교나 군부대와 병원, 지역 농업기술센터 등의 프로그램으로 운영될 수 있다. 이 때에 교육 내용이나 절차와 시간 안배와 인원 배정과 배치 등을 협회에서 제공하는 등 적극적인 양성교육에 접근하여야겠다. 공예인들에게도 공예숙련을 위한 기능기술과 이론적 지식향상을 위한 양성 교육이 필요하다. 이러한 일반인이나 공예인 기능기술과 지식을 향상시키기 위해서는 개인적인 노력도 중요하지만 국가나 지방자치단체, 또는 협회 등에서도 교육이 필요하다.[30]

양성 교육적 측면의 무형문화재를 전승하기 위한 제도는 1962년 문화재보호법부터 2015년「무형문화재 보전 및 진흥에 관한 법률」(무형문화재법으로 약칭함)까지 일치하여 '전수자(전수장학생) - 이수자 - 전수교육조교 - 보유자'라는 체계이다.[31] 그러나 짚풀 공예인에 필요한 보육 과정이나 시민에게 짚풀 공예 교육을 위한 양성교육과 교육 이수 후 자격 과정이 먼저 필요하다.[32] 무형문화재 보유자가 아닌 이상 조교나 이수자 및 전수자가 탄생되지 않기 때문이다. 지금의 짚풀 공예인은 보유자가 아니어도 공예인으로 자긍심을 가질 수 있는 자격증과 교육이 필요할 수 있는 것이다. 자격 과정 개설과 양성 교육도 수익 창출의 한 방식이 될 수 있을 것이다.

3) 내 · 외국 행사 프로그램 개발

내 · 외국 행사 프로그램 개발은 국내의 행사와 외국의 행사로 나눌 수 있다. 국내 행사는 공예대전, 전시 등의 프로그램 개발하여 국가기관이나 지방자치단체와 연계한 사업개발이 있다. 짚풀공예 대전은 정기적으로 마련되어야 한다. 현재 전국에서 짚풀 공예 대회가 있는 곳은 경기도 시흥, 강원도 원주박물관, 부정기적으로 하는 부산의 한국민속문화원, 충남 아산 외암마을 등이 있다. 이를 총괄하는 한국짚풀공예협회의 대회가 생성될 필요성이 요구되고 있다. 전시는 2가지로 나누어 설명할 수 있다. 먼저 공모전 수상자들의 전시에 관한 것과 일반 짚풀 공예인의 정기적인 전시회를 전국 각 지역별로 개최가 필요할 것이다. 이 2가지에 대한 전시 과정에서의 정부나 지방자치단체 기관의 지원 여부에 대하여 우호적 분위기 조성도 필요하고 해당지역의 학교나 기업이 스폰서로 참여토록 유도하여 짚풀공예의 지속성과 홍보에 노력하여야 할 것이다.

외국 행사 프로그램은 한국을 중심으로 세계 각국의 공동 협력 체제를 구축하여 짚풀공예를 세계화하

30) 부록 출처 최석봉, 가칭 한국짚풀공예협회의 짚풀공예지도강사 자격 관리 운영 규정.

31) 주가은(2020), 『국립무형유산원 공예분야 교육프로그램의 활성화 방안 연구』, 한서대학교 석사학위논문, p43.

32) 가칭 '한국짚풀공예협회' 는 "짚풀공예지도강사 자격 관리 운영 규정" 의 안(자료 출처, 최석봉)을 마련하고 있지만 아직 실행하는 단계는 아니다. 부록으로 남긴다.

는데 노력하여야 한다. 각종 공모전의 우승자들을 세계무대에 서게 하고 이에 대한 정부 지원정책 개발도 필요하다. 세계적 짚풀공예 관련 행사 개발 및 개최, 해외 박람회 참여, 루브르박물관 등 세계 유수 박물관에 전시, 장인대회, 컨퍼런스 및 세미나 개최 및 참석, 공모전 등의 행사에 관심을 가져야 할 것이다.

4) Site 및 SNS 활동

Site 및 SNS 활동은 요즈음의 홍보와 사업의 새로운 트랜드로 자리매김하고 있다. 그러나 짚풀 공예인으로 활동하는 작가는 대부분 연세가 60세가 넘는 현실이고 요즈음 젊은 세대들의 전유물과 같은 SNS 활동과는 거리가 멀다. SNS 활동은 주로 개인이 운영하는 유튜브나 페이스북 등에서 일부 공예인만 활동을 선보이고 있다. 경북 성주군 허윤도, 경기도 가평군에 최석봉, 전주시 유춘수, 당진시 김영수, 시흥시에 김이랑 등이 활동하고 있는 것으로 나타나고 있다. 또, 일부는 사이트 운영, 블러그 운영 등으로 활동을 하는 것으로도 나타나기도 하였다. Site 및 SNS와 블러그는 홍보와 광고성이 높은 수익 창출 모델이다. 사이트는 한글과 영어는 물론 필요한 지역의 언어로 제공되는 웹사이트 구축을 지원하고 이를 활용한 대외 홍보 전략 지원에 관한 관심을 가져야 한다. 그러나 현 실정은 지자체나 국가에서 짚풀 공예인을 위한 지원이 거의 찾아보기 어렵고 개인별로 사이트 개설이 이루어지고 있는 실정이다. 무형문화재가 아닌 이상 SNS와 블러그도 개인별로 활동하고 있는 것으로 나타나고 있었다. 국가나 관계 기관이나 기구(협회)는 Site 및 SNS 활동에 대하여 국가의 문화자원이고 짚풀 공예인의 수익 창출의 한 분야로 인정하여 지속적인 판로지원과 금융 지원방안에 대하여 적극적인 검토가 요구된다.

Ⅷ. 정 리

이상에서 살펴본 바와 같이 우리의 짚풀공예는 주변 여러 나라와 교류를 통하여 이루어진 것이 아니라 독자성으로 이어왔다. 우리는 신석기시대부터 삼국시대 고려 조선시대 그리고 현대에 이르기까지 끊임없이 일상의 민구의 생활로 이어 왔다. 외세 침범에 피난 생활에도 여러 짚풀 재료로 상황에 맞게 개작하기도 하며 종다래끼 등의 짚풀민구로 피난 생활을 이어 왔고 지금의 짚풀공예가 이어진 것이라 여겨진다. 이에 짚풀의 향기에 대한 방향을 구체적으로 정리하면 이론적 측면에 짚풀문화론을 정립하는 계기를 제공하고, 정책적인 측면에서는 짚풀문화관광 상품 및 프로그램 개발의 참고자료를 제공하고, 경제적 측면은 창조성을 기반으로 새로운 기술 경제의 원천이 될 것이며, 사회적 측면에서는 시민들에게 문화의 다양성을 향유 하게 하여 삶의 질을 개선하는 계기가 될 것이며, 일반 공예에 비하여 관심에서 소외된 공예가 아니라 공예의 한 축으로 자리매김하여 이 분야에 양과 질적 발전에 의의를 담고 있다.

볏짚에 대하여 화본과 작물의 성숙한 식물체에서 곡식알을 제거하고 남은 줄기와 잎이 짚인 것으로 정의하였고, 우리나라에 볏짚의 출현은 신석기 중기로 여겨지고 있고 짚의 단위와 짚의 구조, 짚의 종류, 짚의 사용 용도에 대하여도 언급하였고, 풀에 대하여도 풀은 식재하는 식물 포함하여 왕골, 갈대, 등 초본식물 중 공예에 사용되는 재료라 정의하였고 짚풀의 범주를 짚었다.

짚풀 재료에서는 짚의 종류와 풀의 종류, 나무의 짚풀 공예 재료를 살펴보았다. 짚의 종류는 짚의 종류는 볏짚, 밀짚, 귀리짚, 돌피짚, 보리짚, 메밀짚, 호밀짚이고, 풀의 종류는 갈대, 개아마(들아마), 골풀(등심초, 조리풀), 큰냉이풀, 대파, 댑싸리, 댕이덩굴(댕댕이덩굴), 띠, 맥문동풀, 모시풀, 부들(향포), 삼, 수수, 옥수수, 솔새, 신서란, 암그령, 억새, 왕골(완초, 용수초, 현완, 석룡초), 왕원추리, 자오락(천일사초), 줄, 칡덩굴(청올치), 울로초로 나열하였고 나무 사용 짚풀 공예재료는 가래나무, 개나리, 남총낭(종려), 닥나무, 달피나무, 대나무, 박쥐나무, 버드나무(물버들, 쪽버들, 키버들), 싸리(참싸리, 고듭싸리, 고양싸리, 꽃싸리, 쉽싸리), 산겨릅나무, 소나무, 조릿대(설대), 참회나무로 나누어 살펴보았다. 그리고 이들에 대하여 공예재료의 사용 부위 분류는 껍질사용, 줄기사용, 잎사용, 뿌리 사용으로 내세웠다.

짚풀 작업은 짚풀 재료 채취나 짚풀 민구 만들기 전의 재료 준비나 기구 준비 등의 활동인 짚풀 작업은 우리나라의 계절적 시기와 장소 및 용도가 내재 되어 있음을 제기하였고 그래서 계절에 따른 짚풀 작업은 우리 민족이 짚풀을 이용하여 생활사의 그의 전 부분에 있어서 해당하는 절기에 따라 필요한 짚풀 작업을 하였다는 것이었고 지역별 짚풀 작업은 지역별 용어의 차이와 특정 지역 짚풀 작업이 존재한다는 점을 부각했다. 또, 용도에 따른 짚풀 작업은 생활, 놀이, 가축, 신앙으로 구성되어 있다.

짚풀 공예와 도구에서는 짚풀 공예를 알기 전에 공예에 대한 정의, 민속공예, 분류와 전개, 완성과 유통의 내용을 내세웠고 짚풀 공예에 대한 정의와 역사 및 사용처를 강조하였다. 도구에서는 짚풀 재료를 채취하는데 필요한 도구는 짚과 풀들을 채취하기 위한 도구, 짚풀 공예를 준비할 때 필요한 도구, 짚풀 공예 과정에 필요한 도구가 필요함을 제시한 것에 새로움을 더했다.

짚풀민구는 예로부터 민중이 생활에 써 온 짚풀로 만든 일상 용품들을 말한다. 일상생활에서 꾸밈, 운반, 저장, 건조, 주거에 해당하는 부분이 대부분이고 유래와 형태, 종류, 크기, 용도에 대하여 광주리,

짚신, 패랭이 등에 대하여 나열하였다.

짚풀공예의 활성화를 위해서는 앞에서 살펴본 활성화 모델이 필요하였고 기본적으로 짚풀공예 가치창출, 법제화, 수익 창출 모델 개발을 제시하였다. 먼저, 짚풀공예가치 창출은 짚풀공예의 고유성과 지속성에 관한 것으로 역사·민속적 측면, 문화적 측면, 경제적 측면, 짚풀공예 보전·전수, 짚풀공예 가치제고를 통하여 짚풀공예의 발전과 공예인들에게 자긍심을 갖게 함은 물론, 후세에게 물려줄 확고한 유산이 될 것에 중점을 두었다.

두 번째로 법제화는 제도에 관련된 것으로 짚풀 공예가 우리 사회에 접근하기 위해 공예 제도·정책, 무형문화, 장인제도로 나누고 공예 제도·정책은 공예제도의 발달사와 제도 및 정책적인 내용을 검토하여 보니 짚풀 공예인의 지원책은 요원하다고 간주했다. 무형문화제는 짚풀 공예를 설명하는 입장에서 재료와 기술에 따라 짚풀 공예가 아쉬운 점은 타 공예보다 무형문화재 지정 수가 8건으로 가장 적다는 점이 나타났다. 장인제도는 짚풀 공예인의 지원에 대하여 강제조항이 아니기에 공예문화 진흥법을 짚풀 공예에 관련하여 지원 여부는 지방자치 단체의 의지에 관련이 있다는 점에서 짚풀 공예인이나 단체에서 자체적인 홍보 노력이 요구된다는 점이 부각되고 짚풀 공예의 지원은 축제 형식으로 지원하는 경우와 짚풀 공예인을 지원하는 형식을 밝혔다.

세 번째는 수익창출모델개발에는 전국 단위기구 설립, 자격 과정 개설·양성 교육, 내·외국 행사 프로그램 개발과 Site 및 SNS활동이다. 전국단위의 기구는 답보되고 정체된 일원들의 여망을 엮는 데 경제적, 정책적, 제도적 성과가 개인의 공예인보다 기구의 조직이 유리하다는 점이고 자격 과정 개설·신세대 양성 교육의 필요성을 짚었다.

짚풀의 향수는 짚풀과 짚풀공예에 대한 내용이다. 짚풀에 대한 종류와 짚풀 민구들의 그 종류가 많다. 관심에 소외된 분야다. 깊이 있고 체계적인 연구가 미흡하였기에 앞으로 이에 대한 더 깊고 다양한 방면에서 연구가 있기를 기대하고 미진했던 논의를 보완할 수 있는 영역이라 생각한다. 앞으로 짚풀이나 짚풀 공예에 대한 역사적인 변천사, 그 기원과 발전 과정, 활용양상과 방식 등을 고찰하고 이웃 국가와 비교하는 일이 과제로 남아 있다. 이러한 작업은 짚풀과 우리 짚풀 공예의 실상을 밝혀 짚풀공예의 올바른 계승에 이바지할 수 있고, 나아가 짚풀 공예의 현대적 재창조에도 기여할 수 있을 것이다.

부록

짚풀공예지도 강사 자격 관리 운영 규정

제 정 : 20**. **. **.

제1장 총 칙

제1조(목적) ① 이 규정은 한국짚풀공예협회에서 시행하는 "짚풀공예지도강사" 자격검정(이하 "검정"이라 한다.)의 업무를 엄정하고, 효율적으로 관리와 운영에 필요한 사항을 규정함을 목적으로 한다.

② 짚풀공예지도강사의 등급은 1급, 2급 등 총 2개의 등급으로 한다.`

제2조(용어의 정의) 이 규정에서 사용하는 용어의 정의는 다음과 같다.

1. "시험위원"이라 함은 출제위원, 감수위원, 본부위원, 책임관리위원, 시설관리위원, 보조위원, 시험감독위원, 복도감독위원, 방송통제위원, 실기보조위원, 채점위원 및 기타 독찰 위원을 말한다.
2. "답안지"라 함은 검정 시행종목 중 수작업에 의하여 채점되는 필기시험 답안지 (주관식 시험문제지 포함) 및 실기시험 시행 시 순수 필답 형으로 시행하는 종목의 답안지를 말한다.
3. "비 번호"라 함은 답안지 및 작품채점 시 채점의 공정을 기하기 위하여 답안지 및 작품이 어느 수험자의 것인가를 알지 못하도록 답안지 및 작품에 숫자 또는 문자로 표시하는 비밀부호를 말한다.
4. "등번호"라 함은 검정시행 시 수험자의 인적사항을 알지 못하도록 수험자의 등에 부착하는 숫자 또는 문자로 표시하는 부호를 말한다.
5. "작품"이라 함은 실기시험 시행종목 중 작업 형 시행종목의 작품 및 답안지를 말한다.

제3조(자격소지자의 직무내용)

① 자격증 소지자의 직무 내용은 짚풀공예의 맥을 계승하고 전통기법을 바탕으로 새롭게 발전될 수 있도록 창의적이고 현대에 접목할 수 있는 지도강사로 임하며 지속적으로 후배가 양성될 수 있는 임무를 가진다.

② 짚풀공예지도강사의 자격을 소지한 사람의 직무내용은 등급별로 아래와 같다.

자격명	등급	등급별 직무내용
짚풀 공예 지도 강사	2급	짚풀공예의 능숙한 교수법을 활용하여 체험을 할 수 있도록 지도할 수 있으며 제작과정을 총체적으로 운영할 수 있다.
	1급	전문지도강사로써 교수법을 활용, 짚풀공예의 기법을 기본으로 학교, 교육기관 등에서 강의하며 지도할 수 있다.

제4조(적용대상) 이 규정은 검정을 시행하는 한국짚풀공예협회 소속 직원과 검정 관련업무 종사자 (시험위원 등) 및 기타 검정업무와 관련이 있는 자(수험자 등)에게 적용한다.

제2장 업무구분

제5조(검정업무의 구분) 1. "짚풀공예지도강사" 자격검정 운영본부는 민간 자격의 검정업무 전반을 주관, 시행하며, 다음 각 호의 업무를 수행한다.

① 검정시행계획의 수립 및 공고에 관한 사항
② 검정 출제기준의 작성 및 변경에 관한 사항
③ 검정업무의 기획, 제도개선에 관한 사항
④ 시험위원의 위촉, 활용에 관한 사항
⑤ 검정 시험문제의 출제, 관리 및 인쇄, 운송에 관한 사항
⑥ 필기시험 답안지의 채점 및 합격자 사정에 관한 사항
⑦ 합격자 관리 및 자격증 발급, 관리에 관한 사항
⑧ 검정사업 일반회계 운영에 관한 사항
⑨ 기타 민간자격검정 업무와 관련된 사항

2. 시행 주관 팀(부)에서는 다음 각 호의 업무를 수행한다.

① 수험원서 교부, 접수, 수험 연명부 작성 및 안내에 관한 사항
② 검정 세부실시계획 수립 및 운영에 관한 사항
③ 검정집행업무(시험장 준비, 시험위원 배치, 시험시행 등)와 관련된 사항
④ 실기시험 답안의 현지채점에 관한 사항
⑤ 합격자 명단 게시공고 및 자격증 교부에 관한 사항
⑥ 시험위원 추천 및 위촉업무에 관한 사항

⑦ 부정행위자 처리에 관한 사항
⑧ 검정수수료 수납에 관한 사항
⑨ 기타 검정사업의 집행업무와 관련된 사항

제3장 검정기준 및 방법

제6조(민간자격의 취득) 본 짚풀공예지도강사의 자격을 취득하고자 하는 자는 시험에 응시하여 합격하여야 한다.

제7조(자격종목) 자격의 종목은 '짚풀공예지도강사'이며 1급, 2급으로 구분한다.

제8조(검정의 기준) 검정의 기준은 짚풀공예의 업무를 원활하게 수행할 수 있는 직무능력을 갖추고 있는지 유, 무를 지준으로 하여 등급별 검정기준을 정하며 다음과 같다.

1. 짚풀공예지도강사 1급의 검정기준은 다음 표와 같다.

자격의 종목	짚풀공예지도강사
등급	1급
검정기준	1. 짚풀공예에 대한 전문지식 숙지정도 2. 짚풀공예 공예품 개발 및 분석 수행능력 3. 짚풀공예 공예품개발 기획에 대한 지도능력 4. 짚풀공예 공예품 개발 및 교수법 활용능력

2. 짚풀공예지도강사 2급의 검정기준은 다음 표와 같다.

자격의 종목	짚풀공예지도강사
등급	2급
검정기준	1. 짚풀공예에 대한 숙련을 바탕으로 복합적 수행능력 2. 짚풀공예에 대한 전문지식과 교수이론, 교수법 활용능력 3. 짚풀공예 공예품에 대한 지도실행능력 4. 짚풀공예지도강사에 대한 지도력 강화능력

제9조(검정의 방법) 1. 검정은 필기시험 과 실기시험으로 시행하며, 응시자는 필기시험과 실기시험을 구분하여 각각 응시할 수 있다.

2. 필기시험의 방법은 다음과 같다.

① 시험과목은 자격종목에 따라 출제기준에 정한 과목으로 한다.

② 시험형태는 주제선정 주관식 및 객관식으로 작성한다.

③ 과목별 시험문항 수 및 시험시간은 [별표1]과 같다.

3. 실기시험의 방법은 다음과 같다.

① 시행 종목별로 주어진 과제해결을 통한 현장실무능력을 측정한다.

② 시험형태는 주제별 짚풀공예품에 대한 1종목을 240분 내에 엮고 평가받는다

③ 평가방법은 시행종목의 평가항목별 세부배점기준에 따라 점수를 부여한다.

④ 과목별 시험문항 수 및 시험시간은 [별표1]과 같다.

제10조(응시자격 및 교육장소) 응시자격은 다음과 같으며 교육장소는 수강자 또는 모집기관에서 정한 장소로 출장 교육한다.

1. 짚풀공예지도강사 2급의 응시자격 기준은 다음 표와 같다.

등급	응시자격
2급	- 연령 : 해당 없음 - 학력 : 해당 없음 - 기타 다음 각 호에 해당하는 자 1. 한국짚풀공예협회 회원으로서 짚풀공예 관련 자격증을 소지한 자 2. 짚풀공예지도강사직 수행에 결격 사유가 없는 자 3. 응시하고자 하는 종목의 직무분야에서 1년 이상 실무에 종사한 자 4. 짚풀공예분야의 수상 경력이 있는 자 (입선이상)

2. 짚풀공예지도강사 1급의 응시자격 기준은 다음 표와 같다.

등급	응시자격
1급	- 연령 : 해당 없음 - 학력 : 해당 없음 - 기타 다음 각 호에 해당하는 자 1. 한국짚풀공예협회 회원으로서 짚풀공예 관련 자격증을 소지한 자 2. 짚풀공예지도강사직 수행에 결격한 사유가 없는 자 3. 응시하고자 하는 종목의 2급을 취득하고 2년 이상 실무에 종사한 자 4. 짚풀공예분야의 수상 경력이 있는 자 (입선이상)

제11조(검정의 일부 면제) 1. 필기시험 또는 실기시험 중 1개만 합격한 경우, 이후에 시행되는 시험에 있어서 연속하여 2회에 한하여 합격한 필기시험 또는 실기시험을 면제한다.

2. 필기시험 불합격자 중에서 시험과목별 100점 만점 기준 50점 이상 득점자에 한하여 이후에 시행되는 시험에 있어서 연속하여 1회에 한하여 해당과목을 면제한다.

제12조(합격결정 기준) 1. 필기시험은 과목당 100점 만점 기준 60점 이상인 자를 합격자로 결정한다.

2. 실기시험은 100점 만점 기준 60점 이상 득점자를 합격자로 결정한다.

3. 필기시험과 실기시험에 모두 합격한 자를 최종합격자로 결정한다.

제4장 수험원서

제13조(검정안내) 1. 짚풀공예지도강사의 자격검정 운영본부는 검정의 종목, 수험자격, 제출서류, 검정방법, 시험과목, 검정일시, 검정 장소 및 수험자 유의사항 등을 포함한 검정안내서를 작성 배포할 수 있다.

2. 짚풀공예지도강사의 자격검정 운영본부의 모든 직원들은 수험자로부터 검정시행에 관한 문의가 있을 때에 이에 성실히 응답하여야 한다.

제14조(수험원서 등) 시험에 응시하고자 하는 자는 수험원서 및 응시자격 관련서류를 제출하여야 한다.

제15조(원서교부) 1. 수험원서(이하 "원서"라 한다)는 공휴일 및 행사 일을 제외하고는 연중 교부한다.

2. 원서는 1인 1매씩 교부함을 원칙으로 하되, 단체교부도 할 수 있다.

제16조(원서접수) 1. 원서접수, 검정수수료(이하 "수수료"라 한다) 수납업무는 복무규정의 근무시간 내에 한함을 원칙으로 한다.

2. 원서는 짚풀공예지도강사의 자격검정 운영본부에서 접수함을 원칙으로 한다. 다만, 대표가 필요한 경우에는 한국짚풀공예협회의 지방지부에서도 원서를 접수할 수 있다.

3. 우편접수는 접수 마감일까지 도착분에 한하며, 반신용 봉투(등기요금 해당 우표 첨부, 주소기재 등) 1매를 동봉한 것에 한한다.

4. 수험표는 원서접수 시에 교부한다. 다만, 우편 접수자에게는 우송 할 수 있고, 단체접수자는 접수 종료 후 교부할 수 있다.

5. 원서접수 담당자는 원서기재 사항 및 응시자격 관련 서류를 확인하고 접수받아야 한다.

제17조(수험번호 부여) 원서접수에 따른 수험번호 부여는 짚풀공예지도강사의 자격검정 운영본부에 접수된 순서로 부여하여야 한다.

제18조(수수료) 1. 검정을 받고자 하는 자는 수수료를 납부하여야 한다.

2. 검정을 받고자 하는 자가 이미 납부한 수수료는 과 오납한 경우를 제외하고는 이를 반환하지 아니한다.
3. 수수료는 현금으로 수납함을 원칙으로 한다. 단, 우편환 증서, 자기앞 수표는 현금으로 간주한다.
4. 수수료는 원서접수 시에 수납함을 원칙으로 한다. 단, 마감일에 수납된 수수료는 마감일로부터 2일내에 예입한다.
5. 마감 후에 수납된 현금은 금고에 보관하고 은행에 예입할 때까지 필요한 조치를 취해야 한다.
6. 수수료에 대한 영수증은 별도 발급하지 않고 수험표로 이를 갈음한다. 단, 단체접수의 경우에는 수납총액이 기재된 단체접수 영수증을 발급한다.
7. 검정수수료는 필기 종목은 40,000원, 실기 종목은 50,000원으로 하고 필기와 실기로 구분하고 자격증 발급비 및 우송료로 20,000의 수수료를 납부한다.

제19조(접수현황 및 수험자 파일보고) 1. 주관 팀은 원서접수 마감 종료 후 종목별 접수현황, 검정수수료 내역 등을 짚풀공예지도강사 자격검정 운영본부로 제출하여야 한다.

2. 주관 팀은 원서접수 마감일로부터 5일 이내에 수험자 연명부, 필기시험 면제자 명단, 필기시험 과목면제자 명단, 실기시험 면제자 명단 등 수험자 파일을 짚풀공예지도강사의 자격검정 운영본부로 제출하여야 한다.

제20조(검정시행자료 등의 준비) 1. 짚풀공예지도강사 자격검정 운영본부는 시험실 배치 계획표, 좌석배치표, 수험자 명단 등의 시행 자료를 발행해야 한다.

2. 짚풀공예지도강사 자격검정 운영본부는 실기시험 시행자료 중 소요재료 목록에 의거 지역별 시행종목의 재료, 공구, 장비목록을 작성하여 주관 팀에 통보하여야 한다.

제5장 검정시행 준비

제21조(수험사항 공고 및 통지) 주관 팀은 시행 자격 종목, 시험일시, 수험자 지참물 등에 대해 수험원서 접수 시 사전공고 및 수험표에 기재하여 통보하고, 사전공고가 불가능한 때에는 원서접수 시에 게시 안내하여야 한다.

第22조(시험장 준비) 1. 시험장책임자는 주관 팀으로 하며 책임관리위원은 팀장급으로 한다.

2. 시험장 책임자는 당해 종목 시행에 적합한 시설, 장비 등을 사전에 점검하여 시험시행에 지장이 없도록 하여야 한다.

第23조(실기시험 재료) 검정사업단은 검정시행 1일 전까지 각 시험장에 자격 종목별 소요재료의 납품을 완료토록 조치하여야 하고, 주관 팀은 납품된 검정재료의 이상 유무를 확인하여야 한다.

第24조(시험본부 설치운영) 주관 팀은 검정시행업무를 총괄 지휘하기 위하여 자체 운영에 필요할 경우 시험본부를 설치·운영하여야 한다.

제6장 출제 및 감수

第25조(출제 · 감수위원 위촉) 1. 시험문제를 출제할 때에는 각 종목 또는 과목별마다 출제위원을 위촉한다.

2. 시험문제의 출제는 보안을 철저히 유지하도록 하여야 한다.

第26조(출제 · 감수위원 위촉기준) 출제위원 또는 감수위원의 위촉기준은 다음 각 호의 1에 해당하는 자로 위촉한다.

1. 짚풀공예 관련 자격증 소지자로서 해당 종목에 2년 이상 종사하는 자
2. 해당 분야의 직업훈련 자격이 있는 자로 2년 이상 관련 업계에 종사하는 자
3. 대학교 또는 전문대학에서 해당 분야 전임 지도강사 이상으로 재직하는 자
4. 한국짚풀공예협회의 자격검정 운영 실무에 2년 이상 종사하는 자
5. 해당 분야에 관한 학식과 경험이 풍부하여 자격이 있다고 인증되는 자

第27조(시험문제 원고의 인수, 보관, 관리 등) 1. 시험문제의 사전유출을 방지하기 위하여 짚풀공예지도강사 자격검정 운영본부장은 시험문제의 인수, 보관, 관리 등에 대한 지휘, 감독의 책임을 지고 보안유지에 최선의 노력을 다하여야 한다.

2. 담당팀장은 실무자급으로 시험문제 관리담당자를 지정할 수 있다.
3. 시험문제 관리담당자는 출제위원으로부터 시험문제 원고를 인수한 즉시 출제된 문제가 출제 의뢰한 사항과 일치하는지의 여부를 확인하고 동 시험문제를 봉인한다.

4. 시험문제는 제한구역에 보관하며, 열쇠는 담당팀장이 보관하고, 동 제한구역의 개폐는 담당 팀장 또는 시험문제 관리담당자만이 할 수 있다.

第28조(시험문제의 감수) 1. 시험문제의 감수는 짚풀공예지도강사 자격검정 운영본부가 지정한 장소에서 시험문제 관리담당자 또는 담당팀장이 지정한 직원의 입회하에 수행되어야 한다.

2. 시험문제 감수는 종목별 또는 과목별로 시행하되, 시험문제 출제 직후에 감수함을 원칙으로 하며, 필요에 따라 시험 직전에 재감수할 수 있다.

제7장 시험문제 인쇄 및 운송

第29조(시험문제 인쇄) 1. 시험문제 인쇄는 짚풀공예지도강사 자격검정 운영본부 내의 관련 업무 종사자 또는 담당팀장이 지정한 직원이 수행하여야 하며, 업무의 분량에 따라 인쇄업무 보조요원을 쓸 수 있다.

2. 시험문제 인쇄는 짚풀공예지도강사 자격검정 운영본부가 지정한 보안시설을 갖춘 곳에서 소정 절차에 따라 실시하여야 한다.

3. 시험문제 인쇄 시에는 출입문과 창문을 봉쇄한 후 관계자 외에는 출입을 통제하여야 한다.

第30조(시험문제지 운송 및 보관) 1. 짚풀공예지도강사 자격검정 운영본부 검정시행 담당 팀장은 문제지 운반 시 운반책임자를 지정하거나 직접 운반하여야 한다.

2. 짚풀공예지도강사 자격검정 운영본부에서 해당 시험장까지 문제지 운반책임자로 지정된 자는 담당팀장으로부터 문제지를 인수받아 해당 시험장 책임관리 위원에게 직접 인계하여야 하며, 문제지 인계인수사항을 기록하여 짚풀공예지도강사 자격검정 운영본부 검정시행 담당 팀장에게 제출하여야 한다.

3. 시행 주관 팀에서는 문제지를 인수받은 즉시 시험문제가 들어있는 행낭의 봉인상태 이상 유무를 확인하고 짚풀공예지도강사 자격검정 운영본부에 즉시 유선으로 이상 유무를 보고하여야 한다.

4. 시행 주관 팀은 짚풀공예지도강사 자격검정 운영본부로부터 시험 문제지를 인수받은 시점부터 시험 문제지 유출방지 및 훼손 예방 등에 책임을 지고 시험문제에 대한 보안 및 안전관리에 최선을 다하여야 한다.

5. 문제지 봉투는 시험시작 시간 이전에는 여하한 이유로도 개봉할 수 없다.

제8장 검정시행

제31조(검정시행 총괄) 시험장책임자는 시험시행 전에 관리위원회를 개최하여 시험본부를 운영하고, 책임관리위원은 시험위원을 지휘, 감독하며 시험위원회의, 평가회의 주관 등 시험 집행 및 시험 관리업무를 총괄하여야 한다.

제32조(시험위원 기술회의) 책임관리위원은 시험시행 전에 시험 위원회의를 개최, 다음 사항을 주지시켜야 한다.

1. 필기시험에 있어서는 문제지와 답안지의 배부 및 회수방법, 답안지 작성방법, 부정행위자 처리요령 등 감독상 유의사항
2. 실기시험에 있어서는 종목별 시행방법에 따르는 수험자 교육사항 및 감독상 유의사항 등

제33조(수험자교육) 1. 감독위원은 배치된 시험실에 입장하여 수험자 유의사항, 시험시간, 시험 진행요령, 부정행위에 대한 처벌 및 답안지 작성요령 등을 주지시켜야 한다.

2. 감독위원은 수험자에게 지정한 필기구, 시설, 장비 또는 지급된 재료, 공구 이외의 사용을 금지시킨다.

제34조(수험자 확인) 감독위원은 필기시험에 있어서는 매 시험시간마다, 실기시험에 있어서는 수시로 원서 부본과 주민등록증 또는 기타 신분증과 수험표를 대조하여 수험자의 본인 여부를 확인하여야 한다.

제35조(시험감독 배치 및 문제지 배부) 1. 필기시험 및 실기시험의 감독위원 배치는 [별표 2]와 같이 배치한다.

2. 필기시험 문제지는 시험시작 5분 전 예령과 동시에 배부하고, 시험개시 본령과 동시에 수험토록 하며, 답안지 작성이 끝난 수험자의 답안지와 문제지를 회수 확인한 후 퇴실시켜야 한다.

제36조(답안지) 필기시험 감독위원은 시험시간이 종료되면 답안지 회수용 봉투 표지에 수험현황을 기재하고, 감독위원의 성명을 기입, 날인 또는 서명한 다음 본부위원에게 제출하고 본부위원은 수험자 인적사항이 노출되지 않도록 봉인하여 시험본부에 제출하여야 한다.

제37조(문제지 회수) 본부위원은 필기시험 종료 즉시 감독위원으로부터 문제지와 답안지 및 사무용품 등을 확인, 회수하여야 한다.

제38조(시험시행결과보고) 책임관리위원은 시험 종료 후 그 결과를 짚풀공예지도강사 자격검정 운영본부에 보고하여야 한다. 이 경우 시험 진행 중 이상이 발생하였을 때에는 그 내용을 구체적으로 유선보고하고 차후 서면보고하여야 한다.

제9장 시험위원의 위촉 및 임무

제39조(시험위원의 위촉) 실기시험의 감독위원은 다음 각 호의 1에 해당하는 자로 위촉한다.

1. 짚풀공예 관련 자격증 소지자로서 해당 종목에 2년 이상 종사하는 자
2. 해당 분야의 직업훈련 자격이 있는 자로 직업교육훈련기관에 2년 이상 재직하는 자
3. 대학교 또는 전문대학에서 해당 분야 전임지도강사 이상으로 재직하는 자
4. 한국짚풀공예협회 자격검정 운영본부 실무에 2년 이상 종사하는 자
5. 해당 분야에 관한 학식과 경험이 풍부하여 자격이 있다고 인증되는 자

제40조(시험위원의 임무) 1. 시험위원의 임무는 다음과 같다.

① “독찰 위원”은 독찰을 위하여 특별히 부여된 업무수행과 시험위원의 근무상태 및 시험장의 상황 등을 확인한다.

② “책임관리위원“은 시험장 시설·장비의 전반적인 책임을 담당하는 자로서 시험장의 시설, 장비 등의 관리와 안전관리 등 전반적인 관리업무를 담당한다.

③ “시험감독위원”은 수험자 교육, 시설, 장비 및 재료점검과 확인, 시험 문제지, 답안지 및 작품의 배부 및 회수, 시험 질서유지, 부정행위의 예방과 적발 및 처리, 실기시험의 채점 업무를 담당한다.

④ “복도감독위원”은 시험장 복도 질서유지, 시험 실내의 수검자를 측면에서 감독하는 업무를 담당한다.

⑤ “보조위원“은 시험 준비 및 시험 집행을 보조하는 업무를 담당한다.

⑥ “시설관리위원”은 시험장 시설, 장비의 준비, 동력, 통신, 시험장 점검을 담당한다.

⑦ “실기보조위원”은 실기 시험감독위원의 감독 및 채점을 보조하는 업무를 담당한다.

2. 시험위원으로 위촉된 자에 대하여는 소정의 서약서를 징구하여야 한다.

제41조(본부위원의 임무 등) 본부위원의 임무는 다음과 같다.

1. 짚풀공예지도강사 자격검정 운영본부로부터 검정시행 시험장까지 시험문제지 운반
2. 검정 진행상태 점검

3. 서약서 징구 및 수당지급

4. 책임관리위원의 시험위원 회의 지원

5. 시험문제지 및 답안지 회수 수량 확인

6. 회수한 답안지를 짚풀공예지도강사 자격검정 운영본부로 운반.

제10장 필기시험 채점

제42조(답안지 인계) 1. 본부위원은 필기시험 종료 후 회수한 답안지의 봉인상태 확인 후 짚풀공예지도강사 자격검정 운영본부로 인계하여야 한다.

2. 답안지는 감독위원이 봉인한 상태로 인계하여야 한다.

제43조(정답교부) 1. 검정사업단 검정업무 담당자는 필기시험의 주관식 정답이 표시된 정답표를 작성하여 이를 봉인 후 보안시설이 갖추어진 장소에 보관하여야 한다.

2. 정답 표는 채점 개시 일에 채점위원이 보는 앞에서 개봉한 후 채점위원에게 인계한다.

제44조(채점과정) 1. 필기시험의 객관식 채점은 채점위원이 실시하며, 주관식 채점은 답안지의 수험자 인적사항이 봉인된 상태에서 진행하여야 한다.

2. 주관식 채점이 종료된 답안지에 한해 득점을 전산입력하며, 봉인은 이때 해제하여야 한다.

3. 답안지 채점은 종목별로 분류 채점하여야 한다.

제45조(답안지 관리) 필기시험의 답안지(검정 관련 서류 포함)는 최종합격자 발표일로부터 6개월간 보관한다.

제11장 실기시험 채점

제46조(실기시험위원의 위촉 및 채점) 1. 실기채점의 공정성, 효율성 제고 및 종목의 성격을 고려하여 감독 겸 채점위원을 위촉할 수 있다.

2. 실기시험의 채점은 관계 전문가를 위촉, 채점함을 원칙으로 한다.

3. 실기시험 작품 또는 평가표에 비 번호를 부여하거나, 수험자의 인적사항이 노출되지 않도록 채점함을 원칙으로 한다.

4. 채점과정에서 기 득점분이 잔여배점을 만점으로 가산하여도 60점 미만이거나, 과락이 있을 때에는 나머지 부분을 채점하지 아니하고 불합격으로 처리 할 수 있다.

제47조(작품관리) 1. 채점이 완료된 실기시험 작품으로써 원형보존이 불가능한 것을 제외한 작품은 합격자 발표일로부터 6개월간 보관한다.
2. 검정종료 후 답안지 및 채점관련 자료는 일체 공개하지 않음을 원칙으로 한다.

제12장 합격자 공고 및 자격증 교부

제48조(합격자 공고) 1. 한국짚풀공예협회는 검정종료 후 7일 이내에 합격자를 공고하여야 한다.
2. 합격자를 공고할 때에는 한국짚풀공예협회 SNS 또는 홈페이지에 이를 게시하여야 한다.

제49조(자격증 교부) 최종합격자에 한하여 자격증을 교부한다.

제13장 부정행위자 처리

제50조(부정행위자의 기준 등) 1. 시험에 응시한 자가 그 검정에 관하여 부정행위를 한 때에는 당해 검정을 중지 또는 무효로 하고 3년간 검정을 받을 수 있는 자격이 정지되며, 부정행위를 한 자라고 함은 다음 각 호의 1에 해당하는 자를 말한다.

① 시험 중 시험과 관련된 대화를 하는 자
② 답안지(실기작품을 포함한다. 이하 같다)를 교환하는 자
③ 시험 중에 다른 수험자의 답안지 또는 문제지를 엿보고 자신의 답안지를 작성한 자
④ 다른 수험자 위하여 답안(실기 작품의 제작방법을 포함한다) 등을 알려주거나 엿보게 하는 자
⑤ 시험 중 시험문제 내용과 관련된 물건을 휴대하여 사용하거나 이를 주고받는 자
⑥ 시험장 내외의 자로부터 도움을 받아 답안지를 작성한 자
⑦ 사전에 시험문제를 알고 시험을 치른 자
⑧ 다른 수험자와 성명 또는 수험번호를 바꾸어 제출한 자
⑨ 대리시험을 치른 자 및 치르게 한 자
⑩ 기타 부정 또는 불공정한 방법으로 시험을 치른 자

2. 시험감독위원은 부정행위자를 적발한 때에는 즉시 수검행위를 중지시키고, 그 부정행위자로부터 그 사실을 확인하고 서명 또는 날인된 확인서를 받아야 하며, 그가 확인·날인 등을 거부할 경우에는 감독위원이 확인서를 작성하여 이에 날인 등의 거부사실을 부기하고 입증자료를 첨부하여 서명날인한 후 책임관리위원에게 제출하여야 한다.

제51조(부정행위자 처리) 1. 책임관리위원은 시험감독위원으로부터 부정행위자 적발 보고를 받았을 때에는 시험 종료 즉시 관계 증빙 등을 검토하여 부정행위자로 처리하고 수검자에게 응시제재 내용 등을 통보하는 한편 그 결과를 검정 종료 후 짚풀공예지도강사 자격검정 운영본부에게 보고하여야 한다.

2. 책임관리위원은 부정행위 사실 인증을 판단하기가 극히 곤란한 사항은 관계 증빙서류를 첨부하여 짚풀공예지도강사 자격검정 운영본부장에게 보고하여 그 결정에 따라 처리한다.

제52조(사후적발 처리) 1. 수험자간에 성명, 수험번호 등을 바꾸어 답안을 표시 제출한 때에는 양 당사자를 모두 부정행위자로 처리한다.

2. 타인의 시험을 방해할 목적으로 수험번호 또는 성명 표시란에 타인의 수험번호 또는 성명을 기입하였음이 입증되었을 때에는 행위자만을 부정행위자로 처리한다.
3. 책임관리위원은 부정행위 사실이 사후에 적발되었을 경우에는 적발된 자료를 증거로 하여 부정행위자로 처리하고, 해당 수험자에게 응시자격 제재내용을 통보하여야 한다.

제53조(시험장 질서유지 등) 감독위원은 시험장 질서유지를 위하여 다음 각 호의 1에 해당하는 행위를 하는 수험자에 대하여는 시험을 중지시키고 퇴장시킬 수 있다.

1. 시험실을 소란하게 하거나, 타인의 수험행위를 방해하는 행위
2. 시험실(장)내의 각종 시설, 장비 등을 파괴, 손괴, 오손하는 행위
3. 검정시설, 장비 또는 공구사용법 미숙으로 기물 손괴 또는 사고우려가 예상되는 자
4. 기타 시험실의 질서유지를 위하여 퇴장시킬 필요가 있거나 또는 응시행위를 중지시킬 필요가 있다고 인증하는 행위

제14장 보 칙

제54조(업무편람 작성, 비치) 검정업무 수행에 따른 세부적인 업무처리기준, 처리과정, 구비서류, 서식 등을 구분 명시한 민간자격검정 업무편람을 작성, 비치하여 활용한다.

부 칙

제1조(시행일) 이 규정은 민간자격정보 서비스로부터 승인한 날부터 시행한다.

제2조(경과조치) 이 규정의 시행 이전에 시행된 사항에 관하여는 이 규정에 의하여 시행된 것으로 본다.

[별표 1] 과목별 시험문항 수 및 시험시간표(제9조 관련)

1급 시험 기준

검정과목	시험과목	시험형태 및 문항 수		시험시간	총시간
		객관식	주관식		
필기시험	짚풀공예의 이해	10문항		20분	60분
	교수이론, 교수법	10문항		20분	
	전통공예품 기본 공법		1문항	20분	
실기시험	짚풀공예품 엮기	1품목 엮기,		240분	240분

2급 시험 기준

검정과목	시험과목	시험형태 및 문항 수		시험시간	총시간
		객관식	주관식		
필기시험	짚풀공예의 이해	10문항		20분	60분
	교수이론, 교수법	10문항		20분	
	전통공예품 기본 공법		1문항	20분	
실기시험	짚풀공예품엮기	1품목 엮기,		240분	240분

[별표 2] 감독위원 배치기준(제35조 관련)

구분	시험위원	위촉위원	비고
필기시험	책임관리위원	1명	시험장당
	감독위원	1명 이상	시험장당
	본부위원	1명 이상	시험장당
실기시험	책임관리위원	1명 이상	시험장당
	감독위원	1명 이상	시험장당
	본부위원	1명 이상	시험장당

1. 카드형 - 견 본

앞면

짚풀공예지도강사 1급 자격증

3x4
증명사진

발급번호

성 명 :

생년월일 :

자격기본법
제 4항 및 제23조의2제2항에 따라 운영규정 제49조
에 의거 자격을 취득 하였으므로 이 증서를 수여함.

2021.

한국짚풀공예협회 (직인)

뒷면

유의사항

1. 이 자격증은 타인에게 절대 양도 또는 대여할 수 없습니다.
2. 이 자격증을 습득하신 분은 아래의 주소로 연락해 주시기 바랍니다.

한 국 짚 풀 공 예 협 회

연락처: ____________

2. 상장형

한국
짚풀공예
협회로고

발급번호 ☐　　　　(한국직업능력개발원 등록번호 제 ☐ 호)

자 격 증

3x4
증명사진

국　　　적 : ________
성　　　명 : ________
생 년 월 일 : 0000년 00월 00일
종　　　목 : 짚풀공예지도강사 1급

자격기본법 ☐ 법 시행령 ☐ 에 따라 한국직업능력개발원과 문화체육관광부가 심의한 운영규정 ☐ 자격을 취득하였으므로 이 증서를 수여함.

2022년 00월 00일

금박

한 국 짚 풀 공 예 협 회　직인

본 증서는 본 검정위원회의 발행부에 기록함.

2022-01

참 고 문 헌

1. 사서류

-고려도경, 권 32, 기사 3.
-고려사, 권 제40 공민왕 갑진(벽토) 13년 봄 정월 임오(포4)
-전게서(前揭書) 29 공장(供張) 2 짚신(草屩)
-조선왕조실록 태백산사고본, 74책 121권 29장 B면.
-조선왕조실록 중종 59권, 22년(1527 정해 / 명 가정(嘉靖) 6년), 5월 26일(임인)
-조선왕조실록 태종 28권, 14년(1414 갑오 / 명 永樂 12년), 7월 2일(계유)
-조선와조실록 세종 7권, 2년(1420 경자 / 명 永樂 18년), 1월 21일(경신)
-삼국사기 고이왕조.
-삼국유사(이병도 역)권 제5, 감통 제7, 경흥우성.
-조선왕조실록 태종 5권, 3년(1403 계미 / 명 永樂 1년), 4월 8일(갑인)
-삼국유사(이병도 역) 삼국유사 권 제5, 피은 제8, 포산2성.
-조선왕조실록 태종 17권, 9년(1409 기축 / 명 永樂 7년), 3월 1일(갑진) 2번째 기사.
-조선왕조실록 태종 25권, 13년(1413 계사 / 명 永樂 11년), 6월 28일(을해)
-조선왕조실록 성종 297권, 25년(1494 甲寅 / 명 弘治 7年), 12月 7日(壬戌)
-조선왕조실록 선조 121권, 33년(1600 경자 / 명 萬曆 28년), 1월 29일(갑술) 5번째 기사.
-태종 11권, 6년(1406 병술 / 명 永樂 4년), 3월 18일(무신) 1번째 기사.
-조선왕조실록, 중종 72권, 26년(1531 신묘 / 명 嘉靖 10년), 11월 11일(신유) 3번째 기사.
-조선왕조실록 태종 8권, 4년(1404 갑신 / 명 永樂 2년), 12월 5일(임신) 1번째 기사.
-태종 8권, 4년(1404 갑신 / 명 永樂 2년), 12월 7일(갑술) 2번째 기사.
-삼국사기·삼국유사(이병도 역) 삼국유사 권 제4 〉 의해 제5 〉 2혜동진.
-국사기·삼국유사(이병도 역) 삼국유사 권 제4 〉 의해 제5 〉 자장정률.
-태종 15권, 8년(1408 무자 / 명 永樂 6년), 5월 25일(계유) 3번째 기사.
-조선왕조 태종실록 〉 태종 8년(1408년) 〉 태종 8년 5월 〉 태종 8년 5월 27일.
-삼국사기·삼국유사(이병도 역) 삼국사기 권 제19 〉 고구려본기 제7 〉 안장왕.

-삼국사기·삼국유사(이병도 역) 삼국사기 권 제48 〉 열전 제8 〉 효녀 지은.
-조선왕조실록 세종 26권, 6년(1424 갑진 / 명 永樂 22년), 10월 7일(무신) 4번째 기사.
-삼국유사(이병도 역) 제3 〉 탑상 제4 〉 남백월 2성 노힐부득 달달박박.
-삼국사기·삼국유사(이병도 역) 삼국유사 권 제1 〉 기이 제1 〉 태종춘추공.
-삼국사기·삼국유사(이병도 역) 삼국사기 권 제39 〉 잡지 제8 〉 직관 중.
-조선왕조실록 성종 77권, 8년(1477 정유 / 명 成化 13년), 윤2월 27일(을축) 4번째 기사.
-조선왕조실록 선조 45권, 26년(1593 계사 / 명 萬曆 21년), 윤11월 22일(임인) 9번째.

2. 문집류

-정초:鄭招(?~1434)와 변효문:卞孝文(1396~1429), 『농사직설서』, 12엽(葉) 1책.
-한국속담사전 본문 '다'.
-사서삼경, 시경, 小雅 鹿鳴之什, 어리.

3. 단행본

-권민수(2010), 『짚풀의 발견』 도서출판 에듀컨텐츠휴피아.
-김남곤(2009), 『녹두꽃 한 채반』, 신아출판사.
-김문경(1974?). 『민속의 연구 2』, 정음사.
-김복수 외(2003), 『'문화의 세기' 한국의 문화정책』, 보고사.
-김윤호(2001), 「민속공예」, 서울. 대산출판사.
-김원룡(1978). 『한국문화의 기원』, 탐구당.
-국가생물종지식정보시스템. 도감 정보.
-남윤동(2003), 『미국 공예시장 구조와 유통』, 월간크라트.
-라이프성경사전, 2006.8.15.
-민속박물관(1991), 『한국 짚 문화』, 신곡문화사.
-민속학회(1999), 『한국민속학의 이해』, 문학아카데미.
-박기석(2005), 『한국의 문화유산2』, 코리아비주얼스 편집부.

-박동석 역음·정문교 감수(2005), 『문화재보호법』
-빌게이츠(1995), 역자 이규행 『미래로 가는 길』, 삼성출판사.
-서해숙(2007), 『지역민속의 전승체계화 활용』, 민속원.
-송미림(1998), 『공예개론』, 서울 : 학문사.
-심우성(1998), 『민속문화론서설』, 동문선.
-이두현(1982), 「세시풍속」, 『한국민속학 개설』이두현외 2인 공저, 보성문화사.
-이은창(1978), 「한국고대복식사」, 세종문화사업기념회.
-이종석(1994), 『한국의 전통공예』, 서울 : 열화당
-이창복(1980), 「대한식물도감」, 향문사.
-인병선(2005), 『우리가 알아야 할 우리짚풀문화』현암사.
-장경희(2017), 『무형문화재의 이해』, 솔과학.
-조선미술전람회 [朝鮮美術展覽會] , 1922.
-코리아비주얼스(2005), 『한국의 문화유산』
-한국관광공사(1996), 「한국문화유산 관광 상품화 방안」
-한국미술협회(2001), 大韓民國工藝大展 圖錄 : 金屬·陶磁·木漆·染織, 서울 : 高麗書籍.
-한국민속대사전, 한국의 주생활, 키.

4. 연구논문

-권민수(2018), 「고려시대 鞦韆 양상 - 高麗史 · 高麗史節要 중심으로」, 한국민속학회, Vol.68.
-김미화(2003), 「짚풀을 이용한 조형교육의 의의」, 충남대 교육대학원 석사학위논문.
-김선명(1999), 『韓國 産業化과정에서의 金融政策:제도변화의 정치경제』, 연세대학교 박사학위논문.
-김선영(2007), 『시·도지정 무형문화재 제도의 운영방안』, 중앙대학교 박사학위논문.
-김예슬(2014), 「민속마을 축제를 통한 전통의 지속가능한 전승방안 연구 : 외암민속마을 짚풀문화제를 중심으로로」, 중앙대학교 석사학위논문.
-김예원(1997), 「뮤지엄샾 활성화를 위한 문화상품 발전 방안 연구」, 이화여자대학교 석사학위논문.

-김지은(2016), 『1960년대 이후 공예현상과 그 이론에 관한 연구』, 이화여자대학교 대학원 박사학위논문.
-김종균(2007), 「1957년부터 1959년까지 한국공예시범소(KHDC)의 활동과 성과」, 『디자인학연구』, 제69호.
-김혜원(2013), 『전통공예 현대화를 위한 접근 모형 연구』, 조선대학교 박사학위논문.
-문화체육관광부·공예문화진흥원(2000), 「공예문화상품 제작 유통 실태조사 연구」
-배영동(1989), 「금줄의 의미와 기능」,비교민속학회, Vol.5
-박계리(2016), 「동아시아 무형문화유산 보호제도와 유네스코 협약」, 『미술사논단』 34, 한국미술연구소.
-박현신(1995), 「한국 현대미술품유통에 관한 연구 : 현대 금속공예품 가격산출을 중심으로」, 숙명여자대학교 석사학위논문.
-서대진(2001), 「한국전통문화특성이 체육행정문화에 미친 영향」, 한국사회체육학회지, Vol.15
-손세란(2003), 「생태환경적 관점에 의한 의상디자인 연구 : -보릿대 소재를 이용한 디자인을 중심으로-」, 이화여자대학교 석사학위논문.
-신동훈(2006), 「민속과 문화원형, 그리고 콘텐츠」, 『한국민속학 제43집 』
-유금자(2012), 『짚풀조형의 해체적 표현 연구 = A Study on the deconstructive expression of the Zip-pul form』, 홍익대학교 박사학위논문.
-윤희봉(2022), 『한국 현대 공예제도 연구』, 홍익대학교 대학원 박사학위논문.
-이두현(1978), 「전국민속종합조사의 회고와 전망 : 세시풍속과 민속놀이 분야 Annual Customs and Folk Amusement」, 한국문화인류학회, Vol.10 No.1.
-이수종(2011), 「지적장애인의 직업재활을 위한 전통공예 프로그램 개발 연구 : 짚풀 프로그램을 중심으로」, 가야대학교 석사학위논문.
-이수희(2020), 「전통공예산업의 활성화방안에 관한 연구 -제도적 · 정책적 측면을 중심으로-」 한국기초조형학회, 기초조형학 연구.
-이원태(2016), 「한국 전통공예문화산업의 정책 현황과 무형문화재 정책 방향」, 『2016 무형유산 국제컨퍼런스-전통공예 정책현황과 활성화 방안』, 국립무형유산원.
-위주영(2010), 『한국 전통공예정책의 문제점과 발전방안』, 전남대대학원 박사학위논문.
-전미연(2002), 「조선시대 바느질 도구를 통해 여성의 삶을 표현한 도자조형 연구」, 이화여자대학교 석사학위논문.
-전은정(2006), 「옻칠공예의 지역 특화를 통한 활성화 방안 연구 -원주 옻칠공예 산업 중심으로-」, 중앙대학교 대학원 석사학위논문.
-조현우·이종주(2015), 「지역축제속성에 의한 시장세분화 -외적 검토』, 무형유산학회.

-조현종(2008), 『韓國 初期 稻作文化 硏究』, 전남대학교 박사학위논문.
-정인회(1987), 「한국 짚(곡초) 공예에 관한 연구 -외암마을 짚풀문화제를 대상으로-」, 숙명여자대학교 산업대학원 석사학위논문.
-주가은(2020), 「국립무형유산원 공예분야 교육프로그램의 활성화 방안 연구」, 한서대학교 문화예술디자인학과 석사학위논문.
-한은선(2009), 「전북 위도 마을굿의 전승양상」, 목포대학교 석사학위논문.
-한장원(2006), 『공예문화상품의 산업화 방안 연구』, 중앙대학교 디자인학과 박사학위논문.
-Adorned in dreams(1985), 『Fashion and Modernity』, London, Virago.

5. 신문 · 잡지류 · 법(시행령, 조례포함)

-부산광역시 문화예술과(2006). 『부산의 문화재』, 대원애드컴.
-온양신문, 2008년 10월 16일 기사.
-조선일보, 2008년 04월 17일(목), 「의령 큰줄땡기기」, 기사.
-동아일보, 2007년 02월 20일, "괴산 명덕노인회 짚공예품 미국 수출", 경제면 기사.
-동아일보, 2005년 04월 15일 "짚으로 만든 망태기 7000년 전에도 있었다…신석기 유적지서 출토", 사회면.
-헌법 제1장 제9조 1항.
-가평군 지원 조례((제정) 2016.11.16 조례 제2587호.
(일부개정) 2017.09.25 조례 제2635호.
(일부개정) 2018.04.11 조례 제2676호.
(일무개정) 2018.11.05 조례 제27이1호.
(일부개정) 2018.12.31 조례 제2712호.
-공예문화산업 진흥법, 제2조, 제3조, 제5조, 제15조, 제18조.
-무형문화재법 제2조.
-중소기업진흥 및 제품 구매 촉진에 관한 법률 제45조.

6. 기타

1) Site

-http://www.jinyoung.co.kr/dangam/jin-220.htm.

-야후 사이트 지식검색 추석의 유래.
-http://www.krpia.co.kr
-http://kta.krpia.co.kr 한국의 전통 건축, 초가 삼간편.
-http://www.zipul.co.kr
-http://www.ajanews.com
-http://www.nfm.go.kr
-http://www.danojefestival.or.kr
-http://www.pulzip.com
-http://www.oeammaul.co.kr
-http://www.riss.kr
-김석명(1998), 김석명(1998),「도리깨 타작소리」, 국악.
-티비엔
-한국고전종합DB.

2) 총서류

-국립 문화재 연구소(1998),『짚풀공예』

3) 인터뷰

-경길호 2007. 06. 충북 괴산
-최하규 2009. 01. 강원 정선
-성해기 2006. 12. 경남 산청
-차성임 2005. 05. 경남 하동
-신현탁 2009. 08. 경남 진주
-박정수 2008. 12. 경기 안성
-김윤실 2007. 11. 경남 양산
-이춘선 2005. 04. 부산 감천
-허윤도 2009. 11. 경북 성주
-김광천 2009. 01. 중국 훈춘
-김성수 2006. 12. 부산 금정
-신승영 2007. 11. 전남 무안
-정은미 2022. 12. 경남 함안

-최성식 2009. 02. 전북 남원
-최재득 2023. 10. 부산 기장
-김진한 2023. 10. 경남 밀량
-서정희 2023. 11. 경남 의령

잡풀의 향기

2023년 12월 5일 초판 1쇄 인쇄
2023년 12월 12일 초판 1쇄 발행

저　　자 | **권 민 수** ♦ 著

발 행 처 | 도서출판 에듀컨텐츠휴피아
발 행 인 | 李 相 烈
등록번호 | 제2017-000042호 (2002년 1월 9일 신고등록)
주　　소 | 서울 광진구 자양로 28길 98, 동양빌딩
전　　화 | (02) 443-6366
팩　　스 | (02) 443-6376
e-mail | iknowledge@naver.com
web | http://cafe.naver.com/eduhuepia
만든사람들 | 기획 · 김수아 / 책임편집 · 이진훈 김예빈 이은미 하지수
디자인 · 유충현 / 영업 · 이순우

ISBN　978-89-6356-459-3 (03380)
정　가　19,000원